Holger Burckhart, Jürgen Sikora,
Timo Hoyer

Sphären der Verantwortung

Ethik und Pädagogik im Dialog

herausgegeben von

Prof. Dr. Holger Burckhart (Universität zu Köln)
PD Dr. Timo Hoyer (Universität Kassel)
Dr. Jürgen Sikora (Universität zu Köln)

Band 1

LIT

Holger Burckhart, Jürgen Sikora, Timo Hoyer

Sphären der Verantwortung

Prinzip oder Lebenspraxis?

LIT

Bibliografische Information Der Deutschen Bibliothek
Die Deutsche Bibliothek verzeichnet diese Publikation in der Deutschen
Nationalbibliografie; detaillierte bibliografische Daten sind im Internet
über http://dnb.ddb.de abrufbar.

ISBN 3-8258-8730-8

© LIT VERLAG Münster 2005
Grevener Str./Fresnostr. 2   48159 Münster
Tel. 0251–62 03 20   Fax 0251–23 19 72
e-Mail: lit@lit-verlag.de   http://www.lit-verlag.de

Sphären der Verantwortung

Gesamtverzeichnis

EINLEITUNG DER HERAUSGEBER

Denken, Wirken und Handeln von Hans Jonas (1903-1993) sind geprägt von der Idee der »Mitverantwortlichkeit« für die Menschenzukunft. Damit verbunden sind berechtigte Ansprüche kommender Generationen auf Leben, sowie die Verwirklichung kommunikativer Freiheit.

Eingebettet in diese Mitverantwortlichkeit ist die Selbstverpflichtung, die Befähigung für zukunftsverantwortliches Verhalten und die *Erziehung zur Verantwortung* zu fördern. Dies impliziert, öffentliche Entscheidungen durch argumentative Dialoge zu fundieren. Darüber hinaus sei, so Jonas, die Erarbeitung von Konzepten einer Bildung zur Zukunftsverantwortung, zur Verantwortlichkeit für Menschenwürde und deren exemplarische Verwirklichung, voranzutreiben.

Auch die Forschungen, Kolloquien und Publikationen der Mitglieder und Freunde der Forschungsgruppe »Ethik und Pädagogik im Dialog« des Hans Jonas-Zentrum Berlin prägt dieses Selbstverständnis. Die Mitglieder des Zentrums sehen sich verpflichtet, „die Befähigung für zukunftsverantwortliches Verhalten, die Erziehung zur Zukunftsverantwortung und ein zukunftsverantwortliches, öffentliches Entscheiden aufgrund argumentativer Dialoge zu fördern" sowie „die Erarbeitung von Konzepten einer Bildung zur Zukunftsverantwortung, zur Verantwortung für Menschenwürde und deren exemplarische Verwirklichung voranzutreiben, was besonders dringlich ist, weil Schule und Hochschule diese ganz neuartige Bildungsaufgabe noch viel zu wenig in den Blick, geschweige denn in den Lehrplan genommen haben." (Aus der Gründungspräambel des Hans Jonas-Zentrums).

Alle genannten Aspekte betreffen gleichermaßen Forschungsanliegen einer an philosophischer Ethik interessierten und an Fragen der Praktischen Philosophie orientierten Pädagogik.

Da die pädagogische Praxis und das moralisch-ethische Selbstverständnis des Pädagogen allein die ethische Orientierung und Legitimation von Bildungskonzepten nicht begründen können, beabsichtigt die Forschungsgruppe „Ethik und Pädagogik", die Ideen des Hans Jonas-Zentrums in die Diskussion der Pädagogik hinsichtlich einer Zielorientierung pädagogischen Handelns einzubringen und hofft, damit das Selbstverständnis der wissenschaftlichen Disziplin „Pädagogik" wesentlich bereichern zu können.

Der nun vorliegende erste Band der Reihe „Ethik und Pädagogik im Dialog" versammelt Beiträge der Herausgeber.

Holger Burckhart fundiert im Rahmen der Begründung und Anwendung der Diskursethik das üblicherweise veranschlagte Moralprinzip der vernunftgeleiteten, uneingeschränkt dialogisch-diskursiven, konsensorientierten Reziprozität durch ein strikt reziprokes Verantwortungsprinzip im Anschluss an die Tradition der Verantwortungsphilosophie des 20. Jahrhunderts.

Jürgen Sikora spürt in Anlehnung an die von Jonas so genannte Makrosphäre der Verantwortung den Anforderungen an die politische Verantwortung nach, greift sie in ihrer Geschichtlichkeit auf und untersucht sie hinsichtlich ihrer politischen Dignität, wobei er dies vor der Folie der Frage nach der Legitimität politischen Handelns unter besonderer Berücksichtigung des europäischen Integrationsprozesses tut.

Schließlich nimmt *Timo Hoyer* die pädagogische Dimension der Verantwortung von einer weiteren Seite in den Blick. Da der Zusammenhang von Glück und pädagogischer Verantwortung von Hans Jonas zwar en passant ins Spiel gebracht, aber nicht systematisch entfaltet wird, widmet sich Hoyer dem Glück im Sinne einer Leitkategorie pädagogischer Verantwortung.

Die drei Beiträge dieses Bandes eröffnen mithin *Sphären der Verantwortung* im Anschluss an Hans Jonas und rücken zugleich die Forschungsschwerpunkte der Herausgeber in den Mittelpunkt.

Holger Burckhart, Timo Hoyer und Jürgen Sikora,
Kassel und Köln im September 2005.

HOLGER BURCKHART

VERANTWORTUNG. PRINZIP ODER LEBENSPRAXIS?

EIN ERZIEHUNGSPHILOSOPHISCHER VERSUCH

Inhalt

Einleitung

Verantwortung ist in aller Munde und wird *von* jedem und *gegenüber* jedem gefordert und als moralgetränkte Therapie kränkelnder Systeme in universalen Anschlag gebracht. Der Ruf nach Verantwortung und dahinter stehende Begrifflichkeiten, die selbst wieder aus normativ-ethischen Erwartungen gesellschaftlicher Wirklichkeiten gespeist sind, werden zunehmend undifferenziert und damit inhaltsleer. Dies ist äußerst bedauerlich, denn mit dem Verlust eines gehaltvollen Verantwortungsbegriffs wird eine Möglichkeit moralisch-normativer Einschätzung menschlichen Handelns und Wirkens vertan, die uns doch gerade in Kontexten orientierungsarmer Zivilgesellschaften und den von ihr produzierten Gefahren und Gefährdungen ein wirksames Instrumentarium moralisch-normativer Kritik liefern und damit vor missliebigen Entwicklungen schützen könnte. Ein derart begründungsstarker Verantwortungsbegriff würde uns damit nicht nur global und universal in Kontexten aller gesellschaftlichen und institutionellen Couleur, sondern auch in Kontexten der Ethik des persönlichen Lebens moralisch orientieren können.

Das Phänomen ‚Verantwortung' in seinen für eine moderne Zivilgesellschaft relevanten Aspekten als eine normativ gehaltvolle und moralphilosophisch starke Position auf Prinzipienebene zu entfalten, macht aber eine moralphilosophische Neufassung des Verantwortungsbegriffes notwendig. Ich halte dies für möglich, sinnvoll und notwendig.

Meine eigene Grundstellung für die geforderte, kritische Entfaltung und Weiterentwicklung der Verantwortungsethik ist die Diskursethik. Ich möchte diese aber nicht um ein Verantwortungsmoment erweitern, was ja auch schon umfänglich unternommen worden ist, sondern mein Anliegen ist es, das im Rahmen der Begründung und Anwendung der Diskursethik üblicherweise veranschlagte Moralprinzip der vernunftgeleiteten, uneingeschränkt dialogisch-diskursiven, konsensorientierten Reziprozität durch ein strikt reziprokes Verantwortungsprinzip selbst noch zu fundieren. Dies aber nicht als Substitution, sondern als Transformation. Eine Transformation ist notwendig, da meines Erachtens das Willens- und Zurechnungsproblem gegenseitigen Handelns, miteinander Argumentierens und selbstbezüglichen Darstellens in keiner Weise befriedigend seitens der Diskursethik gelöst ist. Vielmehr nimmt die Diskursethik ihren Ausgang von bereits aktualisierten Geschehens-, Argumentations- oder Handlungskontexten sozialer Welten, in die sie dann diskursive Reziprozitätsverantwortung einträgt.

Mein Anliegen ist es zu zeigen, dass Verantwortungszuschreibung als Übernahme des Handelnden und Argumentierenden und als Erwartung gegenüber jedem anderen Handelnden und Argumentierenden je schon präsupponierend in jede Entäußerung eines *animal rationale* eingewoben und für die Rationalität des Handelns und Argumentierens konstitutiv ist. Der Diskurs wie jedes moralische Handeln ist idealiter damit *kofundiert* durch die Verantwortungsübernahme und Verantwortungserwartung als Erwartung der Verantwortungsübernahme einerseits und durch die gegenseitige Unterstellung eines vernunft- und konsensgeleiteten Kommunikationsinteresses andererseits.

Eine Transformation der dialogisch-diskursiven Reziprozitätsstruktur in eine dialogisch-diskursive Verantwortungsstruktur, so sie denn gelänge, stellt meines Erachtens zugleich die Möglichkeit bereit, dass Diskursprinzip nicht nur zureichender und praxisnäher als bislang auf der Prinzipienebene zu begründen, sondern es auf der Gegenstandsebene unmittelbar auch für Fragen pädagogischen Handelns fruchtbar zu machen.[1]

Ich möchte meine Gedanken zu dieser zweigleisigen Transformation von Verantwortungsprinzip als Moralprinzip hier und Diskursethik als deontologisches Konzept der Praktischen Philosophie da in drei Schritten entfalten. Ein erster Teil befasst sich mit der Rekonstruktion einiger klassischer und aktueller Ansätze zur Frage, ob Verantwortung als moralisches Prinzip möglich, sinnvoll und gar notwendig ist. Hieran schließt sich ein mehrstufiger, konstruktiver Teil an, in welchem ich diverse, für meine Intention besonders aussichtsreiche verantwortungsethische Positionen transformiere zu einem dialogisch-diskursiv fundierten, normativ starken Prinzip Verantwortung. In einem abschließenden dritten Teil frage ich nach der didaktischen Dignität von Verantwortung als Erziehungsziel überhaupt und diskutiere einige konkrete didaktisch-methodische Möglichkeiten der Lehrlernbarkeit von Verantwortung. Verstehen sich die beiden ersten Teile auch als erziehungsphilosophische Reflexionen der verantwortungsethischen Fragestellung, so kreist

---

1   Ich setze mit diesem Anliegen meine Bemühungen in den Arbeiten 1999 ff. fort. Allerdings variiere ich meinen Ausgangspunkt, der seiner Zeit zuvorderst in dem Bemühen um eine Philosophische Anthropologie des Diskurssubjektes und denkbaren Konsequenzen für eine normativ-kritische Pädagogik lag. Dagegen argumentiere ich nunmehr aus einer spezifisch moralphilosophischen Grundstellung. Ein wichtiges Zwischenglied stellen hier die Arbeiten von Jürgen Sikora aus den Jahren 1999 und 2003, sowie meine Publikation mit Karl-Otto Apel 2003 dar.

das abschließende Kapitel um didaktische und methodische Überlegungen zu einer Kompetenz der *Verantwortungsübernahme.*

Den doppelten Dialog mit der Pädagogik verstehe ich als Beitrag zur traditionsreichen Diskussion beider Disziplinen und dementsprechend als Beitrag zu einer erziehungsphilosophischen Grundlagenbemühung, in die meines Erachtens sowohl Elemente der Praktischen Philosophie als auch der Philosophischen Anthropologie einerseits sowie einer Reflexion von Theorie und Praxis pädagogischen Handelns andererseits eingehen müssen.

Ich hoffe, dass der hier vorgelegte Dialog die gegenseitige Wahrnehmung im Sinne einer Befruchtung und nicht einer je einseitigen Bekehrung oder Belehrung – sei es aus der Praxis in die Theorie oder umgekehrt – befördert.

REKONSTRUKTIVER TEIL

VERANTWORTUNG ALS MORALPRINZIP?

Ist Verantwortung als moralisches Prinzip möglich, sinnvoll und gar notwendig?

Das Thema Verantwortung ist so aktuell wie schillernd. Mit scheinbar selbstverständlicher, ja geradezu intrinsisch motivierender Verpflichtungskraft wird *Verantwortung zu tragen* als gesamtgesellschaftlicher, ja globaler Anspruch aus Politik, Wirtschaft, Gesellschaft und Staat gegenüber den sie tragenden, an ihnen partizipierenden und in ihnen sich verwirklichenden Institutionen, Personen und Systemen gleichermaßen reklamiert. Appelliert wird hierbei auf einer höchst affektiven Ebene intersubjektiver Gegenseitigkeit. Der Appell erreicht uns unter so differierenden Ansprüchen, wie Zukunftsverantwortung, Mitverantwortung, Selbstverantwortung und entsprechenden mit philosophischer, sozialwissenschaftlicher und gleichermaßen pädagogischer Tradition getränkten Termini wie Selbstbestimmung, Fürsorge und Wohlwollen, Freiheit und Macht. Verantwortungsansprüche, seien sie prospektiv oder retrospektiv motiviert und reklamiert, begegnen uns in nahezu allen gesellschaftlich-politischen Kontexten, in unterschiedlichsten Erwartungen an die Gestaltung persönlicher Lebensführung, wie spätestens seit Max Weber auch als Risikoverantwortung in Forschungs- und Anwen-

dungskontexten hochtechnologischer Wissenschaften.[2] Verantwortungsansprüche begegnen uns aber auch konkret im *individuellen* Mit- und Gegeneinander, im beruflichen, arbeitsplatzbezogenen Alltag und schließlich erheben und binden wir Verantwortungsansprüche an *überindividuelle* Institutionen und Systeme.[3] Die inhaltliche Ausgestaltung der Verantwortungserwar-
tungen variiert hierbei kontextuell synchron, diachron wie medial.[4]

Im folgenden ersten Teil werde ich versuchen, in vier Schritten den Weg
in diese Situation vermittels einer philosophischen, systematisch-histo-
rischen Rekonstruktion wesentliche Begriffe und Argumentationslinien
nachzuzeichnen und im Verfolg dessen einige Aspekte des heutigen Selbstverständnisses von Verantwortung und dessen Auswirkungen auch auf die
Pädagogik aufzuzeigen.

2   Max Weber. Politik als Beruf; Tübingen 1958; ders. Wissenschaftslehre.Tübingen,
     1951. Problemlos lassen sich aber auch bereits bei Kant und Hegel Gedanken an
     Verantwortung rekonstruieren, wenn diese Gegenseitigkeitsprinzipien und Recht-
     fertigungsmodi in Kontexten einer unbegrenzten Öffentlichkeit (sei es vor dem Forum
     eines unbegrenzten Gerichtshofes, sei es in diversen Modi der Anderen- Anerkennung)
     formulieren. Vergleiche hierzu: Ludger Heidbrink. Kritik der Verantwortung.
     Weilerswist 2003. Aktuell dazu auch: F.X. Kaufmann und Christoph Hubig, in: K.
     Bayertz (Hg). Verantwortung. Prinzip oder Problem? Darmstadt 1995.
3   Entsprechendes betonen alle zeitgenössischen Abhandlungen unisono, bemühen sich
     strukturell ebenso unisono um Abhilfe durch entweder Fall- resp. Situations- oder
     Kontextspezifizierungen (vrgl. Zwierlein 1994, Kreß 1997, Bayertz 1995, Böhler zuletzt
     2004 & 2005, Apel seit 1988, Löwisch 1995, Sikora 2003 u.a.) oder aber um begriffs-,
     begriffsre- und begriffsde- konstruktive Spezifizierungen (vrgl. Banzhaf 2002, Bienfait
     1999, Bayertz 1995, Heidbrink 2003). Quer zu diesen Versuchen stehen Werke, die
     Verantwortung in Kontexten empirischer Psychologie unter den Gesichtspunkten
     Handlung und Verantwortungsattribution untersuchen (u.a. Albs 1997).
4   Ein ausgezeichnetes Beispiel dieser einerseits beschränkten, weil lediglich
     problemapplikativen, wie andererseits multiperspektivischen Thematisierung des Ver-
     antwortungsphänomens liefert die Forschungsgruppe *Verantwortung in der Zivil-
     gesellschaft* am Kulturwissenschaftlichen Institut in Essen. Die zum Thema im engsten
     Sinne zu rechnende Tagung (17./18.03.2005) zeigte erneut, dass Verantwortung
     basierend auf Zuschreibung und Freiwilligkeit, im wesentlichen ein Problem der zweiten
     Ebene der Moralphilosophie ist, sei es in Sphären des Rechts, der Politik, der Gesell-
     schaft und ihren jeweiligen Handlungstypen. Vergleiche: www.kwi-nrw.de.

Erster Schritt

Max Webers Idee charismatischer Haftungsverantwortung in kommunitaristischer Lesart. Problematisierender Einstieg

Mit Max Weber formuliert, übernehmen wir als Individuen in personaler, charismatischer Wahl die überindividuelle Verantwortung für unmittelbare Folgen- und Wirkungen unserer Handlungen. Verantwortung übernehmen wir hierbei für etwas gegenüber einem überindividuellen Ganzen der und des Anderen. Diese Verantwortungsübernahme bedingt eine quasi-dialogische Entzauberung der kantschen Freiheitsethik, der eine Verantwortungsethik bloß implizit bei- oder innewohnt[5] und die keineswegs den je anderen als Folie meiner Verantwortungsübernahme im Blick hatte. Webers Konzept einer Verantwortungsethik,[6] die primordial für die moralische Ausrichtung sowohl des Wissenschaftlers in seinem Streben, das Leben (auch) technisch zu beherrschen als auch des Politikers in seinem Bemühen eine Balance zwischen *Leidenschaft, Verantwortungsgefühl und Augenmaß* zu finden. Stellt sich für den Wissenschaftler die Frage, was erlaubt, was fordert und mit welchen Argumenten kann es befördert werden, den Menschen und die ihn umgebende Natur zu beherrschen, so muss der Politiker zwar individuell hoch motiviert und charismatisch, aber zugleich mit Blick vor der Vertretbarkeit seines Tun und Lassens vor einem Gerichtshof der Verantwortbarkeit, vor dem er die Folgen seines Tuns und Lassens zu vertreten hat und schließlich muss er situationsadäquat handeln, ohne willkürlich und Eigeninteressen geleitet zu sein. Verantwortung in kriteriologischem Sinne kommt ins Spiel für die Rechenschaftsleistung des Politikers. Handelt er verantwortungsethisch, gilt sein kriteriologisches Maßnehmen der Folgenabschätzung, handelt er gesinnungsethisch gilt es der Pflichterfüllung – beides muss nicht, kann sich aber ausschließen. Gleichgültig dagegen, welcher moralischen Bewertung (Legi-

---

5   Gegen diese Entzauberungsthese sprechen verschiedentlich: Bernward Grünewald, Transzendentale oder pragmatische Normenbegründung? In: prima philosophia, Bd. 3 (1990). Karl Bärthlein. Von der „Transzendentalphilosophie der Alten" zu der Kants. In: Archiv der Geschichte der Philosophie. 1976. Bd. 58, Heft 4, bes. S. 97 ff.

6   Vrgl. zum folgenden vorrangig: Max Weber: (a) Politik als Beruf, GA, Abt 1, Bd.17, 1992 (original: 1919); (b) Der Sinn der »Wertfreiheit« der soziologischen und ökonomischen Wissenschaften, in J. Winckelmann. Gesammelte Aufsätze zur Wissenschaftslehre. Tübingen 1985 (original: 1917); (c) Wissenschaft als Beruf. GA, Abtlg. 1, Bd. 17, 1992, (original 1919); (d) Die protestantische Ethik und der »Geist« des Kapitalismus. Bodenheim 1993 (original: 1904/5 &1920).

timation und Legitimität) sich der Politiker unterwirft, beide haben in Webers Modell als sinn- und geltungslogisches Korrelat ihrer Ansprüche die
normativ-gehaltvolle Ethik einer Gesellschaft – dies ist das Ethos.[7]

Die Rückbezüglichkeit von Verantwortung auf Gesellschaft ist aber fatal,
wie schon Webers Entzauberungstheorem des Abendlandes zeigt. Aber auch
jede andere Form eines wie immer gearteten Kommunitarismus ist zum
Scheitern in der Begründungsfrage verurteilt, sei er substantialistischer, sei
er partizipatorischer Art. Partizipatorischen Modellen mangelt es an kritischer Offenheit, substantialistischen an kritischer Öffentlichkeit. Das Ethos
der kommunitaristisch verstandenen Gemeinschaft lässt es zwar zu, individuelle Bedürfnisse zu artikulieren, diese individuellen Bedürfnisse müssen
sich aber selbst an der kommunitaristisch Idealität messen und legitimieren.

Mit anderen Worten: Es bleibt eine Unterordnung unter das Primat einer
moralischen Ganzheit (sei es als Tugend-, Kultur- oder Weltethos, seien es
partikular interpretierte, aber universal reklamierte Menschenrechte). Das
Ganze der Gemeinschaft ist die Schranke aller individuellen Fremd- und
Selbstdistanzierung. Hier treffen die ebenfalls auf das Spannungsfeld von
Öffentlichkeit und Ganzheit einerseits und Individualität und Liberalität andererseits abzielenden Konzepte von Walzer und Wellmer meines Erachtens
eher den Fokus der Frage nach dem *wie und warum* der Verantwortungsübernahme, wenn sie an den Konflikten von Selbstinteressen und Fremder-
wartungen anknüpfend, den Konflikt selbst kultivieren, den Konflikt zwischen liberalem Selbsteinwollen und dem kommunitären Gemeinsamsein-
sollen. Hier treten Individualität und Gemeinschaft nur noch als je einzu-
bringende kritische Idealitäten ins Spiel. Albrecht Wellmer formuliert dies
treffend: „ In die liberale Tradition selbst ist ein kommunitäres Prinzip ein-
gebaut; und zwar derart, dass die liberalen Grundwerte auf eine extensive
demokratische Partizipation angewiesen sind."[8]

---

7   An dieser Stelle wird die Ambiguität in Webers Ethikreflexionen deutlich, denn hier gilt
     es streng zu scheiden zwischen der dem Wissenschaftler auferlegten Enthaltsamkeit
     ethischer Werturteile in den Wissenschaften als Programm und der moralischen
     Verantwortung der Folgen politischen Handelns. Zwecks Veranschaulichung des
     Gemeinten könnte man sich mit der Differenz von Berufsethik, hier Wertfrei-
     heitspostulat, und Individuenethik, hier ethosnormierte Verantwortungsethik des
     einzelnen gegenüber (s)einer Gesellschaft behelfen. Ich komme auf diese Problematik
     mehrfach zurück.
8   Albrecht Wellmer. Endspiele. stw 1993, S. 59 f.; zu Martin Walzer, vrgl. ders., Kritik
     und Gemeinsinn. Drei Wege der Gesellschaftskritik. Berlin 1990. Zu beiden sehr
     lesenswert. Bienfait, a.a.O., 252-262.

Bevor ich mich dieser begründungstheoretischen Frage vertiefend zuwende, noch einmal zum Ausgangspunkt zurück: Der Ruf nach Verantwortungsübernahme, so meine oben vertretene Auffassung, tritt besonders dann auf, wenn die Ansprüche an Gefüge aller sozialen Art und deren Selbstverständlichkeit in Frage stehen. Genau dann nämlich wird ein zunächst scheinbar individualmoral*neutraler* Faktor von Machtgefügen als Orientierungs- und Verursachungszuschreibung von und für etwas in Frage gestellt. Es werden bislang mehr oder weniger unbefragt orientierende Erklärungsmuster für Rechte *auf* und Pflichten *zu* Entscheidungen, Konsequenzen, Handlungen etc. in Frage gestellt. Mit diesem Verlust an äußerer Orientierung gehen der Ruf nach überindividuellen, aber ans Individuum rückbindbaren Tugenden oder aber inhaltsleere Durchhalteappelle einher. So erfolgen seitens der sozialen Gefüge in erster Linie Appelle an Für- und Vorsorge wie an Solidarität. In zweiter Linie bedienen sich die Systeme (und deren Repräsentanten) dann aber auch zunehmend einer Zuschreibung von Macht als Kompetenz. An die Stelle inhaltlicher Verordnungen, die ohnehin ihre Wirkkraft verloren hatten, tritt dann ein inhaltsleerer Appell an unsere Verantwortungsübernahmekompetenz: *Du kannst Verantwortung tragen, also sollst du Verantwortung tragen.* So rhetorisch plausibel und emotiv begründet und damit unmittelbar überzeugend der appellativ-affektive Anspruch an die Übernahme von Verantwortung hier gegebenenfalls sein mag, so diffus erscheint die je damit einhergehende Erwartung an Möglichkeiten, Kompetenzen und Grenzen der Verantwortungsübernahme.[9] Neuerdings erleben wir dies wieder, wenn es Bemühungen gibt, in Kontexten pädagogischen und insbesondere wirtschaftlichen Handelns, Verantwortungsübernahme zu operationalisieren, indem ich Maßstäbe und Vollzüge der Zurechnung von Handlungen entwickele. Als Beispiele mögen Organisationsmodelle des *personal management* und *personal leadership* für den Bereich operationalisiertes Verantwortungshandeln[10] einerseits dienen, wie andererseits der Verweis auf die Anlage der

---

9   So erscheint der Appell als politisch beliebig instrumentalisierbares Argument der Entverantwortung oder eben aus der je anderen Perspektive der Überlassung von Eigenverantwortung – was meist Eigensteuerung, in selbst wieder strikt fixierten Rahmenbedingungen bedeutet. Selbstverantwortung von Schulen und Hochschulen sind nur zwei Beispiele. Die in gesellschaftlich-politischen Kontexten aufscheinende Beliebigkeit betrifft letztlich auch wieder den Aspekt von Macht, von Verfügungsgewalt über X, die hier von Institution zu Institution verschoben wird. Vorausgesetzt ist hierbei, dass die Institutionen je auch Machtkompetent sind, nämlich kompetent zu übergeben und zu übernehmen.

10 Vrgl. dazu die einschlägigen Arbeiten von Jürgen Weibler, Schreyögg und Williamson.

meisten Evaluationen wohl unkommentiert für sich spricht. Verantwortungsübernahme formuliert sich hier allenthalben als betriebswirtschaftliche Größe. Die Geltungs- oder Begründungsfrage, ob Verantwortung als ethisches Prinzip oder ethische Handlungsmaxime überhaupt legitimierbar ist, stellt sich in diesen Kontexten gar nicht, da es lediglich um Steuerungsprozesse geht – so jedenfalls die Binnenauffassung derer, die in diesem Fahrwasser schwimmen. Angemerkt sei nur, dass eben diese Auffassung sich zum Teil auch in wirtschaftsorientierten Fassungen von Verantwortung wie Chemie und Atomkraft finden: „Verantwortbar ist, was steuerbar ist, steuerbar ist, was mess-, lenk- und kontrollierbar ist."

Diese stark verkürzte Sicht auf Verantwortung verdanken wir sicher wiederum (auch) Max Weber, wenn er in *Politik als Beruf*, ausgehend von dem Politiker als Machtfaktor das Ethos der Verantwortung einklagt – als Berufsethos eben. Bleiben bei Weber sowohl die normative Verpflichtung zu verantwortungsethischem Handeln jenseits sozialpolitischer Plausibilitäten unklar, wie normativ verbindliche Maßstäbe für mehr oder weniger Verantwortung völlig offen bleiben, gewinnen wir mit Weber zwar die Fragestellung zukunfts- und folgenbezogenen Verantwortungsdenkens, aber er selbst bindet dies bekanntlich zurück an große Persönlichkeiten (charismatische Menschen), die intrinsisch gesinnungsethisch geneigt sind, Verantwortung zu tragen und tragen zu können.[11] Verantwortung wird damit nicht als intersubjektiv, dialogischer Begriff entfaltet, sondern in der ersten Sternstunde seiner Verwendung, zugleich wieder reduziert auf eine monologische Struktur seiner Wirksamkeit (Persönlichkeit) und seiner normativen Verpflichtung : „Es ist letztlich Glaubenssache, wie die Sache auszusehen hat, in deren Dienst der Politiker Macht erstrebt und Macht verwendet." (Weber, 1951, S.536) Verantwortliches Handeln meint hier Handeln vor der Folie rationalen Wissens und Kalkulierens. Es ist wertfreie Anwendung insbesondere wissen-

---

11   Schluchter und Bienfait verweisen in diesem Zusammenhang zutreffend darauf, dass
      Weber zwar von einem quasi internen Selbstverständnis ethischer Imperative für
      Kulturmenschen überhaupt ausgeht, was zugleich eine Art Intersubjektivität erzeugen
      könne, aber er bindet allemal die Bereitschaft zur Verantwortungsübernahme an die
      Größe einer Persönlichkeit (Jaspers, Schulz, Henrich). Dies reiht Weber aus heutiger
      Sicht ein in die Kontexte seiner Zeit, vom sich verstärkenden Existenzialismus über die
      Anthropologie bis hin zu der von ihm selbst im wesentlichen vorangetriebenen
      Entzauberung der Ethik hin zu einer zweckrationalen, am Konzept pragmatischer
      Plausibilität orientierten Orientierungsdisziplin, die weder sagen kann, wohin, noch wie
      etas zu gestalten sei, sondern nur, dass man für die Folgen seines Handelns
      aufzukommen hat.

schaftlichen Wissens, welches uns erst eine Folgenabschätzung ermöglicht.
Als Akteure, denen Wissen um Folgen und denkbaren Wirkungen zur Verfügung steht, ja dessen Erwerb ihr eigentliches Berufsethos ist, und denen in der entzauberten technisierten Welt das Gestalten von Wirkräumen möglich ist, wächst Verantwortung in einem umfänglichen ethischen Sinne bei Weber somit lediglich qua Menschsein zu, denn mit unserem Menschsein, ist uns nach Weber die Aufgabe gestellt, unser Leben bewusst zu führen und diese Welt zu gestalten.[12] Dies könnte, so Bienfait, Weber den Blick auf die Sphären intersubjektiver Realität und realer Intersubjektivität eröffnen, zumal dann, wenn man sieht, dass konkrete Verantwortung sich nicht objektiver Vernünftigkeit, sondern kontextualisierter Vertretbarkeit von Folgen verdankt.[13] Dies ist sicher eine sehr wohlwollende Interpretation des Weberschen Ansatzes, in dessen Folge aber bekanntlich die Philosophie im Besonderen, aber auch die Gesellschaft im Allgemeinen sich dem Problem Verantwortung als ein *moralisches* Problem erst vertiefend gestellt hat. Die philosophische Reflexion geriet hierbei unmittelbar ins Fahrwasser anthropozentrischer und anthropomorpher Kontexte. Beispielhaft sind die Ansätze von Hans Jonas, Albert Schweitzer, aber auch Georg Picht. Ein historischer Exkurs soll diese Linie skizzenhaft nachzeichnen.

12 Dies betonen zu Recht, Dieter Henrich (Die Einheit der Wissenschaftslehre Max Webers. Tübingen 1971, S.111, 129) und an ihn anschließend Günter Banzhaf (23). Die Kommentierung zu Weber habe ich in diesem Kontext schwerpunkthaft entlang einiger Gedanken von Banzhaf und Bienfait rekapituliert.

13 In diesem Sinne betont Bienfait eine gewisse Linie von Weber zu Apels diskurstheoretischer Einholung der Verantwortung und grenzt beide gleichsam von Kant ab. Ich denke, dass Bienfait hier Weber zu dialogreflexiv versteht. Allerdings ist Bienfait ganz konsequent, wenn sie Webers Konzept in Walzers und Wellmers Idee einer liberalen und demokratisch verfassten Weltgesellschaft einordnet. Eine Zivilgesellschaft getragen von einer Streitkultur, des Liberalen und Demokratischen kann die Verantwortungsidee erst voll zur Entfaltung kommen lassen, so Bienfaits Fazit mit Hans Jonas. Hiermit aber beschränken wir Philosophie auf Soziomoralreflexion, in der dann Kriterien wie Differenz und Konsens einen anderen Klang haben als in dialogfundierten Positionen. Der Dialog tritt hier funktional zu Gemeinschaft auf, was dann auch eine Chronologie der Ansätze von Weber zu Wellmer zulässt. Vrgl des näheren: Bienfait. S. 249-262.

Zweiter Schritt

Ein postweberscher historischer Exkurs. Verantwortungsübernahme als anthropozentrische Selbstsorge und anthropomorphe Fürsorge[14]

Hans Jonas unternimmt es 70 Jahre nach Max Weber, die bei diesem ange-dachte ursprüngliche, selbstbezügliche Folgenabschätzungskompetenz als aristotelisch-anthropomorphe Konstante des Menschen in Besonderheit sei-ner metabolischen Evolution einzuführen. Zwischen den beiden großen Ent-würfen liegen die Reflexionen von Sartre, der die existentielle Dimension der Verantwortlichkeit betont, von Weischedel, für den Verantwortung sich in einem Zusammenspiel von zwischenmenschlicher Verbundenheit und ge-genseitiger Zuwendung begründet, von Buber und Levinas, deren Dialog-ideen des *Ich-Du* sich als dialogische Verantwortung im Kontextwissen des Es oder als Erfahrung meiner Verantwortlichkeit in Gewahrung des Antlitz des Anderen zum Ausdruck bringen, von Jaspers, der neben einer existen-tiellen Idee auch eine politische Ethik der Verantwortung ausbuchstabiert und schließlich von Georg Picht, der wohl neben Jonas den weitestgehenden Entwurf einer Verantwortungsethik vorlegt, für den aber in Differenz zu Jo-nas, Verantwortung *für* eine und *vor* einer als Grundmuster verantwortlich gestalteten Geschichte, deren Gestaltung der menschlichen Macht möglich ist, im Zentrum steht.

Allen hier nur schlaglichtartig benannten Entwürfen ist es gemein, dass sie an einer verkürzten dialogischen Struktur kranken. Der je Andere ist der mir Andere und mir Nahestehende oder mich Ansprechende entweder auf der Grundlage und im Akte einer naiven Nächstenliebe oder durch eine wie auch immer historisch, sozial oder politisch gewachsenen Verbundenheit. Er kommt in den Blick meiner Verantwortlichkeit auf dem Wege der Selbstver-gewisserung dessen, dass ich für ihn aus der jeweiligen Perspektive des So-

---

14   Die folgende Rekonstruktion erhebt weder den Anspruch auf Vollständigkeit noch kann
     sie den einzelnen Autoren auch nur annähernd gerecht werden. Die Idee, der ich folge,
     ist der Versuch einer Rekonstruktion eines Problems, welches der verantwortungs-
     ethischen Debatte aus moralphilosophischer Perspektive inhärent ist, an Beispielen
     Ausdruck zu verleihen. Eine lesenswerte Alternative zu meiner Rekonstruktion ist neben
     der Arbeit von Ludger Heidbrink, auf den ich noch ausführlich zu sprechen komme,
     besonders Jürgen Sikora. Zukunftsverantwortliche Bildung. Teil A I: Ausgrenzungen.
     Verantwortung in philosophischer Tradition. Würzburg 2003. Sikora unternimmt es, die
     Idee einer Verantwortungsethik in den drei großen Epochen der philosophischen
     Tradition zu rekonstruieren.

zialen, geschichtlichen, Historischen oder Gattungshaften Verantwortung trage. Verantwortung bleibt hier ein *Ethos des Vollzuges* im Sinne einer existentiellen Grundbefindlichkeit und Ethos des Sittlichen als ein religiöses, historisches, soziales oder politisches Soll, erwächst aber nicht begründungsreflexiv aus der Grundsituation dialogischen Vollzuges.

Diese unzureichende Begründung einer Verantwortungsethik auf dem Wege der Selbstvergewisserung eines Verantwortungsethos wird einzig und lange unbeachtet im Entwurf, den Karl Löwith (1928) dem Konzept von Weischedel gegenüberstellt, virulent. Er entfaltet die konstitutiven Bedingungen der Sinn- und Geltungssituation menschlichen Sich-Ent-Äußerns durch Reflexion auf die Dialogizität der Sprache des Menschen. In dieser Reflexion zieht er einen Analogieschluss auf das Verantwortungsphänomen: „Eigentlich kann nur der zu anderen Sprechende als verantwortlich bestimmt werden. Vor sich selbst kann man (nur, H.B.) quasi-verantwortlich sein, denn die Verantwortung beruht wie das Reden gerade darauf, dass man sich selbst einem anderen zur Rede stellt."[15] Die je Anderen begegnen *mir* hierbei in einer Bedeutsamkeit *Als*. Das Miteinandersein ist für Löwith immer ein Miteinandersprechen, das Miteinandersprechen ist immer ein Miteinander-Gegeneinanderbeanspruchen von Sinn und Bedeutung. Angedeutet ist hier fraglos die Idee einer erst durch Apel und Habermas ausformulierten diskursethisch orientierten dialogisch-diskursiven Argumentationssituation als Paradigma und sinnnotwendige regulative Idee jedweder Beanspruchung von Sinn und Geltung, in die eine Ethik der Kommunikation als Ethik der Verantwortung für den Anderen *und* für meine Ent-Äußerung als konstitutives Moment eingewoben ist – dies werde ich im konstruktiven Teil noch weiter entfalten.

Diese Gedanken Löwiths einer begründungsreflexiven Herleitung der Verantwortung aus der sprachreflexiven Dialogsituation beinhalten einen Paradigmenwechsel der Verantwortungsfrage. Sie wurden in unmittelbarer Folge aber weder systematisch noch dem Gedanken nach berücksichtigt und kamen erst über den Umweg der transzendentalpragmatischen, im wesentlichen kommunikationsethischen Transformation der kantschen Philosophie durch Apel in den Blick.

---

15 Karl Löwith. Das Individuum in der Rolle des Mitmenschen. In: Mensch und Menschenwelt. Sämtl. Schriften. München 1928S.113. Den verweis habe ich Banzhaf (S. 27) entnommen.

Der Vorwurf der verkürzten Reflexion gilt auch für die beiden, in Popularitätsmaßen gemessenen, herausragenden Ansätze von Albert Schweitzer und Hans Jonas. Der Weg des Verantwortungsdiskurses folgte auch bei ihnen eher appellativ-emotiven, normativ fragwürdigen und naturmetaphysisch wertheuristischen Grundmustern.

Albert Schweitzer verweist uns auf die Ehrfurcht vor dem Leben, die begründet ist aus einem Gefühl der Verbundenheit mit Gott und allen Kreaturen -ein Gedanke, den er trotz deren interner Gegensätzlichkeit mit Levinas und Buber teilt.[16] Schweitzer setzt allerdings an die Stelle existentieller (Levinas) oder religiöser (Buber) Überzeugtheit die Idee vom dialogischen Sich-Verantworten, das meint das Verantworten aus der Situation des Miteinanders heraus und nicht nur gegenüber dem Miteinandersein mit anderen. Zugleich bindet er dieses an das Kriterium der Verträglichkeit mit Humanität, die selbst aus der Zugehörigkeit des Menschen zu kreatürlichen Welt erwachse, und die die Verantwortungsübernahme kriteriologisch begleite: Gelten lassen wir nur, was sich mit der Humanität verträgt. Aber in der Reflexion auf das verantwortungstragende Subjekt und auf die normative Pflicht zur Verantwortungsübernahme gerät Schweitzer in die Fahrrinnen der traditionellen, dialogvergessenen Argumentation: Selbstreflexion, Selbstdistanzierung, Wissenskompetenz als Verfügungs- und Orientierungswissen ermöglicht uns, sprich: gibt uns die Macht als je einzelne und vor uns als je einzelne Instanz in ausgezeichneter Weise Verantwortung zu tragen – dass wir dies tun, erfolge aus der Selbstverpflichtung angesichts der Ehrfurcht vor dem Ganzen der Schöpfung, mit der wir ursprünglich verbunden sind. Die Tradition der Einzigartigkeit und Einmaligkeit des personalen Seins des Menschen als dasjenige Lebewesen, was um sich selbst und von seinen Fähigkeiten selbst weiß, greift hier wieder.[17] Verantwortung bringt sich als Hingabe

---

16   Allgemein wird hier zwischen Betroffenheit als Motiv bei Levinas und Fürsorge bei Buber als differentia specifika zu unterscheiden sein, wobei Levinas bereits in der Umsetzung und Anwendungssphäre unscharf bleibt, Buber zwar eine Sozialkomponente impliziert, aber zugleich das Ergreifen von Verantwortung an religiöse Verantwortlichkeit für die Schöpfung und an eine je situative Übernahmebereitschaftsmöglichkeit bindet.

17   Michael Hauskeller hat es jüngst unternommen, diese Traditionslinie unterfüttert mit einer rational belehrten Mitleidsethik wieder stark zu machen. Michael Hauskeller. Versuch über die Grundlagen der Moral. München 2001. Interessant sind in diesem Kontext seine Ausführungen zu B. Williams (S. 237 ff.) und seinen utilitaristischen Variationen und Interpretationen des Milgram-Experimentes, zu P. Strawson (S. 253f.),

an die Schöpfung zum Ausdruck. Sie ist damit gebunden an ein quasi gesinnungsethisches Moment der Verpflichtung. Schweitzer verlässt also an dieser begründungstheoretisch entscheidenden Stelle die zuvor beschrittene Ebene unbegrenzter und reziproker Intersubjektivität. Er greift zurück auf die Idee einer an sich zweckhaften und werthaltigen Natur, der wir ehrfurchtsvoll in Verantwortung gegenüber stehen. Sie ist uns nur geliehen, ließe sich aus christlicher Tradition heraus sagen.

In ein ähnliches Problem gerät auch Hans Jonas, wenn er für des *Prinzip Verantwortung* formuliert, dass „auch in Zukunft menschenwürdiges Leben möglich sei" und wir Verantwortung übernehmen müssen, weil wir die biologisch-anthropologisch begründete und theologisch rekonstruierbare Macht haben, geistvoll zu handeln. Aus dieser Macht wächst uns Verantwortung als Möglichkeit zu. Diese Möglichkeit steht einer selbst werthaften Welt, in der uns die besondere Rolle des Machenden – als Werkzeugnutzenden, Weltgestaltenden und Produktherstellenden, und als um uns und diese Prozesse Wissenden – zukommt, gegenüber. Die Welt, deren Teil wir sind und die uns in und durch ihre Selbstzweckhaftigkeit anspricht, ist aufgrund unserer Macht in unsere Verantwortung gelegt: Du trägst Verantwortung, weil du in und mit dieser Welt etwas tust, und dies im Wissen um diese Welt und dein Tun. Bist du unsicher über dein Tun und dessen Wirkungen, unterlasse dein Handeln, so die (unliebsame) Konsequenz. Mit Sikora sei dies resümiert: „ Jonas' Imperativ ruht nicht wie bei Kant auf einem Prinzip der Vernünftigkeit auf; er ist kein moralischer Pflichtimperativ im strengen, deontologischen Sinne, sondern gleicht vielmehr einem biologischen Evidenzkriterium..."[18] Ich komme im konstruktiven Teil noch einmal auf Jonas zurück. Es sei hier ergänzt, dass Jonas einen sehr naiven Machtbegriff in Anspruch nimmt. Er unterschlägt völlig die Strukturanalogie, die zwischen Macht und Verantwortung gerade in dem von ihm verstandenen Sinne von Verantwortung besteht. Auch Macht ist gebunden an ein mindestens bipolares Verhältnis von Subjekten, ist gebunden an ein soziales Kräfteverhältnis und verharrt immer seiner Verwirklichung, ist also nicht naturgegeben. Diese Erkenntnisse, die wir schon bei Simmel, Arendt und Weber finden, werden bekanntlich radikalisiert in den normativ-relevanten Handlungs- und Lebenskontexten, die

---

der uns im Kontext der Determinismusproblems noch beschäftigen wird und zu A. Schweitzer (S. 248ff.).

18 Jürgen Sikora. Zukunftsverantwortliche Bildung. Würzburg 2003, S, 58f.; ders. Mit-Verantwortung. Hans Jonas, Vittorio Hösle und die Grundlagen normativer Pädagogik. Eitorf 1999.

Foucault perspektivisch einnimmt. Macht ist hierbei nicht nur Selbstermög-
lichungskompetenz im Licht und in Begegnung des Anderen, sondern Macht
meint jene Mechanismen durch die wir uns in unserer Kultur selbst erst zu
Subjekten machen, indem wir uns in Form von Artefakten aller Art (Sprache, Kunst, Politik etc.) *setzen* in diese und gegenüber dieser Welt als unserer Welt.[19] In der Pädagogik können wir dies fortdenken. Macht als Selbst-
konstitution bedeutet dann Erziehung zur Macht der Selbst-Bestimmung
meiner und meines Selbst in Gewahrung des Anderen. Bei Foucault ist es
das stets im Fluss der Kritik bleibende Wissen und die Kritik selbst, die einer
Ermächtigung des Wissens[20] als neue und eigene Macht gegenübertreten –
moralisch muss hier dann komplementär Verantwortung hinzu treten, wie
dies Apel, Böhler, Sikora und ich aus diskursethischer Perspektive zu zeigen
versuchen. Zu Macht tritt dann eben nicht nur Wissen, wie bei Foucault als
selbst-enttarnendes Moment hinzu, sondern Macht muss wesentlich eine
ethische Komponente eingeschrieben sein, dies leistet meines Erachtens eine
mitverantwortlich gedachte diskursethische Verantwortungsmoral in besonderer Weise.

All dies bleibt den Ansätzen von Schweitzer und Jonas äußerlich. Vielmehr bleibt Verantwortung ein Implikat ethischen Handelns, zu deren Übernahme ich mich entweder schon entschlossen haben muss oder zu dem ich
durch externe Faktoren – wie Religiosität, Humanität, Berufsethos- schon
motiviert bin. Jonas quasi essentialistisch-anthropologische Fundierung
zeugt hier noch am ehesten von einer internen Begründung eines Prinzips
Verantwortung.

Dritter Schritt

Zwischenbetrachtung im Prozess der Rekonstruktion

Blicken wir auf die einleitenden Überlegungen zu Max Weber und die Reflexionen des postweberschen historischen Exkurses zurück, so können wir
zwischenresümieren, dass Versuche einer Herleitung eines Prinzips Verant-

---

19 Zwei ausgezeichnete Studien legen hier kürzlich: Norbert Ricken. Die Macht der Macht-
    Rückfragen an Michel Foucault und Alfred Schäfer. Macht – ein pädagogischer
    Grundbegriff? In: Norbert Ricken et al. (Hg.) Michel Foucault: Pädagogische
    Perspektiven. Wiesbaden 2004.
20 Michel Foucault. Was ist Kritik Berlin 10992; ders. Technologien des Selbst. In: ders. et
    al.: Technologien des Selbst. Ffm 1993.

wortung aus religiösen, existentialistischen, historisch kontingenten oder ontologischen Wertannahmen mit dazu gehörenden Wertheuristiken und Anthropozentriken vielfältigst vorliegen, aber dass wir auf diese Weise keine Theorie der Moral auf einem Prinzip Verantwortung gründen können, da sie selbst je auf einer der Vernunftbegründung moralischer Selbst- und Fremdverpflichtung externen Basis beruhen. Bezogen auf unsere Frage, ob ein Prinzip Verantwortung möglich, sinnvoll, notwendig sei, stehen wir vor der Situation, dass es offenbar sinnvoll wäre, aber nicht möglich, da auf der weberschen und postweberschen Basis jedwede moralphilosophisch normativ, starke Zuschreibung einer Pflicht zur Verantwortungsübernahme scheitern muss. Die jeweiligen Positionen müssen zum Nachweis der Verbindlichkeit eines moralisch starken Verantwortungsprinzips uneinlösbare wertethische und wertheuristische Voraussetzungen machen und sind damit nicht in der Lage, das Verantwortungspostulat in sich oder aus sich heraus als Verpflichtung zur Verantwortungsübernahme ausweisen zu können.

Insbesondere jedwede ontologisch fundierte Grundkonstruktion, wie die Jonas-Schweitzersche, macht entweder den Gedanken von Pflichtübernahme eines verantwortungskompetenten Subjektes, von dem wir in der Tradition ausgehen, bereits im Ansatz sinnlos oder aber Verantwortung überflüssig. Letzteres genau dann nämlich, wenn die Pflichten unmittelbar aus der werthaften Natur selbst erwachsen und nicht Resultat einer reflexiv ausweisbaren Selbstverpflichtung hervorgehen.

Auch wenn es unbestreitbar angemessen sein sollte, dass wir aufgrund unserer evolutionären Sonderstellung so etwas wie Verantwortung tragen können und tragen sollten (in einem naiv emphatischen Sinne), dann darf dies schon logisch, geschweige denn in philosophischer Begründungsreflexion begründet sein – in einer Axiologie des Seienden, der dann Verantwortlichkeit grundsätzlich innewohne. Dann nämlich hat der Mensch keine Wahl mehr zur Verantwortungsübernahme, und Freiheit und Autonomie entfielen. Vielmehr muss klar sein, dass der Verantwortungsbegriff Wertungen transportiert, nicht aber konstituiert er diese. Verantwortungstheorien sind dementsprechend parasitär zu einer vorweg zu liefernden Theorie der Moral. Verantwortungsübernahme kann moralische Pflicht sein, moralische Pflichten erschöpfen sich aber nicht in Verantwortungsübernahme, geschweige denn, dass sie diese begründen. So würde Jonas' Wertontologie gar unmittelbar – Paradoxon der eigenen Methode – zu einer Entpflichtung von Verantwortung, ja im weitesten Sinne von Moral überhaupt, durch das Subjekt führen, da Natur ihren Wert hier in sich trage. Eine Ontologie, so Bayertz zutreffend, ist das Ende aller Verantwortung. Genau dann nämlich kommt dem Gegenstand der Verantwortung ein Wert an sich zu, der als Anspruch gegenüber dem Verantwortungsträger gedacht werden muss. Die Verpflichtung erfolgt also aus der Natur der Sache und liegt nicht auf Seiten eines sich frei entscheiden könnenden Subjekts. Eine Theorie der Moral wie Verantwortungsethik überhaupt gehen dann in ein System der Metaphysik über.

Ist hiermit das Projekt, eine Verantwortungsethik als starke, deontische Sollensethik zu formulieren, gescheitert?

Ich denke vom Ansatz einer Ontologie her, sei sie anthropozentrisch wie bei Jonas, sei es wie bei Picht aus einer Hypostasierung der Geschichte, ist dies in der Tat gescheitert, dies haben Bayertz, Lenk, Wieland und andere überzeugend dargetan.

So kann Verantwortung beispielsweise für Wieland bestenfalls als kritisches Implikat und Prinzip zweiter Ordnung innerhalb praktischer Klugheit und praktischer Urteilskraft fungieren: „Eine Analyse des Begriffs Verantwortung allein kann nicht zu der Einsicht führen, wofür und vor wem man Verantwortung zu übernehmen verpflichtet werden soll. Deswegen ist das Prinzip Verantwortung nicht geeignet, ethische Grundnormen letztbegründend zu legitimieren oder gar selbst als ethische Grundnorm zu fungieren."[21] Ebenso wie andere folgenbasierte Ethikkonzepte sei die Verantwortungsethik nämlich nicht in der Lage, Gerechtigkeitsprobleme, Menschenwürdegrundsatz und Individualinteressen ausreichend ethisch zu schützen und in den Legitimationsdiskurs einzubringen. So sei es denkbar, dass aus Folgenüberlegungen heraus, individuelle Grundrechte des einzelnen oder einer Gruppe außer Kraft gesetzt würden. Dies gilt für Menschenrechte wie für die Demokratie als politisches System insgesamt.[22]

21   Zu Bayertz und Lenk komme ich noch ausführlich zurück. Wolfgang Wieland: Verantwortung – Prinzip der Ethik? Heidelberg 1999, S. 102.
22   Vrgl. zum Problem: W. Wieland, a.a.O. S. 92ff., zum Dispensproblem von Demokratie bei Hans Jonas vrgl. Dietrich Böhler. Zukunftsverantwortung, Moralprinzip und kommunikative Diskurse in T. Bausch et al. (Hg.). Wirtschaft und Ethik. Münster 2004, S. 247-261; Wieland verweist auf: Julian Nida-Rümelin. Kritik des Konsequentialismus, München 1993.

Vierter Schritt

Ist das Projekt einer Verantwortungsethik als Prinzipienethik endgültig gescheitert? Konstruktiver Blick auf die Rekonstruktion

In der zuletzt angedeuteten Situation droht Verantwortung als philosophischer Problemtitel schlechthin obsolet zu werden. Es ist deswegen besonders verdienstvoll, dass sich Ludger Heidbrink in seiner Monographie *Kritik der Verantwortung*[23] diesem Problem in Form einer kantanalogen Kritik einer Kritik der Verantwortung angenommen hat und versucht, zwischen Scylla und Charybdis einer begrifflichen Entgrenzung und einer systemtheoretisch fundierten Ausgrenzung von Verantwortung einen minimalen Verantwortungsbegriff zu sichern.

Wenden wir uns als Zwischenschritt seiner Schrift zu: Sie ist hierbei von wohltuender Präzision, eigenständiger Analytik, in Differenz zu diffusen Entfaltungen theologischer und philosophischer Provenienz der letzten zehn Jahre, aber zugleich lässt sich an seinem Konzept des maßvollen Verantwortungsskeptikers das Kernproblem der Verantwortungsethik als normativverbindliche Ethik unmittelbar aufzeigen. Heidbrink schreibt uns zwar ganz traditionell Verantwortungsübernahmekompetenz zu,[24] bleibt aber stecken im Dickicht letztlich uneingestandener anthropologischer und kognitiver Voraussetzungen mittels derer bei ihm überhaupt nur erklärbar wird, dass wir Menschen als Kosubjekte in sozialen Systemen in kooperativer Selbstverantwortung die Ohnmacht und Überforderung der Steuerungskapazitäten von Großsystemen auszugleichen nicht nur berufen, sondern als Faktum der Verantwortung in der Lage zu leisten sind. Gemäß seinem Konzept bedarf es zur Verantwortungsübernahme (lediglich) einer Sozialisation von Verantwortung im Sinne einer Herausbildung von skeptisch-kritischer Verantwortungssensibilität. Hierbei bestimmt sich Verantwortung im Sinne einer regulativen Idee als Korrektiv denkbarer Fehlströmungen sozialer Systeme aller Couleur. Verantwortung gilt ihm als das ausgezeichnete Moment (Medium) von Streitkultur und kritischer Öffentlichkeit, ohne sich selbst als Leitnorm oder ausschließlichen Lösungsweg zu fixieren. Praxis der Verantwortung

---

23 Ludger Heidbrink. Kritik der Verantwortung. Weilerswist 2003.
24 Über die Geschichte und der in ihr hervorgebrachten Ansätze dieser Selbstzuschreibung referiert die Arbeit von Banzhaf wohltuend prägnant. Dieser Arbeit fehlen allerdings Perspektiven der Pädagogik wie sie zum Beispiel Löwisch in seinem gesamten Oeuvre entwickelt hat.

meint dann Skepsis vom Standort der Kontingenz aus – auf der Basis „kontextualistischer Kombinatorik" und „dem problemorientierten Vermögen der praktischen Intelligenz" und damit auf der „Grundlage impliziten Wissens, das sich komplexe Sachverhalte durch Erfahrung, Übung und genaue Beobachtung erschließt."[25] Im Kern fehlt es der Heidbrinkschen Analyse an einem normativ verbindlichen Prinzip, welches es uns auferlegt, Verantwortung zu tragen. Er verweist uns deshalb konsequenterweise auf ein funktionierendes Recht als Basis, andernfalls bleibt das „Verantwortungsprinzip ein indikativer Irrläufer, der seine Aufmerksamkeit für Probleme mit ihrer Erledigung verwechselt, ein Nachfahre der geschichtsphilosophischen Vernunft, die in den Zeichen des Fortschritts den Beweis seiner Erfüllung zu erkennen glaubte."[26] Er gerät in das Fahrwasser jener von ihm Kritisierten, die allesamt über die Expansion der Zurechnung von Verantwortung von der Mikro- auf die Makroebene und von einem Zuwachs von Verantwortung durch eine (unbestreitbare) Macht des Geistes ausgehen – eine Macht, die sich entäußert in Freiheit und Konstruktion. All dies impliziert wichtige und unbestreitbar zutreffende Momente von Verantwortung, ebenso erscheint der Modus der Verantwortungsübernahme auf der Basis einer kontingenzpragmatischen Skepsis sehr geschmeidig und praxisnah, wohl aber verfehlen seine Überlegungen die Dimension des Ausweises einer Pflicht, das meint einer normativen Verbindlichkeit des Übernehmens und Tragens von Verantwortung. Er verlagert, wie auch sein Projekt am Kulturwissenschaftlichen Institut Essen[27]

---

25 Heidbrink 305 ff Diese Kritik soll keinesfalls die analytische Qualität des Buches schmälern, vielmehr auf die ethisch-normativen Probleme hinweisen. Näheres dazu werde ich noch entfalten.

26 Ebd. S. 312. Hier ist er ganz im Fahrwasser seines offensichtlichen Ziehvaters N. Luhmann, für den Verantwortung ja letztlich eine Verzweiflungsgeste einer ohnmächtigen Moral dechiffrierte. Wenn Heidbrink soweit auch nicht gehen will, so kommt er schließlich doch zu einer eher skeptischen Grundeinstellung, nicht nur als kritischer Analytiker, sondern auch in Blich auf die normative Bindekraft von Verantwortung als Prinzip.

27 KWI-Essen. Forschungsgruppe: Kulturen der Verantwortung. Die kulturellen Voraussetzungen komplexer Verantwortungsgesellschaften. Ausdifferenziert in: Verantwortungskultur in der Zivil- und Bürgergesellschaft, wo es um die Herausforderungen des eigenverantwortlichen Mit-Bürgers geht, die Politik der Verantwortung, wo es um den Sozial- und Systemverantwortungsstaat der Gegenwart geht, der sich zunehmend seiner Verantwortung entzieht, sodann um Verantwortungshandeln in der Marktwirtschaft, perspektiviert auf Unternehmens- und Konsumentenverantwortung, und schließlich um die Globalisierung des Verantwortungsprinzips, perspektiviert auf Fragen transnationaler Konfliktlösung sowie der Transferproblematik globaler Herausfor-

(2003-2005) verdeutlicht, Verantwortung auf eine Plausibilitätsebene im philosophischen und eine Anwendungsstärke im politischen, ökonomischen und letztlich globalen Diskurs. Mir geht es aber gerade um die Dimension der *moralischen Verpflichtung* zur Verantwortungsübernahme. Diesem Ausweis gilt der konstruktive Teil meines Beitrages – und hierbei werden die klassischen Implikate der Verantwortungsübernahme, nämlich Zurechnung, Intentionalität und normativer Hintergrund (Bayertz) einer Neubestimmung zu unterziehen sein.

Blicken wir nun auf der Grundlage der Zwischenbetrachtung und der Heidbrinkschen Anregungen noch einmal grundsätzlich auf die klassischen Konzepte zurück, kann man nur bestätigen, dass unter den dort formulierten und in Anschlag gebrachten Grundmustern der Reflexion des Moralischen und der Zuschreibung von moralischer Handlungs- und Rechtfertigungskompetenz das Projekt eines *Prinzips Verantwortung* in den bisherigen Entwürfen nicht nur als gescheitert, sondern als aussichtslos angesehen werden muss.

Diesem möchte ich zugleich zustimmen und doch energisch widersprechen. Ich halte zwar die Einwände für berechtigt, aber das Projekt für nicht gescheitert. Zur aussichtsreichen Durchführung des Projektes bedarf es aber einer radikalen Umkehr der Begründungsfigur, die sich insbesondere radikal unterscheiden muss von der okularen Perspektive *auf* Verantwortung, sei sie wie beispielsweise im Recht oder auch in Webers sozialer Fassung haftungsorientiert, sei sie wie bei Jonas auf die Übernahme von Verantwortung als bereitliegende Disposition, die ich nur „erblicken" muss, fixiert.

Die philosophische Begründung und Reflexion von Verantwortung mit dem Ziel des Ausweises eines zureichend begründeten *Prinzips Verantwortung* muss vielmehr ansetzen an der intersubjektiven, dialogfundierten Gegenseitigkeitsverantwortung und nicht an der Problematik der Zurechnung und Konstruktion von Verantwortung aus Sach- oder Geschehenswelten.[28]

---

derungen und partikularer Interessen. Ich danke an dieser Stelle Kollegen Heidbrink für die Information (vom 18.01.2005) zum Projekt und für die Einladung zur Mitwirkung.

28   Vrgl. die erwähnten Arbeiten von Jürgen Sikora, der dies in 1999 in Auseinandersetzung mit Vittorio Hösle an einzelnen Feldern (Anthropologie, Biologie, Theologie, Ethik) und Aspekten (Werkzeug, Bild, Grab, Verantwortung und Mitverantwortung) der Jonasschen Konzeption rekonstruiert und dies in 2003 zu einem Konzept einer zukunftsverantwortlichen Bildung zusammenfügt. Auf letztere Schrift komme ich im Abschlusskapitel zurück.

Denn in Gegenseitigkeitsstrukturen kulminieren Objekt, Prozess und sinnvolle Möglichkeit von Verantwortung in meines Erachtens grundsätzlicher
Weise. Die Anbindung an ein dialogfundiertes Moment impliziert hierbei sui
generis eine normativ-kritische Instanz, nämlich sich selbst als Methode des
Rechtfertigens von Verantwortung, der Zuschreibung von Verantwortung als
auch das mitverantwortliche Tragen von Verantwortung. Verantwortungskompetenz wird damit *methodos* im klassischen Sinne dieses Prinzips, Weg
und Ziel zugleich zu sein, dieses erwächst aus dem Vollzug des Dialogs
selbst, als der Vollzug des Sich-gegenseitig-Verständigens und Verständig-
Seins. Immanent sind diesem Vollzug starke Argumente der Anthropologie
und ethische Konzepte des guten Lebens. Beide bereichern die Idee der Verantwortung, begründen sie aber weder in ihrer Legitimität als moralisches
Prinzip – und damit Prinzip einer Theorie von Moral überhaupt –, noch können sie begründen, warum ich moralisch sein soll. Schließlich sei hier nur
angemerkt, dass mit dem Ausgang von einem solchen Prinzip sich auch die
traditionelle Entfaltung via Macht, Zuschreibung von Ursache, Intentionalität von Handlung/Äußerung und eingelebte, tradierte normative Lebenswelt-
hintergrundkonzepte in die zweite Reihe der plausiblen Argumente und vor
allem auf die Gegenstandsebene des selbst von einem Prinzip Verantwortung
getragenen Dialog-Diskurs-Konzepts.

Aber was verpflichtet mich zu dieser Gegenseitigkeitsverantwortung – nur
der Appell und das moralische Gewissen? Dann können es auch wirtschafts-
und sozialhistorische und juristische Aspekte sein. Keinesfalls reicht es zu –
wie Lenk und Maring erarbeiten[29] –, dass neben den unverzichtbaren Typ der
persönlichen Verantwortungsübernahme der Typus Mitverantwortung in
verschiedensten Facetten tritt. Vielmehr muss der Prototyp, das Paradigma,
wechseln: An die Stelle der persönlichen Verantwortung muss eine dialo-
gisch-autonom getragene Verantwortung treten, die sich auf der Vollzugs-
und Gegenstandsebene im anthropologischen, pädagogischen und sozialwis-
senschaftlichen Diskurs ausbuchstabiert und auf der Basis einer intersubjektiv gegründeten Moraltheorie grundständig formuliert.

Dies ist meines Erachtens erst im transzendentalpragmatisch belehrten
Ansatz einer Verantwortungsethik, wie ich ihn mit Karl-Otto Apel, Jürgen
Sikora, Dietrich Böhler und anderen als *Prinzip Mitverantwortung*, welchem

---

29   Hans Lenk/M. Maring. Wer soll Verantwortung tragen? In: K. Bayertz. 1995, S.281ff. et
     pass.

Gerechtigkeit und Solidarität beigestellt ist, diskursethisch, anthropologisch und pädagogisch entwickelt habe und auf den ich zurück komme, leistbar.[30] Beschließen wir hier den rekonstruktiven Teil. Trotz oder vielleicht auch gerade wegen seiner Aktualität und Omnipräsenz stehen wir vor einem äußerst diffusen Gebrauch und Verständnis von Verantwortung. Nicht nur der methodische und instrumentelle Gebrauch, sondern auch die Bedeutungsimplikate des Phänomens und dem ihm zugeordneten moralisch-ethischen Erwartungen und Erwartungserwartungen haben nahezu inflationäre Ausmaße angenommen. Die Philosophie der Verantwortung von Max Weber bis Hans Jonas konnte hier nicht unbedingt die Aufgabe einer begriffspräzisierenden und die Argumentation zu Phänomen und Sachverhalt aufklärenden Reflexionskultur erfüllen. Stattdessen machte sie Anleihen bei Theologie, Psychologie, besonders Sozial- und Motivationspsychologie[31] und metaphysischen Spekulationen zur Einheitlichkeit von Mensch und Natur.

KONSTRUKTIVER TEIL I

Verantwortung als Moralprinzip!

Orientierung durch Verantwortung: Kann Verantwortung uns zwischen Universalismus globaler Verantwortungspflichten und Partikularismus individueller Verantwortungsinteressen moralisch orientieren?

Am Ende des Streifzuges durch die Reflexionen verantwortungsethischer Diskurse steht als übersummatives Resultat: Verantwortung zu tragen ist möglich und sinnvoll, aber nicht in einem strengen ethischen oder moralphilosophischen Sinne deontisch verpflichtend. In welchem Sinne könnten wir das moralische Ethos der Verantwortlichkeit denn dann noch als verpflichtend im Sinne deontischer Unabweisbarkeit erweisen? Müssen wir uns in Fragen der Verpflichtung zur Verantwortungsübernahme auf ein bloß regulatives Soll einer schon anderweitig erwiesenen Verpflichtung zum moralischen Handeln stützen? – Zum Beispiel im Sinne einer Gerechtigkeitsethik

---

30 Karl-Otto Apel/ Holger Burckhart (Hg). Prinzip Mitverantwortung. Würzburg 2002; Jürgen Sikora. Zukunftsverantwortliche Bildung. Würzburg 2003.
31 Vrgl. die Arbeiten von Birgit Albs, Carol Gilligan, Martha Nussbaum u.v.a.

der Fairness à la Rawls, einem Utilitarismus à la Birnbacher, einem Dialogprinzip à la Apel und Böhler: Sie alle eint doch, dass wir schon ein unbedingt normativ verpflichtendes Prinzip zum Moralischsein ausgewiesen haben und lediglich auf der Ebene der praxeologischen Implementierung verantwortungsethische Überlegungen anstellen? So verweist uns Rawls[32] ausdrücklich auf den Begleitumstand der Verantwortung nach Einsicht und diskursiver Prüfung der Bedingungen der Fairness; Apel und Böhler rekonstruieren zunächst das Dialogprinzip als bereits intrinsisch verantwortungsethisch, gehaltvolles Prinzip. Dies aber stützt nur die schwache normative
Bindekraft des Dialogprinzips selbst, begründet aber nicht wirklich die normative Verpflichtung des Verantwortungsprinzips – es wird dem Diskursprinzip quasi beigestellt, so betont Böhler: Zur Vermeidung Common sense-
fundierter sozialethischer Übereinstimmung ist es erforderlich, dass „man
die eigenen Intuitionen im Diskurs prinzipienbezogen und diskursiv prüft
bzw. validiert: sind sie – die möglichen Systemfolgen ihrer praktischen Umsetzung mitbedacht – wirklich vereinbar mit dem Prinzip der Verantwortung?"[33] – und schließlich Birnbacher, der vor dem Hintergrund der ex-ante,
also retrospektiven und prospektiven, Dimension der Verantwortungsübernahme scheidet, aber die Pflicht zur Verantwortung im Sinne eines zurei-
chenden Moralprinzips eindeutig ablehnt, da wir von Verantwortung nur im
Bereich moralischer Pflichten, nicht aber auch in Kontexten moralischer

---

32   Zuletzt in: John Rawls. Gerechtigkeit als Fairness. Ein Neuentwurf. Ffm. 2003, 55-72,
     218-225. An beiden benannten Stellen könnte sich das Thema *Verantwortung* geradezu
     aufdrängen, aber Rawls reduziert seinen Blick auf Prozeduren rationalen Überlegens
     und Handelns. Die allein ihrer Ausgewogenheit (Überlegungsgleichgewicht) schuldig
     sind.

33   Dietrich Böhler. Zukunftsverantwortung, Moralprinzip und kommunikative Diskurse.
     In. T. Bausch et al. Wirtschaft und Ethik. Strategien contra Moral. Münster 2004, S.279.
     In diesem Aufsatz distanziert sich Böhler auch von seiner „Hochinterpretation der
     Jonasschen Verantwortungsethik, die er nun in den Reigen der intersubjekt-vergessenen
     und gar einseitig intuitionistischen und ontologischen Wertethiken (ebd. S 248) einfügt,
     die allesamt der diskursethischen Fundierung und einseitig komplementären Ergänzung
     bedürfen, Jonas bleibe auf einer Fürsorgeethik stehen und nutze gar zur Durchsetzung
     seiner Bemühungen um eine Moralisierung der Weberschen erfolgsstrategisch orien-
     tierten Verantwortungsethik den Dispens der Demokratie (247-261); vrgl dazu: Micha
     Werner. Diskursethik als Maximenethik. Würzburg 2003 Kap. 3.1, ebenso: Dietrich
     Böhler (Hg). Hans. Jonas. Leben, Wissenschaft, Verantwortung. Stuttgart 2003, wo
     Böhler eine gestuften Verantwortungsübernahme an Jonas' Verantwortungsidee
     festmacht, die sich teile in Ethische Intuitionen und wertethische Motivationskraft;
     Heuristik der Furcht; Verallgemeinerungsperspektive (S. 252ff.).

rechte sprechen: „Aussagen über die moralische Verantwortung eines Akteurs handeln davon, was der Akteur *soll* und nicht davon, was er darf oder worauf er einen Anspruch hat... Aber zweifellos ist ein Moralsystem durch das, as es erlaubt oder als legitimen Anspruch gelten lässt, nicht weniger charakterisiert als durch das, was es fordert oder verbietet... Das Ziel der Verantwortung ist primär die Herstellung bestimmter Güter und die Vermeidung bestimmter Übel und nicht – wie in den deontologischen Bereichen der Moral- die Ausführung oder Unterlassung bestimmter Handlungen...“[34]

Diese Beschränkungen sowie die im rekonstruktiven Teil aufgewiesenen Begründungsprobleme eines *Prinzips* Verantwortung möchte ich im konstruktiven Teil in drei Schritten zu entkräften und einen Vorschlag für einen starken Verantwortungsbegriff unterbreiten. Ich bin hierbei geleitet von der Idee, dass sich die Möglichkeiten eines angemessenen Verständnisses von Verantwortung nicht in deren Implementierung in Handlungs- und/oder Begründungskontexte anderer moralphilosophisch relevanter Entwürfe erschöpfen, sondern dass Verantwortung als moralphilosophisches Begründungsprogramm einer normativen Ethik überhaupt in Frage kommt. Hierzu aber müssen wir uns von einem traditionellen Begriff von Verantwortung lösen und diesen in einen dialogisch-diskursiven transformieren. Mit diesem Übergang lösen sich auch einige interne Probleme anderer philosophischer Moraltheorien wie zum Beispiel des Kontraktualismus, Utilitarismus und der Diskursethik.

Erster Schritt

Wer trägt Verantwortung gegenüber wem? Solipsistische, axiomatische und wertheuristische Konstruktionen von Verantwortung

Entverantwortung statt Verantwortungsübernahme ist wohl ein nur schwerlich zu bestreitendes Phänomen unserer Zeit, sei es als Kennzeichen gegenwärtiger Praxis in Gesellschaft, Familie, Staat, aber auch als Kennzeichen einer Philosophie der Konstruktion von Lebenswelten. Der Rückzug aufs Private als extremste Form eines zunächst unbestreitbaren Anspruchs auf Individualität und Unverletzbarkeit meiner und meines Selbst gebiert heute aus

---

34   Dieter Birnbacher. Grenzen der Verantwortung. In. K. Bayertz a.a.O., S. 146f. et pass.

sich heraus einen Rückzug aus der gesellschaftlichen, sozialen und politischen Mitverantwortung auf das Verteidigen meines eigenen Selbstverwirk-
lichungsfeldes . Dies alles wird auch noch schillernd positiv begleitet, ja gefördert und gefordert durch ein wohlklingendes und vordergründig auch
wohl evidentes »Primat der Eigenverantwortung«.

Aber in welchem Sinne bin *ich* eigenverantwortlich? Die Antwort ist unmittelbar evident wie naiv: Ich bin verantwortlich für meine Konstruktionen,
für meine Wünsche, Begierden und Ansprüche. Ich trage Verantwortung für
die von mir gestellten Konstruktionen und deren Ansprüche, weil es in *meiner* Macht steht, etwas als etwas zu konstruieren und damit Ansprüche zu
stellen. Soweit ich Ansprüche und deren Erfüllung auf mich zurück beziehen
kann, kann man von mir erwarten, dass ich bereit bin (sein sollte), sie zu vertreten und zu verantworten. Verantwortungsübernahme steht scheinbar ungebrochen und mit schlagender Evidenz funktional zu meinen Selbstver-
wirklichungen. Diese scheinbar sehr vornehme Motivation hat einen entscheidenden Fehler: Sie nimmt mich in Verantwortung ausschließlich in Bezug auf mich und mein Kontexthandeln und -wirken. Sie macht Verantwortungsübernahme abhängig von der Zuschreibung von Handlungen, Wünschen, Situationen, aber dies begründet weder, dass ich dies auch tun muss,
noch, was denn die Maßstäbe der Verantwortbarkeit und deren Legitimationsbasis sind. Aus eben diesem Grunde muss Eigenverantwortung grundsätzlich transformiert werden in eine Position der Mit-Verantwortung, um
dem Skeptiker, wie dem Verweigerer, wie dem Strategen begegnen zu können – auf argumentativer und praktischer Ebene.[35]

Eines allerdings schreibe ich unbestritten fort: Die Rede von Verantwortung ist gebunden an die Idee von Freiheit und damit in Kantschem Sinne
von Moralität. Erschöpft sich Verantwortung in Steuerung von Handlungs-
prozessen à la Libet und Roth, seien die Handlungsprozesse hier auch in
stärkstem Maße intellektuell-kognitiv begleitet, so endet die sinnvolle Rede
von Verantwortungsübernahme vor den Toren der Moral. Hinein tritt sie
erst, wenn wir mit den Möglichkeiten reflektierter Handlungsentscheidung
grundsätzlich rechnen und das heißt, dass wir mit Gründen unter Bezug auf
uns selbst oder rekursiv auf andere dergestalt schließen, dass wir uns als Ini-

---

35 Das Skeptikerproblem wird allerdings nicht im Zentrum stehen, zu Argumen-
     tationsfiguren, die diesem aus Sicht der Verantwortung speziell gewidmet sind,
     vergleiche die Arbeiten von Weischedel, Böhler und Apel, aus diskurstheoretischer
     Perspektive insbesondere Wolfgang Kuhlmann. Reflexive Letztbegründung. Freiburg
     1985.

tiator und nicht nur Aktor von Handlungen aller Art verstehen. Willensfreiheit verstehe ich hier also im Sinne Strawsons und Habermas´ als rational begleitete Handlungsfreiheit des Willens überhaupt zu wollen und begründend zum Wollen und des Wollens und seiner Inhalte Stellung zu nehmen, Strawson nennt dies Handlungskontrolle,[36] Habermas nennt es rational begleitende Handlungsfreiheit.

Das von beiden Intendierte ist aber keineswegs konsentiert, nicht nur hirnphysiologisch ausgerichtete Positionen lehnen es ab, sondern auch die Schule um Harry G. Frankfurt. Hier wird der Anspruch auf moralische Verantwortung auf der bloßen Alternativebene von Handlungen angesiedelt. So sieht Frankfurt eine moralische Verantwortung auch dann als gegeben an, wenn wir uns lediglich die Wahl zwischen Entscheidungen als Ausdruck des Willens zuschreiben, das heißt, wenn wir uns das Wollen zu wollen gar nicht als prinzipielle Möglichkeit zurechnen, und damit im Wollen als Vollzug bereits abkünftig mentaler, emotionaler, affektiver Befindlichkeiten sind: „It is not true that a person is morally responsible for what he has done only if his will was free when he did it. He may be morally responsible for having done it even though his will was not free at all."[37]

Sowohl gegen Strawsons Handlungskontrolle als Epiphänomen des freien Willens als auch gegen Frankfurts Indifferenzthese gegen und innerhalb jedweder Formen und Inhalte von *Willen und Wollen*, ebenso wie die auf diesen Thesen aufruhenden Schlussfolgerungen beispielsweise bei Hauskeller[38], dass wir somit für Verantwortlichkeit also dementsprechend weder Willens- noch Handlungsfreiheit annehmen müssten, kann ich nur auf die doppelte Sinnlosigkeit hinweisen, die ich schon mehrfach erwähnt habe: erstens sind rationale Selbstzuschreibungen von Handlungen, Äußerungen, Unterlassungen als willentlich Gewollte nicht nur hinreichende, sondern notwendige Bedingung für einen moralisch gehaltvollen Begriff von Verantwortlichkeit, mithin für jede Selbstzuschreibung, die über einen simplen Haftungsgrund hinausgeht, zweitens rekurrieren Verantwortlichkeitsansprüche, die moralisch gehaltvoll sein sollen stets notwendig auf ein normatives Konzept von Verantwortung, das sich nicht in eben dieser Selbstzuschrei-

---

36 Zu Habermas s.o., zu Strawson vrgl. Peter F. Strawson. Freedom and Resentment. In: Ders. (Hg): Studies in Philosophy of Thought and Action, London 1968 , S71 ff. et pass bis S. 96.

37 Harry W: Frankfurt. Freedom of the Will and the Concept of a Person. In: The Journal of Philosophy. 1971 (vol. 68). S.18.

38 Ebd. S. 252-258.

bung erschöpft, sondern dies unter der Maßgabe eines normativ verbindlichen Moralkriteriums tut, das heißt: wir benötigen einen normativ gehaltvollen, starken, d.i. auf der Prinzipienebene begründeten Begriff von Verantwortung, wenn die Rede von ihr als moralisch gehaltvoll Sinn haben soll. Sollten wir dies nicht leisten können, müssten wir uns mit einem *Ethos* Verantwortung begnügen.

Wie aber ist die Architektonik eines solchen Prinzips und welche konstitutiven und regulativen Komponenten gehen in diese Konstruktion oder Architektur ein? Um dies klar zu haben, müssen wir uns auf die elementaren Situationen der Verantwortungsübernahme noch einmal zurückbeugen, um nun aber in einer veränderten Konstruktion das Intendierte, nämlich ein *Prinzip* Verantwortung, zu entfalten.

Traditionell reden wir von Verantwortung im Rahmen einer zweistelligen Relation: A trägt bezüglich seiner kontextuellen Handlungen, bezüglich seiner kontextuellen Äußerungen, wie auch bezüglich beliebiger von ihm bewirkten Situationen Verantwortung gegenüber B.

Als klassische Form reziproker und in der Regel retrospektiver, zweistelliger Verantwortungsübername prägt dies unsere Rechts- und Moralvorstellungen. Hierbei gehen wir einerseits naiv von dem Selbstverständnis aus, dass wir Verantwortung tragen *können* und auch tragen *sollten,* andererseits vermittelt uns dieses traditionelle Bild von Verantwortung den Eindruck, als läge Verantwortung sozusagen gegenständlich bereit, um übernommen zu werden, statt zu bedenken, dass Verantwortung unserem sinnbeanspruchenden Handeln bereits eingeschrieben ist, wie ich im folgenden zeigen möchte. In eben diesem verkürzten Sinne sprechen häufig auch Erziehungs- und Lehrlernkonzepte von der Erziehung *zu* Verantwortungsübernahme. Ich komme darauf zurück.

Die klassischen oder naiven Modelle der Verantwortungsübernahme gehen bekanntlich von einem Modell aus, dass wir ex-post-facto die Verantwortung übernehmen für etwas, das in meinem Handlungsraum gelegen hat; dies macht Moralüberlegungen nahezu gegenstandslos, vielmehr erschöpft sich die Verantwortung in Übernahme als Zuschreibung. Bayertz macht im Anschluss an Hans Lenk[39] zu Recht darauf aufmerksam, dass bereits hier

---

39   Hans Lenk, in Bayertz, S. 247f.; ders. Zwischen Wissenschaft und Ethik. Ffm 1992;
     ders. Mitverantwortung ist anteilig zu tragen – auch in der Wissenschaft. In: M.

auch ein normatives Verhältnis zwischen Sachverhalt oder Gegenstand von Verantwortung und Übernahme bestehen muss. Dieses normative Verhältnis steht nun im Zentrum der prospektiven Verantwortungsübernahme, wie sie Jonas und Picht aus je werteontologischen und geschichts- resp. weltontologischen Gesichtspunkten ins Spiel bringen und hieraus eine moralische Pflicht zur Verantwortungsübernahme und der Verantwortung selbst konstruieren. ‚Sorge für die Permanenz echten menschlichen Lebens!', so Jonas´ Imperativ, ist dergestalt selbst moralisch gehaltvoll als er auch moralisch gehaltvolles Handeln gebietet – eben Imperativ und nicht bloß Regulativ oder normativ-deskriptiv, wie in der Tradition. Interessant ist in diesem Kontext, dass der Verantwortungsbegriff den Pflichtbegriff insbesondere bei Jonas letztlich sogar verdrängt. Verantwortung als Fürsorgeverantwortung tritt in die Zukunftsperspektive, analog dessen, dass Schuld in die retrospektive Verantwortung eingegliedert war. Diese wechselseitige Implementierung von Schuld und Pflicht in Verantwortung ist aber nur *prima facie* überzeugend. Bei genauerem Hinsehen zeigt sich, wie Bayertz[40] sehr überzeugend dartut, dass Pflicht wie Schuld streng zu scheiden sind von Verantwortung: Pflicht formuliert Handlungsgebote, Verantwortung beschreibt eine normative Reaktion zwischen handelnden und erwünschten, zukünftigen oder kritisierten vergangenen Situationen, Zustände, Handlungen, für die der Handlende in „Regress oder Verantwortung" genommen wird, nicht aber wird der (moralische) Weg der Erreichung oder die moralische Maxime der moralischen Beurteilung thematisiert. Insofern muss dem zweistelligen Verantwortungsbegriff das Moment der moralischen Pflicht und moralischen Schuld äußerlich bleiben. Der Verantwortungsbegriff ist damit meines Erachtens normativ, aber moralneutral.[41] Verantwortung ist in dieser Hinsicht soziale Konstruktion und nicht intrinsische Pflicht. Sie kann weder als moralische Selbstverpflichtung – also das *Warum-moralisch-sein* betreffend – zur Verantwortungsübernahme, noch als Pflicht zur Verantwortungsübernahme in

---

Baumgartner und H. Staudinger (Hg). Entmoralisierung der Wissenschaften? München und Paderborn 1985.
40   Bayertz, S.33 -35.
41   Im Werk von Hans Jonas wird dieses Problem virulent, wenn er zur Durchsetzung von verantwortbaren Zuständen, den Dispens der Moral als Möglichkeit zur Durchsetzung von Moral vorsieht, ohne dass ihm selbst Kriterien der Außerkraftsetzung noch des Procedere jenseits einer politisch geschützten Demokratie aus dem Verantwortungsprinzip abzuleiten möglich ist (Vrgl. dazu Dietrich Böhler. Zukunftsverantwortung, Moralprinzip und kommunikative Diskurse. In: Thomas Bausch et al. (Hg.). Wirtschaft und Ethik. Strategien ohne Moral? Münster 2004, S. 243-266.

bestimmter Art und Weise, mithin das *Wie-moralisch-sein* betreffend, hier ausbuchstabiert werden. Verantwortung erstarrt im normativ gehaltvollen Zuschreiben von retrospektiver Haftung und prospektiver Risiko- und Fürsorgeverantwortung. Angemerkt sei hier nur, dass in eben diesem moralneutralen prospektiven Verantwortungsparadigma auch der Ansatz einer Erziehung zur Selbstverantwortung liegt.[42] Sie fördert und fordert ausschließlich die Optimierung von Steuerungs- und Koordinationsprozessen auf ein zuvor ausgelobtes Ziel hin – letztlich nichts weiter als ein kybernetisches Modell autopoietischer Lehrlernlenkung. Der Terminus *Eigenverantwortliches Lernen* ist moralneutral und basiert auf dem naiv empirischen Verständnis, dass Selbststeuerung identisch sei mit verantwortungsvollem Handeln. Allein ein bloß dyadischer Verantwortungsbegriff kann solch irrige Annahmen erzeugen und Begründungen dafür liefern. In dieses Problem gerät auch die Operationalisierungsfigur zum Tragen von sozialer Verantwortung in sozialen Systemen, die Matthias Kaufmann u.a. entwickeln.[43]

Zwecks vertiefender Illustration des Problems unzureichender, weil zu kurz greifender Entfaltung der Verantwortungsidee als Moralprinzip sei hier ergänzend der aktuelle Ansatz Michael Hauskellers[44] angedeutet. Er geht aus vom Primat einer sich heuristisch, aus der Sache selbst erschießenden Wertesensibilität als Grundlage aller Selbst-Verpflichtung. Diese Sensibilisierung mache mir die Pflicht zur Verantwortungsübernahme unmittelbar evident. Das heißt, dass aus einer Verantwortungssensibilisierung auch eine Plausibilisierung der Pflicht zur Verantwortungsübernahme erfolgt. Hiermit schließt er Jonas' Werteheuristik und Schweitzers Universalverantwortung gleichermaßen kurz und *zu* kurz.

Unter sozialpsychologischen Gesichtspunkten insbesondere der Motivation und damit auf der Gegenstands- oder Realebene mag Hauskellers Ansatz treffend sein, begründungstheoretisch ist das eigentliche Problem aber überhaupt noch nicht berührt, geschweige denn gelöst. Verstärkt wird die Problematik im Ansatz von Michael Hauskeller, wenn er einen bemerkenswerten Geltungs- und Verweisungszusammenhang herzustellen versucht: Pflichten, so fährt er obigen Gedanken fort, verweisen auf Verantwortung, Verantwortung verweise auf Pflichten, sie ersetzen einander jedoch nicht: „Aus der

---

42 Beispielhaft das Modell EVA von Heinz Klippert.
43 M. Kaufmann/Joachim Renzikowski (Hg.). Zurechnung als Operationalisierung von Verantwortung. Ffm (Lang) 2004.
44 M. Hauskeller, a.a.O., sowie: Hans Lenk, in: Bayertz, a.a.O., S. 238f, 240f. et pass.

Tatsache, dass ich für etwas verantwortlich bin, lässt sich zwar (a priori) folgern, dass ich im Licht dieser Verantwortung auch verpflichtet bin, *etwas* zu tun, nicht aber ohne weiteres, was. Das liegt daran, dass meine Handlungen sich in der Welt nicht nur auf eine Sache auswirken, sondern unter Umständen auf eine ganze Reihe von Sachen bzw. Personen, und ich für *all* diese Wirkungen verantwortlich bin... Dennoch muss ich handeln, und ich muss, egal, wie ich handle, mein Handeln verantworten, das heißt, ich kann mich, wenn man mich später zur Rede stellt, nicht dadurch aus der Verantwortung herausreden, dass ich etwa sage, dass mir die Situation, so wie sie nun einmal war, keine andere Wahl ließ, dass ich verpflichtet war, so zu handeln und nicht anders, und es somit gar nicht von meiner persönlichen Entscheidung abhing, wie ich gehandelt habe."[45] Als Agens der Handlung aber habe ich entschieden und ich nehme die Entscheidung an, indem ich anerkenne, dass es meine Entscheidung war, fährt Hauskeller sinngemäß fort und folgert: „Verantwortung zu übernehmen heißt einzugestehen, dass es Verantwortung gibt, und das wiederum bedeutet, das Sicherheitsnetz zu verschmähen, das uns eine Ethik bietet, die uns klipp und klar sagt, was unsere Pflicht sei und was nicht, und statt dessen zu riskieren, tief zu fallen, wenn man den Sprung zur Entscheidung wagt."[46] Hier resigniert Hauskeller zu früh. Genau in dieser Argumentation wäre nämlich der Wechsel von einem autonomen Subjekt der Verantwortung als tätiges oder entscheidendes zu einem Inter-Subjekt der reziprok-dialogisch-diskursiven Verantwortungsübernahme unmittelbar angezeigt. Diese Begründung bedürfte dann nicht des letztlich nur noch appellativen Charakters zur Verantwortungsübernahme, auf den Hauskeller schließlich in einer rationalisierten Form der Mitleidsethik zurückgreift. An deren Ende er dann den reinen Gesinnungs- oder Pflichtethiker als ‚moralischer Autist' und die Gesinnungsethik als ‚Schwundform der Verantwortungsethik' bezeichnet. Eine Berufung auf die Pflicht alleine wäre, so eine abschließende Argumentation, nämlich eine Berufung auf moralneutrale Kontextsituationen, in denen als Handlungsprinzip allein die ausgewiesene moralische Pflicht, sprich das moralische Gebot stünde: „Verantwortung würde das Prinzip (und eben nicht das Handlungssubjekt, H.B.) tragen."[47]

Pflicht, so ein mit philosophiegeschichtlich getränkten Worten pointiert formuliertes Resümee, erwächst bei Hauskeller also nicht aus einem Sitten-

45   M. Hauskeller, a.a.o., S.240 f.
46   Ebd S. 242.
47   Ebd. S.243.

gesetz autonom handelnder Subjekte oder einem Diskursprinzip interagierender Verantwortungssubjekte, sondern aus dem Verantwortungsgefühl im Antlitz des anderen. Moralische Sensibilität für Unmoralisches lautet sein Credo. Sensibilität, die mich doch allererst empfindsam und empfänglich mache für moralische Überlegungen, die dann zu Verantwortung und Pflichten führe. Solcherart moderne Mitleidsethik verfehlt die unmittelbar evidenten Möglichkeiten, an die Hauskeller so nahe herankommt, wenn er von Subjekten der Verantwortung und reziproker Verantwortungsübernahme und -rechtfertigung redet. So aber wird er auf das empirische Modell einer Entwicklungslogik der Verantwortung à la Heider zurückgeworfen und verfehlt die philosophische Begründungsebene einer Pflicht der Verantwortung im doppelten Sinne des Genitivus subjectivus und objectivus: Zu entfalten wäre Verantwortung *als* Pflicht und eine unabweisbare Pflicht *zur* Verantwortungsübernahme. Beides zusammen erst würde es erlauben, von einem *Prinzip* Verantwortung zu reden. Der Fingerzeig in Richtung intersubjektivreziproke Fundierung, der bei Hauskeller zu früh abgebrochen wird, und der meines Erachtens die Lösung bereithält, findet sich bei Hans Lenk, wenn er schon früh in den 80er Jahren auf ein Konzept der Mitverantwortung verweist, welches allererst die Eingebundenheit von Verantwortung in normative und intersubjektive Zusammenhänge aufscheinen lässt. Ich komme auf ihn verschiedentlich zurück. Einen wesentlichen argumentativen Zwischenschritt möchte ich aber mit Bayertz, Lenks und Birnbachers Versuchen, das Phänomen von Verantwortung und Pflicht aufzuhellen, leisten.[48]

Allen Autoren ist gemein, dass sie eine Identifikation von Pflicht und Verantwortung aus systematischen Gründen ablehnen. Für Bayertz rekurriert jeder Pflichtbegriff, der auf Verantwortung zielt, auf ontologische oder metaphysische Grundannahmen der Gegenstände der Verantwortung, genau dann aber entbehre ich der Möglichkeit der Freiheit und damit letztlich der Möglichkeit einer freien Verantwortungsübernahme. Vielmehr beseitige ich mit der „Strategie der Ontologisierung ... (zugleich) die Idee der Autonomie ... (und damit) die der Verantwortung." Man könnte also sagen, dass zwischen der Rede von Verantwortung und der Inanspruchnahme einer Pflicht der Verantwortungsübernahme ein performativer Selbstwiderspruch besteht. Dies stimmt aber nur dann, wenn ich Verantwortung ausschließlich als „Gegenstandsverantwortung" fasse und aus einer solchen heraus begründe. Be-

---

48   Zu den genannten Autoren: Vrgl. deren Beiträge in Bayertz und die dortigen Literaturverweise.

gründe ich Verantwortung aber aus der Handlungssituation des Menschen heraus, verändert sich dies grundsätzlich.

Birnbacher fasst die Unterscheidung noch schärfer, wenn er zunächst die ethische Relevanz der Verantwortung auf den Gegenstandsbereich der Pflichten für Subjekte abgrenzt gegenüber dem Anspruchsbereich moralischer Rechte, die einem Subjekt im ethischen Sinne zustehen: „Der Bereich der Verantwortung fällt zusammen nur mit einem Teilbereich und nicht dem Ganzen der Moral... Aussagen über die moralische Verantwortung eines Akteurs handeln davon, was der Akteur *soll* und nicht davon, was er *darf* oder worauf er einen *Anspruch* hat."[49] Birnbacher sieht sehr wohl die moralische Relevanz der Verantwortung, akzeptiert wohl letztlich auch den Pflichtcharakter, führt hier aber eine weitere Binnendifferenzierung an, die Verantwortung als umfänglichen Begriff für Moralität obsolet mache. Verantwortung, so Birnbacher, beziehe sich auf zukünftige Entscheidungen, Situationen, Ereignisse, deren Herstellung oder Vermeidung zu verantworten sein sollen. Hierbei bleibt der Weg, dies zu erreichen, also mein Handeln selbst, resistent gegen das Verantwortungsmoment.

Die Wahrnehmung eines Mandats der Verantwortung legt Ziel, Methode und die Modi der Verantwortungsübernahme nicht fest. Mit anderen Worten: Ich trage Verantwortung für Situationen des Friedens und der Menschenrechte, bin aber nicht verantwortlich für die Verletzungen dieser moralischen Gebote durch Dritte. Im Unterschied dazu gebietet eine deontologische Pflichtethik in vollständigem Sinne der Moralität, dass bestimmte Handlungen zu vollziehen oder zu unterlassen sind ohne Ansehung von Zwecken, deretwegen sie vollzogen werden, dagegen „macht die ‚Verantwortungsethik' die moralische Vertretbarkeit der Mittel von einer Abwägung des Wertes und Unwerts von Mitteln und Zwecken abhängig."[50] Verantwortung ist somit Vollzugsmoment einer selbst schon moralisch legitimierten Praxis, nämlich einer ex-ante oder ex-post Legitimation in Bezug auf die moralische Legitimation des je eingetretenen oder angestrebten Zustandes oder Ereignisses, nicht aber moralischer Wegweiser oder Kompass der moralischen Praxis selbst. Sie ist verwiesen auf normativ geregelte Kontexte des Handelns und auf die Feststellung normativer Begrenztheit der jeweiligen Verantwortlichkeit.

---

49 Dieter Birnbacher. Grenzen der Verantwortung. In: Bayertz, a.a.O., S.146 f.
50 Ebd. S.148.

Auch dieser Begriff von Verantwortung nimmt den gegenstands- oder ereignisbezogenen Charakter der Verantwortungsmethodik ins Zentrum und übersieht meines Erachtens, dass Verantwortung als prozessuales Kriterium in Anschlag gebracht werden kann. Dann aber muss ich den Blick auf den Handlungsvollzug selbst werfen. Unstrittig bleibt auch bei Birnbacher, dass Verantwortung als eine moralische Pflicht verstehbar und explizierbar ist, dies aber vor dem Hintergrund einer axiologischen Grenzziehung dessen, was intrinsisch moralischen Wert hat (z.B. Erhaltung der Natur) und dessen, was normativ verbindlich ist. Das meint, was von uns als Pflicht einforderbar und „was in den Bereich der nicht einforderbaren persönlichen Ideale und des moralischen Heroismus gehört."[51] Birnbacher geht es also um Möglichkeiten und Grenzen der Verantwortungszuschreibungen sowohl für intrinsisch werthafte Dinge, Sachverhalte, Ereignisse als auch für und gegenüber Kosubjekten, das ist die globale Gesellschaft... Sein abschließendes – und das ganze seines Ansatzes klärende – Paradigma lautet: „Insgesamt fällt es schwer, für die Zumutbarkeit der Übernahme und Wahrnehmung von Solidaritätsverantwortung eine andere allgemeine Regel als die zugestandenermaßen vage, dass die dem Verantwortungssubjekt aufgebürdeten Kosten in einem angemessenen Verhältnis zur Bedeutung der Verantwortungsübernahme für die Bedürfmiesbefriedigung der direkt und indirekt Betroffenen stehen muss."[52] Deutlichst wird die empirisierende Argumentation, die utilitaristisch ausgerichtet als Kriterienboden der Zurechenbarkeit und Zumutbarkeit von Verantwortungsübername wird, sichtbar. Die Prinzipienebene wird hier verfehlt, was aber bei der dargestellten, vorweggenommenen Reduktion der Verantwortungsidee nicht verwundert.

Ähnliches finden wir auch bei Hans Lenk. Dies ist um so erstaunlicher, differenziert er doch explizit auf einer prinzipiellen Ebene Individual- und Mitverantwortung, die er auf kollektive und korporationelle Systeme hin erweitert, von einer Empirieebene der sozialen Individual- und Rollenverantwortung.

Mit beiden Aspekten legt er unmittelbar einen intersubjektiv begründeten Verantwortungsbegriff nahe, den er aber schlussendlich aus ähnlichen Gründen wie Birnbacher verfehlt, wenn er uns statt eines Prinzipienbeweises der Pflicht zur Verantwortungsübernahme appellativ von der Dringlichkeit der individuellen und je persönlichen moralischen Pflicht zur Verantwortungs-

51   Ebd. S. 155.
52   Ebd. S.180.

übernahme zu überzeugen sucht. Angezeigt und eigentlich in der Linie seiner allgemeinen Überlegungen zu Mitverantwortung wäre eine Begründung gewesen, gemäß derer die Übernahme von Verantwortung aus der überindividuellen intersubjektiv-reziproken Situationsgebundenheit menschlichen Miteinander-Gegeneinander und Füreinander reflexiv entfaltet werden könnte. Dieser Mangel verhindert es, ein *Prinzip* Verantwortung zu entfalten, von dem aus dann Pflichten der Verantwortungsübernahme und Rechte der Verantwortungsübernahmeerwartung begründet werden können.

Resümierend möchte ich festhalten: Alle drei Autoren brechen die Reflexion am Phänomen *Pflicht aus einem Prinzip Verantwortung* ab und tränken stattdessen Verantwortung mehr oder weniger pathetisch mit Moral, anstatt es aus der Situation des Menschen selbst zu entfalten.

Auch Hans Jonas,[53] der wohl geradlinigste Vertreter eines Prinzips Verantwortung, verfehlt dieses systematische Ziel, wenn er uns wertheuristisch auf Basis einer prävalenten Werteontologie das zu Verantwortende als intrinsisch wertvoll und damit moralisch verbindlicherweise zu versorgen, vermittelt. Ganz im Sinne der von ihm unbefragt übernommenen Aristotelischen Metaphysik tränkt er seine Ontologie aller Natur mit einer Werthaftigkeit, durch die diese im Sinne der Axiologie bei Birnbacher in sich moralischen Wert hat (moral object).[54] In Angleichung an diese Werthaftigkeit kommt uns Menschen qua Evolution des Geistes die Macht zur Verantwortungsübernahme qua Macht der Reflexionskompetenz zu. Du musst Verantwortung tragen, weil du (philosophisch-biologisch) kannst, Gegenstand deiner Verantwortung ist die in sich selbst wertvolle Welt, die du (und dein Körper) auch selbst bist – entsprechend bedeutet der Leitsatz: Trage Sorge für die Permanenz echten menschlichen Lebens: Trage Sorge, weil du die geistige Macht hast für alles Leben, was wertvoll ist, weil es *ist*. Über die sehr problematischen, einer mir in der Architektur sehr sympathischen Position habe ich mich schon mehrfach hier geäußert.

Wollen wir also ein Prinzip Verantwortung, aus dem heraus sich unmittelbar Pflichten entfalten lassen, dann bedürfen wir einer grundständig anderen Reflexionsbasis. Apel, Böhler und ich selbst haben dies schon mehrfach versucht, ebenso Jürgen Sikora mit direktem Blick auf die Pädagogik. Ich

---

53 Hans Jonas. Prinzip Verantwortung. Ffm. 1993, bes. Kapitel 2 &3; ders. Philosophische Untersuchungen und metaphysische Vermutungen. Ffm. 1992.
54 Zu welch eigentümlichen Denkfiguren dies dann führen kann, sieht man an Keji Ogatha. Zur Philharmonie der Natur. Versuch einer ontologischen Ethik Münster 2003.

möchte es an dieser Stelle einmal unternehmen, als Ausgangspunkt nicht die diskursethische Grundsituation zu nehmen, sondern von dem Phänomen der Verantwortung als soziale Situation moralischen Typs ausgehen, also akt- oder handlungsbezogen. Hierbei ist mir nicht nur die Wende der Diskurs- ethik, die Niquet, Kettner und ich als realistische Wende bezeichnen und betreiben im Hintergrund wichtig,[55] sondern auch und gerade die durch Bay- ertz und Heidbrink je aus anderem Blickwinkel vorgenommene Problemati- sierung.

Ich komme damit zum zweiten Schritt meiner konstruktiven Entfaltung.

Zweiter Schritt

‚Verantwortung' als soziale und interaktionistische Konstruktion?

Für das Folgende möchte ich nochmals ausgehen von Bayertz´ Überlegun- gen, Zuschreibung und Übernahme von Verantwortung als soziale Konstruk- tion zu analysieren. Hiermit wendet er sich zuvorderst gegen die klassische Wege der Zuschreibung von Verantwortung über den intrinsischen Wert des zu Verantwortenden: „Die Verantwortung ist also keine Sache des morali- schen Bewusstseins, sondern sie ist in der Struktur der Geschehnisse vorge- zeichnet. Die Struktur der Sachverhalte unterwirft die Menschen, ob sie es wahrhaben wollen oder nicht, jenem Gefüge von Verweisungen, das die Verantwortung konstituiert."[56] Das Gesetz der Sache, welches auf den Men- schen als möglichen, ja derzeit ausschließlichen Träger von Verantwortung, zurückweist, kann hierbei sächlicher, moralischer, aber auch affektiv- emotiver Art sein, ebenso auch diskursiv-argumentativer oder menschen- rechtlicher. Problemlos sind weitere Umstände, die Verantwortung aus sich heraus generieren, denkbar. Verantwortung erscheint aber immer als etwas, was diesen Aspekten, Gegebenheitswesen, Geschehnissen eingeschrieben ist, sei es im Sinne von kausaler Zurechnung (z.B. kausale Haftungsüber- nahme), sei es im Sinne prospektiver Fürsorgeverantwortung (z. B. in Natur, Technik- und Tierethik). Hiergegen stellt Bayertz sehr überzeugend das Konzept, dass Verantwortung als soziale Konstruktion und nicht als imma- nente Pflicht von etwas, sei es ein moralisches Gesetz, eine Werthaftigkeit

---

55   Vrgl dazu Marcel Niquet. Moralität und Befolgungsgültigkeit. Würzburg 2002, ders. et al. Diskursethik. Würzburg 2001.
56   Picht, zitiert nach: Bayertz, a.a.O., S.20.

von Leben oder Welt, sei es eine geistige Überlegenheitsthese zu fassen sei, vielmehr sei Verantwortung „als eine spezifische Deutung eines sozialen Problems und den Versuch seiner Lösung"[57] zu sehen. Verantwortung als Ergebnis einer sozialen Konstruktion basiert für Bayertz auf vier Grundannahmen: (erstens) der Qualität und Modalität menschlichen Handelns, dass weder Reflex noch Naturereignis ist; (zweitens) auf der damit in Zusammengang stehenden Freiheit, als normative Größe, die die Formung des Menschen erforderlich und die Ausprägung dieser Formung als Weg zur Verantwortung bestimmen lässt[58]; (drittens) auf der Rückbindbarkeit von Handlungen an Motive; d.i. die Moralneutralität von Handlungen in bestimmten Kontexten; (viertens) auf die Möglichkeit die Übernahme von Verantwortung als Herbeiführung und Sicherstellung schadensfreier, moralisch vertretbarer Situationen, wie Bayertz sie im kapitalistischen Marktsystem festmacht,[59] bewusst zu verzichten, d.h. dass „bestimmte Handlungen von ihr (der Verantwortung, H.B.) ausgenommen werden können, obgleich sie voraussehbare und vermeidbare und zugleich unbestreitbare Kausalfolgen haben."[60]

Deutlichst zeigt sich, dass und wie Bayertz bemüht ist, sich einerseits Traditionslinien, wie Freiheit und Handlungsintentionalität zu bedienen, wie er andererseits ebenso sozialpsychologische Momente und schließlich Kontextualisierungen zu integrieren versucht. In eben dieser Mixtur erscheint Verantwortung in der Tat als soziales Konstrukt. Bayertz unterbietet, ja verfehlt aber mit dieser Rekonstruktion die Möglichkeiten entweder einer starken moralphilosophischen Begründung eines Prinzips Verantwortung und reduziert Verantwortung auf einen zwar normativ gehaltvollen, moraltheoretisch aber abkünftigen Status moralregulierender Konstruktionen der Menschen, wie er andererseits die analytischen Möglichkeiten eines dekonstruktivistischen Ansatzes im Sinne Foucaults und Reichs verfehlt, die dann genau auf die scheinbar selbstverständlichen Komponenten Freiheit und Handlungsintentionalität als selbst durch Macht, Selbstspiegelungen, Beziehungen geprägte noch einmal reflektieren und das Phänomen Verantwortung als eine

---

57 Ebd. S.20f.
58 Friedrich Nietzsche. Zur Genealogie der Moral (1887). Stl. Werke, München 1980, Bd 5, S.293.
59 Bayertz benennt hier (a.a.O., S.23) den wirtschaftlichen Konkurrenzwettbewerb, dem zum Beispiel Konkurse, Entlassungen etc. notwendig inne wohnen.
60 Ebd.

besondere Art der interaktionistischen Selbstbeziehung rekonstruieren würden. Die Übernahme von Verantwortung würde dann im konstruktivistischen
Diskursmodell von Kersten Reich[61] eine Konstruktion je auf den Plätzen der
Macht und des Wissens einerseits, sowie der Selbstbezüglichkeiten andererseits bedeuten – dies scheint mir erheblich differenzierter und praxisnäher
als die etwas schematische Analyse bei Bayertz. Wohl aber kann meines Erachtens systembedingt auch der interaktionistische Ansatz von Reich das
Problem der Verbindlichkeit zur Übernahme von Verantwortung nicht lösen,
da er einzig von Viabilität und neuerdings Demokratie ausgeht, denen gemäß
sich unsere Lebenspraxis ordnet. Was aber verbürgt die Pflicht zur Demokratie, was verbürgt die bindende Kraft und die Legitimation von Demokratie und demokratischen Prinzipien? Wenn auch dies wieder Viabilität ist,
diesen Eindruck gewinnt man, wenn man das Pendant Erziehung hinzu-
nimmt, dann bleibt moralischerseits alles auf der Ebene der unverbindlichen
Plausibilität.

In einem Punkte dürften sich de-/re-/konstruktivistische Ansätze à la Reich
und Bayertz mit den zuvor thematisierten Ansätzen von Lenk und Birnbacher treffen: Alle schließen systembedingt aus, dass Verantwortung mit
Pflicht identisch sein könne, denn Pflichten, so resümierend mit Bayertz,
„seien explizite Handlungsvorschriften, mit denen mehr oder weniger präzi-
se festgelegt ist, was zu tun ist", Verantwortung dagegen setze bereits ein
normatives und kausales Verhältnis als gegeben voraus und impliziere damit
ein klar definiertes Zuständigkeitsverhältnis zwischen Sachverhalt und Verursacher. Eben dies aber stellt sich für denjenigen, der aus verantwortungsethischer Perspektive handle und sein Handeln begründen möchte in einer
vollkommen offenen Weise, das heißt, es wird sich erst angesichts bestimmter Ereignisse zeigen, wer, auf welche Art und in welcher Form in Bezug auf
einen Sachverhalt Verantwortung zu tragen habe, d.h. erst im Laufe eines
Ereignisses ergibt es sich, wie Verantwortung zu tragen ist, dagegen legt eine Pflicht die Verhaltensweise bei bekanntem Sach- und Zuständigkeitsge-
halt exakt fest. Verantwortungsübernahme kann so weder aus Pflicht, da erst
Zuschreibungen erfolgen können müssen, noch in bestimmter Weise aus einem Pflichtenkatalog abgeleitet und angeleitet, sondern muss je neu kon-

---

61   Kersten Reich. Die Ordnung der Blicke. 2 Bände. Neuwied 1998, bes. Band 2, S. 307-
     358. Kritisch zum Interaktionistischen Konstruktivismus: Holger Burckhart/Kersten
     Reich. Begründung von Moral. Würzburg 2001. Weiterentwicklungen der Debatte, in:
     L. Hickman, S. Neubert, K. Reich (Hg.). John Dewey. Zwischen Pragmatismus und
     Konstruktivismus. Münster 2004.

struiert werden.[62] Es wäre nun spannend, an Reichs Diskursmodell und seiner Beobachtertheorie – insbesondere der *herumlaufenden* Gefangenen im Gefangenendilemma[63] die Frage der Zurechenbarkeit von Verantwortung heranzutragen. Dies kann ich hier nicht leisten, und kann nur anmerken, dass ich es mir sehr plausibel vorstellen könnte, dass zur Analyse der psychosozialen, gesellschaftlichen und kulturbedingten Faktoren der Übernahme von sozialer und individueller Verantwortung das interaktionistische Modell von Reich von unschätzbarem Wert ist. Aber es bleibt aus meiner Sicht davon völlig unberührt, dass er auf der Prinzipienebene des Warum-moralischseins und damit jenseits der appellativ-pathetischen Aufforderungssituation, sei sie intrinsisch oder extrinsisch motiviert, nicht zur Begründungsebene vordringt und erklärtermaßen dies auch nicht will, weil er es für ein überwundenes Paradigma philosophischer Reflexion hält. Den nahe liegenden Vorwurf der Beliebigkeit beantwortet er mit Interaktion und Erziehung. Dazu habe ich mich oben schon geäußert.

Dritter Schritt

‚Verantwortung' als Moralprinzip der Diskursethik. Transformation des diskursethischen Konzeptes der idealen Kommunikationsgemeinschaft in ein Konzept strikt reziproker Verantwortungsgemeinschaft

Waren wir bislang auf den Spuren einer individuellen oder in sozialen Kontexten konstruierten Selbstzuschreibung von Verantwortung unterwegs und suchten auf diese Weise Verantwortung in uns oder uns auferlegt durch axiologische oder gar wertmetaphysische Bestimmtheiten der natürlich-kreatürlichen Welt nachzuspüren, so bleiben wir doch auf der Suche nach einem Prinzip Verantwortung unbefriedigt zurück. Ist uns doch weder schlüssig, warum Verantwortung ein alles moralisches Handeln durchziehendes oder gar konstituierendes Moment ist, noch haben wir überzeugende Antworten auf die Fragen erhalten, warum und wie wir Verantwortung tragen sollen.

Geklärt ist, dass Verantwortung gebunden ist, an Selbst- und Anderenzuschreibungen einerseits und normativ gehaltvolle Wertzuschreibungen andererseits. Nehmen wir dies auf und überführen es in eine intersubjektive,

---

62 Kurt Bayertz. a.a.O., S.4, 20 et pass.
63 K. Reich. 1998., Band 2.

interaktive – mithin handlungsgetränkte Situation der Verantwortung – dann eröffnen sich unmittelbar radikal andere Perspektiven als uns bislang begegneten. Nicht mehr einlineare Übernahme ist das Problem, sondern in soziale und sinngetränkte Lebenswelten vernetzte Verantwortungsübernahme und Verantwortungserwartungserwartung erscheinen vordergründig relevant. Die Übernahme von Verantwortung erscheint als Anerkennung dessen, dass ich Verantwortung sowohl zu tragen habe als auch dass ich Verantwortungsübernahme erwarten darf. Ich erkenne den oder das je andere/n als schützens- und sorgenswert mithin als zu verantworten an, wie ich von ihm diese Anerkennung erwarte, aber nicht aus anthropomorpher Selbst- oder Fürsorge, sondern aus der grundsätzlich dialogischen Verwobenheit mit dem anderen als Konstituenz und Konstituent meiner selbst.

Diese strikt reziproke Miteinander-Gegeneinander-Verantwortung als Moralprinzip der Diskursethik setzt einen qualitativ radikal anderen Verantwortungsbegriff voraus als er bisher entfaltet wurde.[64] Diesen möchte ich nach einer Vorbemerkung zum Problemhorizont eines moralphilosophisch starken Begriffs von Verantwortung in vier Schritten entfalten.

Zu diesem Unterfangen ist systematisch wenigstens dreierlei zu zeigen: (erstens) ist zu zeigen, dass es zu einem reziproken und normativ kritischen Verantwortungsbegriff konstitutiv gehört, dass wir uns selbst und allen anderen (auch Institutionen aller Art) Verantwortung in moralischen Sinne überhaupt dergestalt zuschreiben können müssen als etwas, dass wir uns und anderen *individuell* moralisch zuschreiben, dies erst trägt Verantwortung in unser Handeln ein und kommt ihm nicht ex-post oder ex-ante zu. Wir müssen (zweitens) zeigen, dass wir Verantwortung als etwas fassen müssen, mit dem

---

64 Mit diesem Anliegen unterscheide ich mich dann auch endgültig von dem Bestreben seitens Matthias Kettners, der (in: Moralische Verantwortung als Grundbegriff der Ethik, in: Marcel Niquet et al. (Hg.). Diskursethik. Würzburg 2001) Verantwortung nur *an* die Diskursethik heranträgt und sie dort zu implementieren versucht. Dies ist dem Anliegen geschuldet, die Diskursethik von ihrem Kognitivismus zu einer gehaltvollen normativen Ethik zu transformieren. Er behält aber den klassischen Verantwortungsbegriff bei und demonstriert ihn dergestalt der Diskursethik *an*, dass er sagt, „...daß die besondere moralische Verantwortung, die eine spezifische Differenz der Diskursethik zu anderen normativen Grundtheorien der philosophischen Ethik... ausmacht, folgendes beinhaltet: Personen, die sich mit einer diskursethischen Moralauffassung identifizieren, tragen Mitverantwortung in der realen Welt dafür, dass Übergänge von diskursethisch weniger integren Moralauffassungen zu diskursethisch integren wahrscheinlicher werden und Übergänge von diskursethisch integren zu weniger integren Moralauffassungen unwahrscheinlicher werden."(S. 91).

wir den Gedanken der Kausalität verbinden, (drittens) werden wir noch zeigen müssen, dass Verantwortung als Aspekt einer reflexiven Begründung der moralischen Qualifizierung menschlichen Handelns entgegen unserer Diagnose am Ende des rekonstruktiven Teils nicht nur sinnvoll und möglich, sondern *unverzichtbar und unhintergehbar* ist. Erst an dieser Begründungsstelle wäre Verantwortung als moralphilosophisch normatives, starkes Prinzip ausgewiesen, aus dem sich Pflichten begründet und begründend ableiten lassen.

Methodologisch wird sich im Folgenden die Perspektive auf das Verantwortungsproblem radikal verändern. Zunächst werde ich zwar noch ein Stück mit Bayertz und Reich gemeinsam konstruktivistisch voranschreiten, dann aber über beide in Richtung einer strikt pragmatischen Reflexion, die die Beobachter und Konstrukteursebene zugunsten eines strikt reziprozitätsausgerichteten, selbstreflexiven Entfaltung verlässt, und so über die bisherigen Modelle von Verantwortung wesentlich hinausgehen sollte. Mein Gedanke nimmt seinen Ausgang von einer gleichermaßen verbundenen, wie sorgsam zu scheidenden subjektiven und intersubjektiven Dimension der Verantwortungsübernahme, -zurechnung und -erwartungserwartung.[65]

Systematisches Ziel ist der Ausweis von Verantwortung im Sinne von Mit- und Gegenseitigkeitsverantwortung als Moralprinzip einer deontologischen Ethik, deren aussichtsreichstes Modell meines Erachtens die Diskursethik ist. Erst mit der Einbettung in eine Diskursethik kann ein moralisches Prinzip *Verantwortung* die metaphysischen Restbestände Jonasscher Prägung überwinden. Verantwortung kann dann als intersubjektiv einklagbares und vernünftigerweise, das ist mit guten Gegenseitigkeitsgründen, nicht bestreitbares Prinzip sowohl moralischen Handelns überhaupt als auch genuin als Prinzip der Orientierung meines persönlichen Lebens gelten.

Ich variiere damit zugleich den traditionellen Weg der Diskursethik über eine strikte oder rekonstruktive Reflexion von Kommunikation und Handeln,[66] Moralprinzipien der Diskurse und deren Unbestreitbarkeit aufzuzeigen, sondern gehe auf das jedem Diskurseintrag in Kommunikation und Handlung innewohnende Moment einer reflexiven, aber in Differenz zu rein

---

65 Ich erwarte, dass ich verantwortliches Handeln, die Übernahme und Zurechnung von Verantwortung erwarten darf – dies bringt die intersubjektive Dimension unmittelbar ins Spiel. Den Terminus Erwartungserwartung formulieren Horst Gronke und M. Kettner in Kontexten der Debatte zur Diskursethik.

66 Vergleiche die Arbeiten von Apel, Habermas, Kuhlmann, Gronke und vom Verfasser.

subjektzentrierten,[67] stets schon dialogischen Selbstzuschreibung zurück. Insofern kommt es im Folgenden auch zu einer Transformation des Ausgangs der diskursethischen Selbstbegründung.

KONSTRUKTIVER TEIL II

Begründung eines Prinzips dialogisch-autonomer Verantwortung

Vorbemerkung mit Bayertz und Reich sowie über beide hinaus

Aus der eben angedeuteten, dialogisch-autonomen (klassisch diskursethischen) Perspektive des sich in, gegenüber und mit Welt vollziehenden Subjektes unter Subjekten[68] sind es vier grundsätzliche Aspekte, die das Phänomen Verantwortung markieren. Zunächst sind es Fragen, ob und in welcher Qualität ich jemandem, also einem identifizierbaren Subjekt oder Ereignis, Handlungen und bestimmte Folgen von Handlungen überhaupt *zurechnen* kann oder gar können muss, bevor ich von Verantwortung reden kann; hierbei *konstruieren* wir zweitens, dass wir ein Ereignis beliebiger Art einem bestimmten Subjekt oder Träger einer folgenwirksamen Handlung zuschreiben können; wir konstruieren also einen moralisch relevanten Zusammenhang von Ursache und Folge ex-post oder ex-ante, drittens *variieren* in diesen Konstruktionen unsere Verantwortungszuschreibungen je nach Handlungskontexten, so zum Beispiel in erwartbare und unerwartete Folgen, in retro- und prospektive Verantwortungsübernahme, in Mikro-, Meso- oder Makrobereiche der Folgen etc., wir konstruieren also unterschiedliche Verantwortungsdimensionen und -intensitäten, was aber viertens davon abhängt, dass wir uns in einer philosophisch *starken, d.i. moralphilosophisch ausgewiesenen* Begrifflichkeit wieder finden können, genau dann nämlich, wenn wir

---

67   Vergleiche hier beispielsweise die Arbeiten von Dieter Henrich und Ulrich Pothast.
68   In meinen Schriften 1998, 2000 et pass habe ich dies mit Niquet als *Intersubjekt* bezeichnet und unter anthropologischen, moralphilosophischen und pädagogischen Gesichtspunkten ausgeführt. Hieran schließt sich zunehmend offenbar auch Dietrich Böhler an, der ebenfalls den reziproken Charakter der Verantwortungsübernahme gegen Jonas' bloßes Habens oder Tragens von Verantwortung stark macht, neuerdings: Dietrich Böhler (Hg.), Hans Jonas. Fatalismus wäre Todsünde. Münster 2005, S.11 f. , 26 ff. et pass.

Zurechnung und Verantwortung koppeln, *unterstellen wir auch Freiheit und Autonomie.* Verantwortung ist dann nicht Disposition in Kontexten der Übernahme oder Zuschreibung, sondern ist immer schon beanspruchte und gegen mich beanspruchbare. Verantwortung ist dann auch nicht einholbar in Kontexten des oben schon angeschnittenen Streites um Willens- und Wahlfreiheit des Menschen überhaupt. Beispielhaft in den bereits angedeuteten aktuellen Debatten zwischen Libet, Roth sowie Bieri auf der einen Seite und Habermas auf der anderen. Oder inhaltlich formuliert: zwischen einer unter allen Diskutanten unbestrittenen *chance to choice* auf der Basis eines hirnfunktionalen Gesamtbildes, welches ein Bereitschaftspotential[69] zu Handlungen impliziere und der philosophisch traditionsstarken Antwort von Jürgen Habermas, dass Freiheit sich in der begründungsfundierten Entscheidung für oder gegen etwas und eben nicht in jeder beliebigen Handlung oder Handlungsentscheidung zeige: „Erst das begründete Ergreifen einer Initiative, die sich der Handelnde selbst zuschreibt, macht den Aktor zum *Urheber*".[70]

---

69 In diesem Sinne Libet und Roth. Vrgl. die folgende Fussnote.

70 Zur Debatte zuletzt: Information Philosophie 5/2004, S. 14-25; als weitere Literaturhinweise mögen dienen: Benjamin Libet et al. Time of conscious intention to act in relation to onset of cerebral activity. Brain. 106, 1983, S. 623-642; Gerhard Roth. Fühlen, Denken, Handeln. Ff. 2003; Peter Bieri. Das Handwerk der Freiheit. Ffm.2003; aus Kantscher Perspektive ist unbedingt lesenswert, weil subtil und noch immer aktuell: Hariolf Oberer. Praxisgeltung und Rechtsgeltung. In. K. Bärthlein/G. Wolandt. (Hg.). Lehrstücke der Praktischen Philosophie und der Ästhetik. Basel/Stuttgart 1977, bes. S.97-103, wo Oberer ausdrücklich den rechtsphilosophischen Freiheitsbegriff, der dem Inhalte und Prozesse nach immer schon bezogen ist auf den äußerlich Anderen scheidet von dem moralphilosophischen als das Vermögen, „sich für oder gegen etwas zu entscheiden (Entscheidungsfreiheit) und die Entscheidung handelnd zu realisieren (Handlungsfreiheit), (dies H.B.) ist die die von Jedem für sich und seinesgleichen immer schon ursprünglich beanspruchte Bedingung der Möglichkeit seines Wollens und Handelns... Die Leugnung auch nur dieser Freiheit impliziert schon, sich und seinesgleichen schlechterdings zu entmündigen, also als bloßnaturale Vorkommnisse zu betrachten und zu behandeln." (S.97) Vielmehr erfahre und bestimme sich das Subjekt erst als aus Freiheit Handelndes als sich selbst. Schließlich sei auf Dietrich Böhler, a.a.O. 2005, S. 26-37, verwiesen, der auf die Verkürzungen des Freiheitsbegriffs im dualistischen Welt- und Erkenntniskonzeptes bei Kant hier und eine eben solche Verkürzung, bei Hans Jonas hindeutet, die aus zwei Fehlern entspringe: So ist es ein empiristischer Kurzschluss (oder gar Kategorienfehler, wie Böhler meint), wenn Jonas die Bestimmung von Freiheit auf der Basis einer Evolution der stoffwechselnden Natur vornimmt, wie es unzureichend ist von einer Indifferenz zwischen naturgebundener Entwicklung und qualitativer Bedeutung von Geist auszugehen. (NB.: ein Problem, welches wir philosophiegeschichtlich bereits bei Bentham und Mill kennen gelernt

Erst auf dem von Habermas angedeuteten Wege verhindern wir nämlich
meines Erachtens, dass wir uns in der Rekonstruktion von Verantwortung
den Blick auf Fragen der Zuschreibung von Verantwortung an uns selbst
versperren, markieren wir doch auf dem Wege äußerer Konstruktionen der
Zuschreibung nur Ko- und Kontexte der Verantwortungsübernahme und bestenfalls deren handlungstheoretische Hintergrundannahmen. Wir versperren
uns konkret den Weg, Verantwortungsübernahme als eigenständigen Vollzug des in Kontexten anderer und anderem Handelnden als sich selbst be-
wussten Ko-Subjektes zu sehen. Das Handlungssubjekt wird reduziert auf
ein Kompetenzsubjekt, hier mit der Schlüsselkompetenz der eigenverantwortlichen Steuerung von Prozessen, mit der einseitigen Betonung auf Steuerung nicht auf moralischer Verantwortung – kurz: wir verharren in einem
instrumental aufgefassten Verantwortungsbegriff. Diesen überwinden weder
Bayertz, noch Kaufmann, noch Lenk, weil sie allesamt Verantwortung auf
ein intersubjektives Handlungsspiel, welches funktional zu Handlungskompetenzen überhaupt steht, reduzieren – so subtil die Einzelanalysen auch sein
mögen. Bedauerlicherweise greifen nahezu alle methodisch-orientierten Ansätze der Erziehungswissenschaft wie auch lernpsychologische Erklärungs-
ansätze in Folge Heiders auf diesen verkürzten Begriff zurück – dies gilt besonders auch für Heinz Klipperts Konzept des eigenverantwortlichen Lernens ebenso wie in Begründungshinsicht für Dieter-Jürgen Löwischs Kom-
petenzkompetenzmodell (2000) und seine frühere pädagogische Ethik
(1995), auch wenn Löwisch die weitestgehende Implementierung eines moralphilosophisch zureichend begründeten Verantwortungsbegriffs gelingt –
ich komme im abschließenden Kapitel hierauf zurück. Es geht jeweils nur
um Verantwortungsdiskurskompetenzen, nicht aber um das moralische Prinzip.[71] Ebenso in Fritz Heiders entwicklungslogischem Konzept der Verant-

haben) Dagegen stellt Böhler das Vermitteltsein von Freiheit, Kommunikation und
menschlicher Natur, welches einerseits mit der Evolution des Sprechens, andererseits dem
reflexiv-selbstreflexiven Vermögen der Sprache zu tun hat (ebd. S. 31 f.).

71   Wohl ist es sehr verdienstvoll, dass Löwisch sich diesem Feld detailliert zuwendet.
      Gelingt es ihm doch in Differenz zum eher naiven Programm bloßer Handlungs-
      steuerungen von Heinz Klippert, die moralische Dimension in einer selbstreflexiven
      Schleife der Verantwortungsbildung einzubeziehen, insofern er Verantwortungsbildung
      immer auch als moralische Bildung erfasst und beschreibt. Vrgl. Dieter Jürgen Löwisch.
      Einführung in die pädagogische Ethik. Darmstadt 1995, völlig fehlt diese Dimension on
      der Pädagogischen Ethik von Jürgen Oelkers, Weinheim 1992. Ich komme auf die
      Ansätze und die damit verbundenen Möglichkeiten und Probleme im letzten Teil
      zurück.

wortungsübernahme, schließlich auch in der empirischen Studie von Birgit Albs.[72] All diese Modelle können aber lediglich zeigen, wie mir Verantwortungsübernahme, im schlechtesten Falle gar aus Gründen eines sozialen Ethos, andemonstriert werden soll und kann, nicht aber warum Verantwortung ein nicht nur lohnenswertes, sondern unverzichtbares Prinzip moralischen Handelns überhaupt ist.

Erster Schritt des Ausweises einer ‚letztbegründeten' Zuschreibung von Verantwortung. Verantwortungsübernahme und -erwartungserwartung als dialogisch-autonomer Akt individuell-reziproker Selbst- und Anderenzuschreibung

Konnten wir in den Vorbemerkungen hoffentlich überzeugend dartun, dass es wenigstens gute Argumente gibt, dass wir uns sowohl aus sozialen, wie anthropologischen als auch sich in Reflexion auf den Sinn von Moralität überhaupt entfaltenden Gründen prinzipiell sinnvoll ist, sich in der Suche nach Prinzipien, mithin unverzichtbaren und konstitutiven Gründen für moralisches Handeln, auf ein Phänomen wie Verantwortung einzulassen, so zeigten sich sowohl die konstruktivistischen als auch unmittelbar pädagogische Ansätze je als unzureichend, starke Gründe für die Legitimität des Prinzips und die mit ihm verbundene Praxisfrage zu liefern.

Aussichtsreichster für eine moralphilosophische Grundlegung erscheint es mir, wenn wir zu zeigen versuchen, dass wir Verantwortungszuschreibung, -übernahme und -erwatungserwartung sogar immer schon unverzichtbar und unhintergehbar, und damit in einem strengen Sinne ‚letztbegründet' beanspruchen und dies reflexiv ausweisen können. Genau dann nämlich, wenn wir so etwas wie Ansprüche auf sinnhafte, uns zurechenbare und für andere nachvollziehbare Ent-Äußerungen stellen, als da beispielsweise sind: geltungswürdige Aussagen, Handlungen, Taten, Expressionen. Genau dann nämlich, wenn wir etwas (den Inhalt einer Behauptung oder auch ein Gefühl

---

72 Heider differiert bekanntlich fünf Stufen der Verantwortungszuschreibung: assoziative, kausale, vorhersehbarkeitsgebundene, intentionsgebundene und schließlich rechtfertigungsorientierte Zuschreibung von Verantwortung, anlehnend an Litt u.a Seinerzeit impliziert dies eine zunehmend ausdifferenzierte und reflektiere Übernahme. F. Heider. The Psychology of Interpersonal Relations. New York- John Wiley & Sons Inc 1967/ 1958. Des Weiteren: Birgit Albs. Verantwortung übernehmen für Handlungen und deren Folgen. Hamburg 1997.

u.a.) performativ als etwas (als Behauptung, als Emotion etc.) mit etwas (Sprache, mathematischem Symbol, chemischer Reaktionsgleichung- Gestik, Mimik etc.) behaupten, definieren, als Wunsch oder Meinung äußern, genau dann nämlich schreiben wir uns notwendigerweise zu, für das Geäußerte auch *Verantwortung zu tragen* und nicht erst *nachträglich* zu übernehmen. Verantwortung wird hier zum Prinzip – im Sinne eines kriteriologischen Geltungsmomentes des Reklamierens und Einklagens von Geltungsansprüchen auf sinn- und geltungswürdige Entäußerungen vernünftiger Lebewesen.[73]

Und nicht nur das: Bei genauerem Hinsehen zeigt sich zudem, dass wir Verantwortung prinzipiell und nicht nur aus einer die Rechtssphäre überhöhenden Perspektive nicht an eine zweistellige, sondern grundsätzlich an eine dreistellige Relation binden müssen. Was ich DIR gegenüber verantworten kann – und seiest *du* auch eine Glaubens- oder Kulturgemeinschaft – muss noch lange nicht moralisch schlechthin verantwortbar sein. So sind von einender abweichende oder sich gar einander widersprechende Ziele, Inhalte und Methoden der Erziehung eines Kindes in abendländischem oder okzidentalem Sinne aus der Perspektive der jeweiligen Kultur möglicherweise verantwortbar, nicht aber zwingend gegenüber moralischen Kriterien schlechthin. Verantwortung bedeutet also Verantwortung von A gegenüber B vor/gegenüber/gemessen und verteidigbar gegenüber dem moralischen Forum C. Überflüssig erscheint es mir, dann noch wie Lenk u.a.[74] es tun, diese Dreistelligkeit auszuweiten auf Fragen des in ein wozu, wem gegenüber, in Bezug auf was und in welchen Kooperations- oder Korporationszusammenhängen – dies sind Implikate des grundsätzlichen Schemas und nicht Aufweitungen zu einer vierten oder weiteren Dimension(en).

Unter der von mir eingenommenen Intersubjekt-Perspektive verweist dieses C unmittelbar an das Bild vom Ethos des couragierten Weltbürgers, wie es beispielsweise in so scheinbar unterschiedlichen Kontexten wie Bildung und Wirtschaft bei Hartmut von Hentig und Peter Ulrich.[75] Aber das Forum C ist von anderem reflexiven Zuschnitt als ein Konzept vom couragierten *ci-*

---

73 Zu dieser transzendentalpragmatischen Reflexion Vrgl. Wolfgang Kuhlmann. Reflexive Letztbegründung. Freiburg 1985, S.21 et pass.; ders. Hermeneutik, Ethik, Sprache. Würzburg 1992.

74 Beispielhaft in: H. Lenk / M. Maring. Wer soll Verantwortung tragen?. In K. Bayertz. 1995, S. 247.

75 Hartmut von Hentig. Bildung. München 1996; Peter Ulrich. Der entzauberte Markt. Freiburg i.B. 2002.

vis, der offenen *civitas* oder des Wirtschaftsbürgers als Weltbürger. Vielmehr geht es um die Situation, dass wir uns überhaupt erst in Kontexten anderer als uns selbst erfahren – und dies nicht als biophysische Wesen der evolutionären Zufälligkeit, sondern als Wesen, die reklamieren, für das, was sie tun, äußern, hoffen, wünschen, begehren, Gründe angeben zu können. Es ist doch eben dies das Spezifische des Menschen, eben seine sog. Vernünftigkeit, sein Handeln, seine Wünsche, sein Begehren, aber auch seine Meinung, seine Wissensansprüche, sich gegenüber sich selbst und anderen/m begründen zu können. Da dieser Begründungsanspruch und -prozess aber konstitutiv verwiesen ist an die Koexistenz mit anderen, mit denen ich Sinn teile (sei es übereinstimme oder abgrenze), bin ich, wie jedes andere Vernunft beanspruchende Lebewesen prinzipiell, und nicht nur hier und jetzt zufälliger- oder strategischerweise, dazu verpflichtet, dass ich mich einsetze für Bedingungen, unter denen reziproke Verantwortungsübernahme überhaupt erst möglich und einklagbar ist, wenn ich denn so etwas wie Permanenz echten menschlichen Lebens (Jonas) will. Dies schließt dann notwendigerweise ein, dass ich die anderen mit Würde behandele, dass ich mir selbst und den anderen gegenüber öffentlich Recht ablege, sowie schließlich die Selbstverpflichtung: Zustände herzustellen, die das reziproke Tragen von Verantwortung überhaupt erst ermöglichen und deren Permanenz zu bewahren, sowie umgekehrt Zustände, die dies nicht ermöglichen, zu kritisieren und zu verändern. Im positiven Fall sind dies Zustände gegenseitigen Respekts der Andersartigkeit und Individualität, gegenseitiger Transparenz der Motive, gegenseitiger Solidarität zur Überwindung von Nachteilen – basierend auf gegenseitiger, strikt reziproker Rechtfertigung und Ernsthaftigkeit. Verantwortung zu übernehmen bedeutet dann, dass ich für eine Person, Sache, Situation etc. Verantwortung in der Form *dreistelliger reziproker intersubjektiver Mitverantwortung, und dies für Vergangenheit, Gegenwart und Zukunft*, trage. Das Forum C bestimmt sich als *moral actor* in Form eines unbegrenzten und indefiniten Gerichtshof der beteiligten und betroffenen Öffentlichkeit und der ihr zuzuordnenden *moral subjects* und *moral object,* sprich der belebten und unbelebten Natur als Gegenstand unseres moralischen Handelns. Genau dann mache ich auch ernst mit einer kritisch reflexiven Außen-Innen-Perspektive des Tragens, Zuschreibens und Erwartens der Weltverantwortung. Denn in dem oben entworfenen konstruktivistischen Dreieck[76] von

---

76 Erinnert sei noch einmal an: Kersten Reich. Die Ordnung der Blicke. Neuwied 1998; sowie ders. Systemisch-konstruktivistische Pädagogik. Neuwied 1996.

Phänomen, Verantwortungsträger und Betroffenen kann ich als Fremd- und/
oder Selbst-Beobachter nun die Verantwortungssituation rekonstruieren, dekonstruieren und eine Pflicht zur Verantwortungsübernahme konstruieren.
Dekonstruieren kann ich die Elemente der Macht, die ich mir zuspreche, die
ich über Sache, Person oder Sachverhalt bewusst oder unbewusst ausübe und
die die Sache über mich hat, rekonstruieren kann ich die interpersonalen Beziehungen und kausalen Ursprünge der zu verantwortenden Handlung, und
in reflexiver Grundhaltung konstruieren kann ich aus selbstkritischer Distanz
die Implikate der Zuschreibung von Handlungskompetenzen, die die Initiie-
rung und Gestaltung der zu verantwortenden Handlung moralischerseits an
mich zurückverweisen. Hiermit habe ich dann eine wesentliche Perspekti-
venerweiterung über Weber und Bayertz wie über die sozialpsychologischen
Ansätze und pädagogischen Implementierungsversuche hinaus erreicht, aber
noch immer keine moralisch-normative Verpflichtung, denn ich befinde
mich lediglich in einer moralneutralen Rekonstruktion. Für eine philosophische Reflexion müssen hier Geltungsdiskurse hinzutreten. Das Erreichte
markiert also das Phänomen der Selbstzuschreibung als selbstverantwortete
Ereignis- und Handlungszuschreibung. Es lässt sich als Prinzip der *Ich-
trage-Verantwortung-Zuschreibung* fassen. In Anspruch genommen wird
hierbei die personale Identität unserer Vernunft, mittels derer das Individuum um sich als Handelndes weiß.
　　Die Verkürzungen auf den Verantwortungsbegriff – sei es im Ausgang
meiner Arbeit am Beispiel der Zuschreibung von Verantwortung via Macht
oder sei es im Fortgang im Streit um Verantwortung als Prinzip oder Hand-
lungsaspekt- verlieren hier schon ihren Nährboden. Sie finden sich wieder
auf der Gegenstandsebene des Phänomens der Verantwortungszuschreibung
und -beanspruchung.
　　Schreiten wir fort. Unser Eingangspunkt einer Transformation des Praxis-
problems Verantwortungszuschreibung und -übernahme in ein Prinzipien-
problem betraf die Frage: Wie ist das Forum C als dialogisch-diskursives
Verantwortungsforum zu verstehen, zu begründen und auf die Praxis anzu-
wenden?[77]

---

77 Unter Anwendungsgesichtspunkten wäre eine Integration von L. Kohlbergs
　　Entwicklungslogik der Moral interessant, der bekanntlich eine Dreistufigkeit der
　　moralischen Urteilskompetenz aus dem Prinzip der Reziprozität und sukzessiven
　　kognitiven Abstraktionskompetenz ableitet und empirisch zu belegen sucht. Die
　　einschlägige Kritik an Forschungsmethode und einseitiger Moralkonzeption ist
　　hinlänglich bekannt. Vrgl. Beispielhaft v. V. Diskursethik – Diskurspädagogik –

Hierbei habe ich zunächst festgestellt, dass Verantwortungsübernahme im dialogisch-autonomen Vollzug des personalen Individuums immer und nur sinnvoll ist im Bezug auf andere verantwortungskompetente Individuen. Hierzu gehört konstitutiv, dass wir uns und allen anderen, auch Institutionen aller Art, Verantwortung in moralischem Sinne zuschreiben können müssen als etwas, dass wir uns und anderen in moralischem Sinne individuell zuschreiben.

Dies reicht aber keineswegs zu. Wir müssen nunmehr zeigen, dass wir Verantwortung als etwas fassen müssen, mit dem wir den Gedanken der Kausalität verbinden, drittens werden wir noch zeigen müssen, dass Verantwortung als Aspekt einer reflexiven Begründung der moralischen Qualifizierung menschlichen Handelns nicht nur sinnvoll und möglich, sondern unverzichtbar und unhintergehbar ist, erst dann ist es als Moralprinzip ausgewiesen, aus dem sich Pflichten begründet und begründend ableiten lassen.

Zweiter Schritt des Ausweises einer ‚letztbegründeten' Zuschreibung von Verantwortung. Verantwortungsübernahme und -erwartungserwartung als reziproke Kausalitätszuschreibung und -erwartungserwartung

Bereits die Zuschreibung von Verantwortung zeigte, dass es völlig gleichgültig ist, ob wir uns auf Kosubjekte, Sachverhalte oder Gegenstände beziehen.[78] Vielmehr *erwarten* wir offensichtlich von uns selbst und uns gleich gearteten sog. Vernunftsubjekten, dass wir *prinzipiell* in der Lage und je nach Situation auch *konkret* bereit sind, uns zu unseren Handlungen, Wünschen, Meinungen selbst-verantwortlich in Beziehung zu setzen, also die Verantwortung für die eigenen intentionalen Entäußerungen zu übernehmen.

Diese Erwartung wird gespeist aus der uns selbst und jedem Exemplar unserer Gattung (ja jedem Wesen, welches in der Lage ist, nach Prinzipien zu handeln und nicht allein Trieben zu folgen) zugeschriebenen Freiheit zum

---

Diskursanthropologie. Würzburg 1999. Teil 3. Die Idee der Dreistufigkeit wird in meinen folgenden Ausführungen eine wichtige Rolle spielen.

78   In der naturrechtlichen Tradition sprach man darüber hinaus bekanntlich sowohl nichtmenschlichen Lebewesen »Verantwortung« im Sinne von Schuldfähigkeit zu, als auch nichtlebenden, ökosphärischen Elementen, wie beispielsweise den Wetterbedingungen, die man personifizierte und „ihnen" opferte.

Handeln und unserem Vermögen, sich auf Akte, also Entäußerungen, dieser Freiheit rückblickend zu beziehen. Ohne eine solche Unterstellung wäre die Rede von »Verantwortung« zumindest in moralischem Sinne sinnlos und beschränkte sich auf moralneutrale Zuschreibung von Dispositionen zum Handeln.[79]

»Verantwortung« begegnet uns hier in einer ersten moralischen Qualität. Diese terminiert in der doppelten Zuschreibung: a.) dass wir frei sind zu handeln und Handlungen zu unterlassen, b.) dass wir uns, d.i. allen uns ähnlichen (Vernunft-)Wesen gegenseitig zuschreiben, dieses Handeln auf uns und unsere Situation beziehen zu können. Kulturgeschichtlich (phylo- und ontogenetisch) ist dies das Erwachen der Vernunft als Wissen des Menschen um sich als *Wirkender*. Gemäß Kohlbergs Entwicklungslogik der Moral wäre es die Ebene des lust- oder objektbezogenen moralischen Handelns (Schreien erzeugt Aufmerksamkeit). Die Verantwortung beschränkt sich aber noch auf die Zuschreibung einer Entäußerung auf uns selbst und bestenfalls auf die instrumentelle Wirkung. Verantwortung bezieht sich also noch nicht auf eine allgemeine moralische Qualität der Handlung oder ihrer Folgen, ich trage sie im Sinne einer autonom-monologischen Kompetenz der Selbstzuschreibung.

Dieser Gedanke wird wesentlich erweitert, wenn ich ihn um den Aspekt der *Kausalität* ergänze. Zuschreibungen von »Verantwortung« setzen, wie im Vorigen gesehen, schon beim einfachen Behaupten von etwas, bei Aussagen zu/über etwas, ein, als und insofern ich mich nämlich bereits mit beliebigen Äußerungen und selbstverständlich mit beliebigen expliziten Handlungen bereits auf andere beziehe. So behaupte ich etwas, verspreche etwas, bringe eine Hoffnung oder einen Befehl zum Ausdruck. Mit all dem nehme ich mich unmittelbar zugleich aber in eine doppelte Verantwortung: erstens das inhaltlich Gesagte als begründeterweise Gemeintes zu äußern *und* zweitens das mit dem Ent-Äußerten Erwartete (die Erfüllung der Bitte, das Einhalten eines Versprechens) als Rechtfertigbares zu begründen. Zweifach ist Verantwortung hier jeweils impliziert, *einerseits* trage und erwarte ich Verantwortung bezüglich der je thematisierten Sachverhalte oder Behauptungen, über die wir zum Beispiel im wissenschaftlichen, gesellschaftlichen, kultu-

---

79 Vrgl. meine beiden Diskussionsrunden oben zu Roth, Libet, Habermas u.a.; zu dem speziellen Aspekt an dieser Stelle vergleiche auch Alan Gerwirth. Reason and Morality. Chicago 1978. Karl Steigleder. Grundlegung der normativen Ethik. Freiburg 1999. Marcus Düwell. Die Bedeutung ethischer Diskurse in einer wertpluralen Welt. In: Angewandte Ethik als Politikum, hg. v. Matthias Kettner. Ffm 2000.

rellen, schulischen... Diskurs Rechenschaft ablegen, und *andererseits* trage ich zugleich Verantwortung für die Transparenz, Glaubwürdigkeit und Aufrichtigkeit meiner Ent-Äußerungen (Handlungen, Behauptungen etc.). Das meint, dass sich die Frage der Verantwortungsübernahme und -erwartung auf der empirischen Ebene stellt unter biographischen, sozialen, kulturellen etc. Bedingtheiten meines Behauptens und natürlich erst recht meines sozial relevanten Handelns *und zugleich* auf der reflexiven Ebene des Begründungsdiskurses meiner Ent-Äußerungen unter Fragen authentischer (aufrichtig rechtfertigungsfähiger und mit mir glaubwürdig verbindbarer) Intentionalität – hier meine ich zum Beispiel für den Behauptungsakt die Differenz von Wahrhaftigkeit als unterstellte Übereinstimmung meines Denkens und dem Ent-Äußerten – der Behauptung als Sprechakt und Aufrichtigkeit als unterstellte Übereinstimmung meines geäußerten Sprechaktes und Handelns. Dieser *performativ-propositionale* Doppelstruktur jeglicher sinn- und geltungswürdiger Ent-Äußerungen ist dialogische Verantwortungsübernahme und -erwartung immanent.[80] Ich trage auf diesem Niveau Verantwortung nicht mehr nur in dem Sinne, dass ich mir die Behauptungen und die je impliziten Absichten *zuschreibe*, sondern in dem Sinne, dass ich rational – und nicht irgendwie mythisch, wie Picht meint – weiß, dass ich mit dem Geäußerten etwas in der Welt handelnd bewirke, also, dass ich Zustände in der Welt kausal mit mir und meinen Intentionen grundständig in Verbindung bringe.[81] Eine zweite Ebene moralischer Qualität ist damit beschritten. Kulturgeschichtlich (phylo- und ontogenetisch) ist dies das Erwachen der Vernunft als Wissen des Menschen um sich als *Verursachender von Wirkungen.*

Gemäß Kohlbergs Entwicklungslogik der Moral wäre es die Ebene zumindest konventioneller Handlungsbegründung. Verantwortung bezieht sich auf die moralische Qualität der Intention der Entäußerung und ihrer Wirkung, dies aber unter der unbefragten Voraussetzung, dass ich als Verursa-

---

80 Auch zu diesem Punkt haben sich die Diskursethiken Habermas' und Apels übrigens ganz unterschiedlich entwickelt, so nimmt Habermas Verantwortung in das Diskursprinzip hinein, man realisiere nur die Formulierungen des moralischen Grundsatzes U und stellt die Anwendung der Verantwortungsmaxime der praktischen Klughit unter den Kriterien Angemessenheit, Zumutbarkeit etc. anheim, so ist die Verantwortungsübernahme und -erwartungserwartung für Apel konstitutives Moment der diskursethischen Grundnorm, zu beiden vrgl. an dieser Stelle die Anmerkungen von Heidbrink a.a.O., S.128 ff., primär K.-O. Apel. Verantwortung und Diskurs Ffm. 1988, J. Habermas. Faktizität und Geltung. Ffm. (4.Aufl. / Erstauflage 1992).

81 Sage ich JA vor dem Standesamt, bin ich verheiratet und habe nicht nur mal so Ja gesagt.

cher der Situation, diese zu verantworten habe. Verantwortung wird intersubjektiv oder dialogisch. Ich übernehme Verantwortung im Sinne von dia-
logverantworteten Autonomieansprüchen.

Ich befinde mich also in einer realen oder fiktiven Ich-Du-Es-Perspektive
der Gegenseitigkeit. Allerdings beziehe ich mich immer noch auf die Kompetenz der Zurechnung und auf eine präsupponierte Legitimität mich auf
Verantwortung als moralisches Prinzip zu beziehen und damit konfrontiert
zu werden. Ein dritter Schritt ist notwendig, der wiederum analog zu Kohlbergs Schema einen qualitativen Argumentations- und Perspektivenwechsel
in sich trägt. Wie Kohlberg dies zwischen Phasen eins und zwei einerseits
und dann zu Phase drei andererseits vornimmt, wechsele auch ich von der
deskriptiv-normativen Ebene zur reflexiv-normativen Ebene.

Auf den Ebenen 1 und 2 konnten wir nur rekonstruieren, dass und wie wir
Verantwortung tragen und mit philosophischen Argumenten gestützt auch
tragen können, dass wir also berechtigterweise davon ausgehen können, dass
es sinnvoll und möglich ist, aus der dialogischen Perspektive des Intersubjektes kommend einem Prinzip Verantwortung nachzuspüren. Was uns fehlt
ist die Einlösung der *quaestio-juris-Frage*. Dies ist nun in einem dritten
Schritt zu leisten. Ich fasse ihn unter dem Titel: Reflexionskompetenz und
Verantwortung.

Dritter Schritt des Ausweises einer ‚letztbegründeten' Zuschreibung von Verantwortung

Verantwortungsübernahme und -erwartungserwartung. Warum Verantwor-
tung tragen und erwarten?

Beugen wir uns zu diesem Zwecke noch radikaler zurück. Wir tragen »Verantwortung«, aber warum sollen wir moralischerseits unabweisbar Verantwortung tragen und dürfen Verantwortungsübernahme erwarten? Was sind
die notwendigerweise zu erfüllenden Sinnbedingungen, die wir unterstellen
und antizipativ immer schon eingelöst haben müssen, sodass wir Verantwortung tragen können?[82] Dies würde uns von der bloßen tugendhaften oder he-
roischen Übernahme von Verantwortung zur Pflicht führen.

---

82 Dieser Frage bin ich unter Ausgang Kants bereits einmal mit dem Versuch
    nachgegangen auszuweisen, dass wir nicht nicht moralisch sein können. Seinerzeit
    wählte ich als Basis die Anthropologie des Intersubjektes; heute denke ich, dass dieser

Aus dem Vorigen können wir bereits ausschließen, dass wir sinnvoll von »Verantwortung-tragen« reden können, wenn wir sie als Teil der biologischen Verfasstheit des Menschen fassen. Ebenso können wir sie nicht auf einen spezifischen moralischen Aspekt wie Wohlergehen, Pflicht, Nutzen oder Gerechtigkeit zurückführen.

All diese Momente lassen sich anführen als Motive der Verantwortungsübernahme, nicht aber als Begründungen des Einforderns von und Bereitseins zur Verantwortungsübernahme. Schließlich ist es auch problematisch, sie als anthropologisches oder gar anthropomorphes Moment einer normativen Idee vom Menschen und seiner Welt zu fassen, wie wir dies unter anderem bei Hans Jonas[83] markierten.

Mir erscheint derzeit als einzig sinnvoller Weg, die Pflicht zur Verantwortungsübernahme zu erweisen, derjenige des sinnkritisch-dialogischen Ausweises, der, von der Situation des sinn- und geltungsbeanspruchenden Intersubjektes ausgehend, reflexiv auf die konstitutiven und regulativen unverzichtbaren und unhintergehbaren Präsuppositionen dieses Vollzuges in strikter Reflexion sich auf Prinzipien epistemischer, moralisch-ethischer und ästhetischer Vollzüge und damit Sinn- und Geltungsansprüche zurückbeugt. Als solche ist diese Position im Unterschied zu allen anderen Moralphilosophien voraussetzungsarm, insofern sie auf einen *inhaltlichen* Begriff von so etwas wie Moralität verzichtet und sich auf die Prozedur moralischen Handelns, Urteilens und Argumentierens bezieht.

Was also vollziehe und beanspruche ich notwendigerweise immer schon und unverzichtbar, wenn ich moralisch bin?, könnte die verkürzte Fassung des Ausgangs der strikten, also streng selbstbezüglichen Reflexion lauten.

Ein solcher Ansatz ist nicht nur begründungsstark im obigen Sinne, sondern stellt zugleich ein ausgezeichnetes, auch im Alltag von Familie, Gesellschaft und ihren Institutionen gleichermaßen anwendbares *methodisches*

Ansatz wertvoll ist hinsichtlich einer Praxis der Philosophie, die nach kultur- , sozial- und bspw. Evolutionsbedingtheiten moralischen Handelns fragt (zum Beispiel im Unterricht der Praktischen Philosophie), ebenso lässt sich dergestalt ein quasi-empirischer Zwang zu Moral demonstrieren (repräsentativ wäre hier die UNO zu nennen), aber ich bleibe mit diesem Ansatz auf der Gegenstandsebene der quaestio-juris Frage, die Begründung eines Prinzips Verantwortung als Antwort auf die quaestio-juris Frage muss vielmehr aus dem Moralitätsprinzip selbst erfolgen. Vrgl. v.V. Philosophie, Moral, Begründung. Würzburg 2000.

83   Zur kritischen Betrachtung von Hans Jonas' Ethik aus diskursphilosophischer Perspektive sei noch einmal auf die jüngsten, bereits erwähnten Werke von Dietrich Böhler 2004 und ders. Fatalismus wäre Todsünde. Lit/ Münster 2005 verwiesen.

Mittel bereit, den Skeptiker wie den Verweigerer gegenüber Verantwortungsübernahme von der Absurdität seiner Position zu überzeugen; mehr als Überzeugen können wir moralisch *legitimer*weise nicht. Scheitert der moralische Überzeugungsdiskurs, ist ein selbst wieder verantwortbares Recht gefragt.

In einem solch sinn-kritisch dialogischen Ausweis kann dem Skeptiker wie dem Verweigerer gezeigt werden, dass sie sich in einen performativen Selbstwiderspruch mit seinem Anspruch auf Sinn und Geltung seiner skeptischen Position als Generalvorbehalt verwickeln: genau dann wenn du (Skeptiker oder Verweigerer) deine Position der Skepsis oder Verweigerung/Ablehnung reklamierst, schreibst du dir im Vollzug des Behauptens deiner Position zu, was du inhaltlich-argumentierend oder in deinen Verweigerungs-Handlungen ablehnst, dass nämlich in unserem Fall *Verantworten als immer zugleich und in einem Verantwortung tragen, Verantwortung übernehmen und Verantwortung erwarten zu dürfen (Verantwortungserwartungserwartung) unverzichtbares und unhintergehbares Moment deines Anspruches auf Sinn und Geltung für deine Position ist. Ja, darüber hinaus ist Verantwortung, gleichgültig, ob prospektive oder retrospektive, stets aber kausale Zurechnung, zugleich Sinn- und Geltungsbedingung jedes Vollzugs eines personalen Individuums.*[84] Du forderst nämlich, dass ich deine Position als ernsthafte, dir zuschreibbare, von dir – im Denken und in der Rede – wahrhaftig, und – in Rede und Performanz – glaubwürdig gewollte und gegebenenfalls mit vortragbaren Gründen reklamierte Position ernst nehme. Bringe ich dies in Anschlag, entstünde die unliebsame, selbstwidersprüchliche Situation, dass du dir im Akte deiner Verweigerung in Form von Argumenten oder Handlungen, mithin mit Ansprüchen auf Sinn und Geltung, selbst zuschreibst, was du inhaltlich ablehnst. Hiermit widersprichst du *dia-logisch und performativ* deinem eigenen Anspruch.

Mit diesem Beweisgang ist nicht nur die performativ vertretene Skeptikerposition, und damit die stärkste Gegenargumentation widerlegt, sondern positiv ist die Unbestreitbarkeit des Verantwortungsprinzips als konstitutives Moment eines sinn- und geltungshaften Reklamierens von Sinn und Geltung für beliebige Entäußerungen eines prinzipiell rationalen personalen Individuums erfolgt.

---

84   Eines Individuums also, dass um sich selbst wissend Sinn- und Geltungsansprüche
     gegen sich und Andere und anderes hervorbringt, erneut sind wir bei dem rational
     begründeten Handlungswissen im Sinne von Jürgen Habermas (vgl. verschiedentlich
     oben im Text).

Jedes sinn- und geltungsbeanspruchende, uns rational prinzipiell in seinen semiotischen Ent-Äußerungen zugängliche personale Individuum geht mit der Entäußerung seiner selbst die Selbstverpflichtung der Verantwortungsübernahme und zugleich die Rechtfertigungsverpflichtung für Wahrhaftigkeit und Glaubwürdigkeit ein. Verweigert sich das personale Individuum auch nur einem dieser Aspekte, ist seine semiotische Ent-Äußerung sinnlos. Verantwortung tritt als Prinzip der moralischen Qualifizierung von Ent-Äußerungen und deren Folgen auf. Verantwortungsansprüche formulieren sich als Ansprüche autonom-diskursiver Intersubjekte, die sich unter Bezug auf die diskursive Vertretbarkeit autonom, aber in mitverantwortlicher Gegenseitigkeit über die unbegrenzte Vertretbarkeit ihrer Ansprüche dergestalt begründet legitimieren, dass die diskursive Vertretbarkeit zugleich Verantwortbarkeit bedeutet – oder mit Kantschen Worten: Dass das Allgemeine das Gesetz der Moralität selbst ist.

In praktischer Hinsicht zeigt sich Verantwortung nunmehr als moralisches Prinzip der kausalen Zuschreibung von Handlungen, Wünschen, Entäußerungen etc. an mich selbst und andere. Hiermit ist eine dritte Stufe moralischer Qualität erreicht. Kulturgeschichtlich (phylo- und ontogenetisch) ist dies das Erwachen der Vernunft als reflexives Begreifen des Menschen, nicht lediglich *Verursacher* von Wirkungen zu sein, sondern sich als jener zu begreifen, der die Prinzipien und Regeln seiner Ent-Äußerungen und deren beabsichtigte und denkbare Wirkungen und Nebenwirkungen selbstkritisch reflektieren kann. Gemeinhin wird dies als Reflexionskompetenz gefasst. Verantwortung als Prinzip meint damit ganz konkret die unverzichtbare und unhintergehbare diskursive Einlösbarkeit von Ansprüchen an mich und andere – als Pflichten und als Rechte.
Dies zu sehen, verlangt sicherlich eine Transformation des klassischen Begriffs vom autonomen zum autonom-diskursiven Moralsubjekt. Unter diesem Perspektivenwandel werden dann Verantwortungsübernahmen gegenüber mir und anderen als erste Pflichten formulierbar und als Kriterien für moralisches Sich-Entäußern anwendbar.
Dies hat zur Konsequenz, dass moralische Gebote der Maximen wie: Trage Sorge für die Permanenz echten menschlichen Lebens oder das Suizid- und Lügenverbot Pflichten sind, die sich zwar unmittelbar aus dem Verantwortungsprinzip selbst ergeben, aber nunmehr als Verantwortungspflichten und gegebenenfalls als Verantwortungserwartungsrechte formuliert werden.

In diese Kategorie von Pflichten gehören dann auch die von Dietrich Böhler, Horst Gronke und anderen formulierten teleologisch – regulativen, idealen, kommunikationsorientierten und auf Faktizität abzielenden Ausformu-
lierungen. Besonders das so genannte Prinzip U(reg-tel), welches die Verantwortung dafür formuliert, dass wir jenes Telos verfolgen, Verhältnisse zu
schaffen, die rein verständigungsorientiertes Handeln erlauben und jene Zustände bewahren, die dies bereits ermöglichen. Wir sehen, wie hier auf der
Ebene von Pflichten, Gronke nennt es meines Erachtens zu vorschnell Prinzip, Verantwortungsübernahme und Verantwortungserwartungserwartung
ausbuchstabiert wird.[85]

Versuchen wir resümierend den Handlungsimperativ einer verantwortungsethischen Moralbegründung zu formulieren und die entscheidenden
Bausteine dieses Maximenprüfungsverfahrens zu benennen. Hierbei teile ich
mit Niquet[86] die Auffassung, dass dieser Ausweis nicht zu einer transzenden-
talkritisch ausgewiesenen Grundnorm wie beispielsweise in meinem Falle
der Verantwortungsrechte und -pflichten führt, denn dies widerspräche dem
Anspruch des Moralischseins schlechthin. Der Geltungsmodus eines transzendental erwiesenen Momentes von Moral muss sich, wenn es nicht um das
theoretisch Geltungsmögliche der Existenz einer solchen Grundnorm, sondern um das handlungsnötigende Moment geht, unterscheiden von dem Geltungsmodus einer Grundnorm der Moral. Erstere sind unabdingbare, logisch
abgekapselte Momente der Möglichkeit und Gültigkeit von X, wohingegen
Grundnormen und erst recht Maximen und Aktnormen aber in ihrem Gel-
tungssinn autonom, das meint hier selbstrückbezüglich, und nötigend sind.
Dies kann aber nicht als transzendentale Nötigung gedacht sein, was nämlich
in zweifacher Hinsicht sinnlos wäre: Sehe ich beide Prozeduren als getrennt,
würde eine transzendentale Nötigung den spezifischen Moralcharakter – aus
Freiheit eben ge- und begründet zu sein – ad absurdum führen; sehe ich dagegen beide Verfahren als deckungsgleich und bewahre die Idee der Freiheit,
dann ist ein Verfahren überflüssig, da ja dann vice versa das transzendental

---

85   Zu diesen Formulierungen und die Diskussion darüber zum Beispiel zwischen
      Habermas und Apel ist noch immer lesenswert: Horst Gronke. Apel versus Habermas.
      Zur Architektonik der Diskursethik. In: Transzendentalpragmatik. Ffm. 1993; ders mit
      Holger Burckhart. Zur Idee des Diskurses. Markt Schwaben 2000; zur Umsetzung in die
      Praxis der Erziehung vrgl. v.V. Diskursethik-Diskursanthropologie- Diskurspädagogik.
      Würzburg 1999, Teil 3.
86   Marcel Niquet. Moralität und Befolgungsgültigkeit. Würzburg 2002, S. 163-172.

Erwiesene zugleich das moralische Gebotene wäre, ein so genannter höherstufiger transzendentaler Ausweis ist dann aber in der Tat überflüssig, da er dem Nötigungserweis nichts hinzufügte. Zur Verdeutlichung: Ein transzendentaler Erweis von Verantwortung führt zum Erweis der Unleugbarkeit und Allgemeingütigkeit sowie Notwendigkeit von so etwas wie einem Existenzial ,Verantwortung'; Entsprechendes würde auch für Existenziale wie Solidarität oder Gerechtigkeit möglich sein. Der transzendentale Erweis einer moralischen Nötigung oder eines Willens, Verantwortung zu tragen und erwarten zu dürfen aber, bedarf nach dem Ausweis, dass mein freier Wille genötigt ist, diese Pflichten und Rechte anzuerkennen, wenn er denn so etwas wie Moral als Selbst-Verpflichtung meiner Freiheit aus Freiheit will, keiner weiteren transzendentalen Nötigung – diese wäre schädlich, weil totalitär, und systematisch falsch, weil Transzendentalität kontradiktorisch zur moralisch praktischen Freiheit stünde, und letztlich ein performativer Selbstwiderspruch, weil Thema und Medium des transzendentalen Beweisganges seinen Fokus im Erweis dessen hätte, dass es eine Nötigung nicht aus Freiheit für die Nötigung der Freiheit geben soll, sondern eine Nötigung aus dem Begriff oder dem Existenzial von Verantwortung; dann aber führt ein Beweisgang im Rahmen eines zumindest Kantischen verstandenen transzendentalen Erweises in einen Selbstwiderspruch zwischen in Anspruch genommener und im Beweisfokus liegender praktischer Freiheit hier, und ihrer Fixierung durch Nachweis ihrer transzendentalen Apriorizität dort.[87] Anders formuliert: Zugleich mit dem Erweis des nicht bestreitbaren, ja immer schon vorauszusetzenden Begriffs Verantwortung für so etwas wie Moral kann moralphilosophisch nicht zugleich die moralische Nötigung zur Übernahme von Verantwortungspflichten und der Wahrung von Verantwortungsrechten einhergehen, weil dann aus dem bloßen Begriff Nötigungen erfolgen und die Freiheit der Wahl, mithin der freie Wille eine Chimäre wäre.[88]

Was folgt aus den Überlegungen für den Erweis der moralischen Verbindlichkeit eines *Prinzips Verantwortung?* In einem moralischen Diskurs muss ich nach meinen vorangegangenen Überlegungen eines *Prinzips Verantwortung* die moralische Verantwortbarkeit einer Handlungsregel oder situativen

---

87 Entsprechend verortet Kant ja auch die transzendentale Reflexion der *Idee Freiheit* in die Dialektik des transzendentalen Scheins.

88 Angemerkt sei, dass dies bekanntlich i sprachanalytischer Hinsicht anders aussieht, wie Hare und Searle zeigen; sie sind aber auch beide bereit das Problem des naturalistischen Fehlschlusses einzuklammern.

Handlungsentscheidung[89] (Maxime) in zwei grundsätzlichen Hinsichten, nämlich in Begründungshinsicht und Anwendungshinsicht kritisch prüfen, wobei letztere noch einmal binnendifferenziert werden muss:

(a) In Begründungshinsicht stellt sich die Frage: Ist (beispielsweise) das Lügenverbot sui generis *verantwortungsethisch* als allgemeines Gebot legitimierbar – das heißt: Kann ich wollen, dass Lügen eine allgemein verbindliche, mithin diskursethisch von allen Betroffenen in der Regel zustimmungswürdige Maxime sei?

Dies schließt sich aus, da ich weder allgemein wollen noch allgemein, d.i. universal und ausnahmslos verantworten, d.h. strikt reziprok kausal mir und allen anderen zuschreibend ‚tragen' und ‚erwarten' kann, dass Lügen eine allgemein zu befolgende, mithin moralisch-normativ verbindliche Maxime sein kann, und zugleich:

(b) In Anwendungshinsicht stellt sich die Frage: Ist das Lügenverbot in dieser konkreten Situation für alle Beteiligten und für alle und gegenüber allen denkbarerweise Betroffenen *erstens: verantwortbar*, was bedeutet: Kann ich das Lügenverbot angesichts der moralischen Verantwortung im Sinne einer kausalen Selbstzuschreibung, die ich für die Lüge (und deren Folgen) gegenüber mir und anderen übernehmen muss, handlungsmoralisch übertreten? Maximenperspektivisch formuliert: Ich darf lügen nur dann, wenn ich gegenüber mir und allen denkbarerweise Betroffenen die Lüge nicht nur mir selbst zuschreibe, und damit vor meinem Gewissen vertreten kann, sondern mit guten Gründen als zustimmungswürdig bei allen Beteiligten und Betroffenen als situative Außerkraftsetzung ausweisen kann.

Erinnert sei: Zur Verantwortungsübernahme nötigen mich als konkret handelndes, vernunftbegabtes Intersubjekt zweierlei Gründe: einerseits formale, inhaltliche und prozedurale Gründe, denn das Sprachspiel ‚Lüge' ge-

---

89   Bewusst gehe ich hier nicht auf Normen zurück, sondern schließe mich den Überlegungen W. Kuhlmanns an, der betont, dass Gegenstand einer Prüfung im moralischen Diskurs nicht Situationsnormen, sondern allenfalls Regeln der Normen seien. Normen sind lediglich Hilfskonstruktionen im Alltag, aber Moral ist eben nicht analog eines Rechtssystems mit entsprechenden Situationsgesetzen zu denken. Vielmehr müsse, so Kuhlmann zu recht, das Moralprinzip, bei ihm die Grundregeln des Diskurses, bei mir Verantwortung, unmittelbar auf das Ganze einer Handlungssituation angewandt werden und nicht auf künstlich isolierte Normen. W. Kuhlmann. Diskursethik. Akt- oder Normenethik? In: Holger Burckhart/Horst Gronke (Hg.). Philosophieren aus dem Diskurs. Würzburg 2002.

lingt nur, wenn ich es formal mir zuspreche, inhaltlich – so paradox es klingt
– konsistent bin, d.h. glaubwürdig und aufrichtig und schließlich prozedural
die Sprechaktregeln des Sprachspiels nicht verletze; dies alles gemeinsam
sind die konstitutiven Sinn- und Geltungsbedingungen des semantisch-
pragmatischen Gelingens des Sprachspiels ‚Lüge'; zur Verantwortungsübernahme nötigen mich andererseits moralische Gründe, denn als Moralinter-
subjekt, welches die Lüge als probates Mittel in der konkreten Situation
wählt und sich legitimiert sieht, das Mittel der Lüge gegenüber Kosubjekten
hier und jetzt anwenden zu können, nehme ich für die Verbindlichkeit meiner Lüge die Gültigkeit eines normativen Bezugsrahmens, den ich mit anderen teile sowohl erfolgsstrategisch wie zweckrational konstitutiv in Anspruch; dies sind die handlungspragmatischen Bedingungen.

Und **zweitens**: Ist das Übertreten des Lügengebots mir selbst und in seiner
täuschenden und unaufrichtigen Pragmatik für und gegenüber allen anderen
denkbarerweise Betroffenen *zumutbar*, was bedeutet: Habe ich gute Gründe
zu unterstellen, dass ich die Lüge – und damit die Maximenübertretung – in
diesem Falle, nicht nur rational vertreten kann, sondern jedem zumuten darf
und dem von der Lüge unmittelbar Betroffenen zumuten muss; maximenperspektivisch in leichter Variante zu Jürgen Habermas' Verallgemeinerungs-
und Zumutbarkeitstest formuliert: Ich darf nur dann lügen, wenn ich erwarten darf, dass außer dem Betroffenen alle anderen *unmittelbar* dies in dem
Falle auch so tun würden. Diskursethisch befinden wir uns hier im Felde der
Zumutbarkeits-, Angemessenheits- oder Befolgungsgültigkeitsfrage wie es
bei Jürgen Habermas, K.-O. Apel, Marcel Niquet und Dietrich Böhler bekanntlich multiperspektivisch erörtert wurde.[90]

Mit entsprechender Gegenstands- und Perspektivenvariation in Bezug auf
die jeweils zur Disposition stehende Maxime gilt diese Prozedur in ihrer
grundsätzlichen Doppelschrittigkeit auf der Makroebene des ethischen und
moralischen Begründungsdiskurses und Vielschichtigkeit auf der Mesoebene
des multiperspektivischen Anwendungsdiskurses für jede von mir für die
Gültigkeit und Verbindlichkeit meines Handelns relevante, explizit reklamierte oder implizit in Anspruch genommene Norm.

---

90   Neben den bekannten einschlägigen Primarwerken vrgl. die Wiedergabe der Debatte in:
     Niels Gottschalk-Mazouz. Diskursethik. Berlin 2000, bes. aber: Marcel Niquet. A.a.O.
     2002.

Warum muss ich prinzipiell *verantwortungsmoralisch* sein? Weil jeder Sinn-
und Geltungsanspruch menschlichen Lebens gebunden ist an die sinn- und
geltungsreflexiv nicht zu bestreitende und moralisch nicht zu hintergehende
Verantwortungsübernahme und Verantwortungserwartungserwartung für alle jene Ent-Äußerungen, die ich mir kausal zuschreibe oder die mir mit guten
Gründen kausal zugeschrieben werden. Hierzu sekundär, aber praxisrelevant
primär treten Verantwortungspflichten gegenüber und für Andere/n und An-
derem/s, gegenüber und für zukünftige/n Generationen, gegenüber und für
ökologische/n, soziale/n oder gesellschaftliche/n Zuständen, gegenüber Fragen der Selbstzuschreibung konkreter Schuld, konkreter Risikoübernahme
und Zivilcourage etc. auf.

Das von mir eingangs benutzte Machttheorem als Basis verantwortlichen
Handelns und die Selbstzuschreibung der Möglichkeit Verantwortung zu
tragen, hebt sich hier in dialektischem Sinne vollständig auf. Macht und ihr
Korrelat Freiheit sind nicht nur in dialogisch-diskursives Miteinander-
Gegeneinander eingewoben, als und insofern Macht konstitutiv verwiesen ist
auf eine Inter-Aktion, die sowohl auf Trennung als auch auf Zusammenschluss gehen kann, wie Arendt überzeugend dargetan hat, sondern Macht ist
jenseits ihrer sozialen Ausprägungen in linearem Machtstreben und der Wil-
lensdurchsetzung verwiesen auf die Konstruktionen meiner selbst in Bezug
auf andere und die Spiegelung derer Konstruktion auf mich selbst,[91] kurzum:

---

91   In ähnlichem Sinne äußert sich Norbert Ricken. Die Macht der Macht-Rückfragen an
     Michel Foucault, S.133ff & 138 ff., in: ders et al. (Hg.). Michel Foucault. Pädagogische
     Lektüren. Wiesbaden 2004. Einen weiteren Aspekt entfaltet Matthias Kettner, wenn er
     die Macht von Diskursen vor der Folie von Transzendental- und Universalpragmatik
     erörtert und festhält: „Diskursive Macht ist die Macht, Richtigkeitsüberzeugungen, die
     die Autorität von guten Gründen betreffen, durch die Argumentation zu revidieren -
     somit sind die betreffenden Gründe selbst zu modifizieren und somit auch das, was für
     uns selbst und unseresgleichen aus diesen Gründen erfolgen darf oder auf ihnen beruhen
     darf... (wobei diskursive Macht als eine solche Überzeugungsmacht und eben nicht am
     Modell der Durchsetzung orientierte ist und damit..., H.B.) ... eine Autorität (ist), die die
     auf die wechselseitige Anerkennung unter rationalen Bewertern angewiesen ist.", ders:
     Das Spezifikum der Diskursethik ist die vernunftmoralische Normierung diskursiver
     Macht. In. Markus Breuer/Peter Ulrich (Hg.). Wirtschaftsethik im politischen Diskurs.
     Wiesbaden 2004, S. 47 f. et pass. Sicher ist es ein unmittelbar evidentes Ansinnen, dass
     Kettner hier verfolgt, aber für mich an dieser Stelle weniger zentral. Grundsätzlich
     vergleiche dazu auch noch: Matthias Kettner: Diskursethik Ffm. 2004. Des weiteren
     Georg Simmel. Soziologie Ffm. 1992; Hannah Arendt. Macht und Gewalt. München

Macht selbst ist konstitutiv verwiesen auf die kausale Selbst- und Anderenzuschreibung, das ist auf die kausale Selbst- und Anderenzuschreibung von Verantwortung-tragen und der Verantwortungserwartungserwartung.

ANWENDUNGSTEIL

Verantwortung als Thema und Medium Pädagogischer Praxis

Konnten wir uns bislang in unserer Auseinandersetzungen mit Fragen nach Möglichkeiten, Grenzen und Bedingungen verantwortlichen Handelns aus der Grundstellung der Moralphilosophie doch stets auf die sichere Seite der Begründungsebene zurückziehen, um von dort Anmaßungen und Zurückweisungen gegenüber einem Prinzip Verantwortung in dialogisch-diskursiver Lesart zu kontern, so gilt es nun, sich der Frage nach der Praxistauglichkeit eines Moralprinzips Verantwortung, wie es oben formuliert und verteidigt wurde, zu stellen. Dies soll beispielhaft auf dem Felde der Pädagogik und hier insbesondere des Lehrlernens in der schulischen Situation erprobt werden. In zwei Schritten werde ich abschließend die Praxisfrage verfolgen. Zunächst gilt es, die Frage des Menon, ob Tugend lehrbar ist, verantwortungsethisch zu variieren und zu beantworten. Sodann gilt es, das Prinzip Verantwortung auf seine didaktisch-methodische Relevanz und Praktikabilität zu prüfen.

Schritt 1

Ist Verantwortung lehrlernbar?

Schon Platon lehrt uns im Menon, dass Tugend nur von denen lehrbar sei, die selbst tugendhaft sind, die also wissen, wovon sie reden, weil sie das zur Verhandlung Stehende selbst präsentieren und lediglich der selbstreflektierenden Wiedererinnerung bedürfen, um aufzudecken, was das Wesen dessen sei, das zur Disposition stehe – allerdings bleibt uns als Exemplar dieser un-

---

1970, zu letzterer in Kontexten der Verantwortung Jürgen Sikora: Zukunftsverantwortliche Bildung. Würzburg 2003, Kap. II.

gewöhnlichen Spezies nur Sokrates selbst, ansonsten ist Tugend *theia moira* – göttliches Geschick.

Mit dieser aporetischen Situation wollen wir uns natürlich nicht zufrieden geben. Vielmehr will ich mich der zuletzt sich immer stärker in den Vordergrund drängenden Frage der Möglichkeiten und Grenzen der konkreten Verantwortungsübernahme in kontingent-faktischen Handlungs- und Entscheidungskontexten gerade aus Sicht der Lehrlernbarkeit und damit der konkreten Erwartbarkeit zuwenden und einiges hierzu wenigstens aphoristisch andeuten.

Meine Überlegungen sind dabei weniger auf Handlungssituationen der Verantwortungsübernahme und Verantwortungserwartungserwartung gerichtet als vielmehr auf den Erwerb von Verantwortungskompetenz. Denn aus den vorangegangenen Überlegungen dürfte klar geworden sein, dass Verantwortung zu tragen ebenso wenig biologisches Faktum wie metaphysisch gegebene Entität des Humanum ist, sondern einerseits zu verstehen ist als praktisch-geltungslogisches Moment menschlicher (und in diesem Falle vernünftiger) Vollzüge von um sich selbst Wissenden, sich auf sich und andere bewusst beziehenden Inter-Subjekten, und andererseits zu verstehen ist als moralisches Implikat aller meiner konkreten Selbstvollzüge, das sind meine Ent-Äußerungen insofern ich sie mir kausal zuschreibe oder zuschreiben lassen muss. Die Übernahme von Verantwortung in diesem speziellen Praxissinne ist zwingend verwiesen auf Erziehung, sprich auf Herausbildung einer besonderen Form philosophisch geschulter kommunikativer Diskurskompetenz. Diese Diskurskompetenz, die sich als die Fähigkeit zum dialogisch-autonomen Argumentieren in der Tradition von Habermas und Apel ausbuchstabieren lässt, ist Verantwortung als kausale Selbst-Verantwortungs-Zuschreibung und intersubjektiv-reziproke Anderenverantwortung konstitutiv eingeschrieben, dies aber nicht nur auf der Prinzipienebene, wie oben gezeigt, sondern auch in der sozialen und kommunikationsrationalen Alltags- und akademischen, politischen, ökonomischen etc. Wissen- und Wissenschaftswelt. In dieser letztgenannten Hinsicht muss *Verantwortung* gelernt werden.

Es geht nicht mehr um das Prinzip, sondern die Praxis des Vollzuges, dem Prinzip muss Kompetenz eingefügt werden, ansonsten ist es zwar nicht blind, aber es bleibt leer, zumindest folgenarm. *Verantwortung lehren und lernen* ist damit eine sinn-notwendige Bedingung, um mich selbstverantwortlich zu vollziehen, das ist erstens, mir etwas als etwas kausal selbst zuzuschreiben, das heißt: autonom Verantwortung tragen zu können, um zweitens, selbstbezogen, also wissend um mich als Initiator einer Situation, Expression, Zukunftsplanung etc. Verantwortung mir von Anderen zurechnen zu lassen, das heißt autonom und dialogisch zugleich Verantwortung zu *tragen im Sinne von Übernehmen und Rechtfertigen,* und um drittens, reziprok von Anderen die Übernahme und das Tragen von Verantwortung *im Sinne von Übernehmen und Rechtfertigen* zu erwarten, das ist die Intersubjekt-Relation von kommunikativem Handeln überhaupt. Praktische Verantwortungskompetenz hat insofern in allen Hinsichten jeweils zwei Bestandteile: eine Zurechnungs- und eine Rechtfertigungskompetenz. Beides ist ein je doppelter Prozess der Selbst- und Anderen-Zuschreibung von mir und an mich und dies gegenüber mir und an Andere. Aus der Grundstellung einer Diskursphilosophie würde ich dies dialogisch-autonome Verantwortungskompetenz nennen.

Eine so gefasste dialogisch-autonome, reziproke Grundlegung von Verantwortung zeitigt diverse, meines Erachtens nicht zu unterschätzende Vorzüge in der Praxis der Alltagskommunikation einer stets wachsenden Wissensgesellschaft, in die eine globale Mit-Verantwortung Aller für alles und jeden als Normalfall eingeschrieben zu sein scheint. Verantwortungsübernahme erscheint in dieser Gesellschaft nicht mehr unter der zu Anfang meines Beitrages formulierten Perspektive der Macht im Sinne von negativer Selbstzuschreibung als Selbstermächtigung, sondern als eine dialogisch-autonome, reziproke Verantwortungsübernahme und -rechtfertigung bedeutet sie immer zugleich Selbstbegrenzung und Anderenöffnung, schärfer: Anderenberücksichtigung. In dieser Hinsicht ist Verantwortungserziehung dann auch nicht Steigerung meiner individuellen oder personalen Macht, im Sinne meiner mehr oder weniger qualifizierten Selbstzuschreibung, Ursache und Bewirker zu sein, sondern Verantwortungserziehung geht zugleich auf die Rechtfertigungspflicht. Ganz im Sinne Foucaults[92] verhindert diese Dopplung, dass ich auf dem einseitigen Wege der Selbstzuschreibung, das ist der Steigerung und Vereinseitigung von Eigenverantwortlichkeit, meine subjektive Macht erhöhe, sondern als dialogisch-reziproke meine Verantwortungsansprüche stets auch an das Andere und den Anderen herantrage und in ihrer je spezifischen Perspektive prüfen muss. Verantwortungsprinzip und

---

92   Vrgl. zur Dopplung der Faktoren ‚Macht und Freiheit' aus individueller, besser autonomer und sozialer, besser dialogischer Perspektive bei Foucault: Roswitha Lehmann-Rommel. Partizipation, Selbstreflexion und Rückmeldung, in: Norbert Ricken et al.: Michel Foucault. Pädagogische Lektüren. Wiesbaden 2004. S. 276, 278 ff.

Diskursethik werden unmittelbar praktisch, sind aber für die Praxis auf Erziehung angewiesen.

In diesem Erziehungsprozess vermeidet der von mir vorgeschlagene dialogisch-autonome, reziproke Begriff von Verantwortung selbst mindestens zwei unliebsame Nebeneffekte.

(Erstens) Die Erziehung zu Verantwortung gerät auf einer dialogisch-autonomen Basis nicht in die Gefahr einer dogmatisch politischen Verantwortungserziehung. Politische (oder staatlich avisierte) Verantwortungslehre birgt ohne diese Inklusion der dialogisch-autonomen Verantwortungsdimension sicherlich prinzipiell das Problem der Überformung und Fremdbestimmung in sich. Erzieherische Politik gerät sehr schnell in die Fahrwasser bloßen Dogmatismus. Diese Gefahr kann vermieden werden, wenn man in Kontexten politischer Bildung immer zugleich einen mitverantwortlichen Bildungsprozess denkt. Hierzu ist der Bereich des Historischen besonders prädestiniert, insbesondere in der Weise wie ihn Jürgen Sikora in diesem Band konzipiert. Geschichtliche Bildung wird dann selbst zu Verantwortungsaufklärung im Sinne reflexiv-kritischer Aufarbeitung in Kontexten mitverantwortlichen Handelns und Entscheidens. Hier kann und darf allerdings *Geschichte* meines Erachtens nicht als in der Geschichtswissenschaft zu rekonstruierendes *Schicksal* verstanden werden, sondern muss als in der Geschichtswissenschaft kritisch und multiperspektivisch zu rekonstruierende Konstruktion meiner Wirklichkeit gefasst werden.[93] Solcherart gewonnene *reflexiv-historische Kompetenz* ermöglicht politische Verantwortungsbildung ohne Indoktrination, aber ohne ein verkürzendes Didaktisieren von Geschichtsforschung im Sinne von Situationsvermeidung und -erklärung durch Konstatierung je besonderer Umstände. Dies ist ein pädagogisches Pathos, welches beispielsweise den Sonderwegdiskussionen in Kontexten der Auseinandersetzung mit Entstehung und Wirkungsmacht des Nationalsozialismus in allen klassischen Zugangsweisen zu diesem äußerst diffizilen Thema virulent wird, wie Jürgen Elvert in seiner Studie *Mitteleuropa!*[94] zu Recht betont.

---

93   Vrgl. hierzu die Arbeiten von Jürgen Elvert und Jürgen Sikora, die dieses moderne
      Geschichtsverständnis fruchtbringend in die historisch Forschung zur Europäischen
      Integration einbringen. Europäische Integration zu verstehen und historisch-
      wissenschaftlich zu entschlüsseln, bedeutet die Gesetze der Konstruktion als Prozess
      und als Produkt zu reflektieren, nicht nur die Phänomene zu rekonstruieren. Historische
      Wissenschaft wird dann aber zu einer normativ gehaltvollen Theorie der Rekonstruktion
      historischer Prozesse und Manifestationen.

94   Jürgen Elvert. Mitteleuropa! Stuttgart 1999, S.24-34. Zur Debatte vergl. Michael Gehler:
      Zeitgeschichte im dynamischen Mehrebenensystem. Zwischen Regionalisierung,

Elvert wendet sich gegen jedwede eindimensionale Betrachtung gerade dieses Abschnittes deutscher Geschichte, eine Gefahr, die den gängigen Erklärungsversuchen, die auf der Idee aufbauen, dass wir es hier mit einem Sonderweg deutscher Geschichte zu tun zu haben, eigen sei. Elvert vertritt hiergegen, wenn ich Recht sehe, den Gedanken der Multiperspektivität und Konstruktivität als Paradigmen der Rekonstruktion. Elverts Buch ist insofern ein Exemplum meiner Idee einer reflexiv-kritischen Rekonstruktion als Aufklärung. Ein solches Konzept verhindert, dass Geschichte und historisches Wissen instrumentalisiert werden, wie dies zumindest in einigen Phasen der Aufarbeitung der nationalsozialistischen Vergangenheit drohte. Geschichtswissenschaft in Hochschule, Gesellschaft und Schule darf sich in dem von mir intendierten Sinne nicht auf zweckdienliche Aufklärung reduzieren: Geschichte und historisches Wissen quasi als Folie der Auf-Klärung mit präventiver Wirkung – dies würde sie instrumentalisieren. Vielmehr gilt für mich ungebrochen, dass sich Geschichte in ihren Rekonstruktionen an der Reflexion nicht nur nicht abreibt, sondern Geschichte und historisches Wissen als kritisch-reflexive Rekonstruktion ist Teil des Programms eines mündigen Weltbürgers und einer zivilen Weltbürgergemeinschaft, deren Gestaltungsprinzip nach dem im Vorigen dargelegten, dialogisch-autonome, reziproke Verantwortungsübernahme und -erwartungserwartung ist.

(Zweitens) verhindert der Ausgang von einer *prinzipiellen* Verantwortungskompetenz, die Gefahr des *abstractive fallacy*, dass ich in der Erziehung zu Verantwortung in Widerspruch gerate zu einer Gestaltung des Lebens aus freiem Willen.[95] Den Ausweg aus diesem Dilemma bietet auch hier ein dialogisch verstandener Autonomiebegriff, wie ich ihn für die Pädagogik sowohl aus anthropologischer wie aus moralphilosophischer Perspektive entwickelt habe. Unter der Außenperspektive des Rechts und des gesellschaftlich-politischen Handelns Aller bringt Frank Nullmeier einen Verantwortungsbegriff ein, den er als politischen Begriff von Autonomie defi-

Nationalstaat, Europäisierung, internationaler Arena und Globalisierung, Bochum (Winkler) 2001; Gerald Stourzh (Hrsg., unter Mitarbeit von Barbara Haider und Ulrike Harmat): Annäherung an eine europäische Geschichtsschreibung, Wien (Verlag der Österr. Akademie der Wissenschaften) 2002; Georg Michels (Hrsg.). Auf der Suche nach einem Phantom? Widerspiegelungen Europas in der Geschichtswissenschaft, Baden Baden (Nomos) 2003.

95 Dieses Dilemma war Ausgangspunkt meiner Fragen zur Erziehung des Moralischen; dort genuin aus der Perspektive der Menschenrechte. V. Verf. Erfahrung des Moralischen, Hamburg 2000.

niert.[96] Als politischer Begriff umfasst er die *polis* in Idee und Vollzug, mithin Gemeinschaft und Mitverantwortung. In diesem Doppelvollzug balanciert das Individuum seine interne Selbstbindung (Verantwortung tragen zu wollen) mit externen Möglichkeiten der Engagements, in Allianzen, Agenden, Zivilcourage[97] aus.

Wirft man gegenüber diesen Perspektiven eines Dialoges von Ethik und Pädagogik im weiten Sinne des gesellschaftlichen pädagogischen Handelns und Wirkens nun aber einen vorsichtigen Blick auf die aktuelle *gegenstandsorientierte* schulbezogene Diskussion einer didaktisch-methodischen Umsetzung der Vermittlung von Verantwortungskompetenz, dann entdeckt man erstaunliche, weil völlig unnötige Vereinseitigungen und Verkürzungen von Theorie und Praxis. Dies gilt in besonderer Weise für den äußerst populären Ansatz von Heinz Klippert.[98] Zu zeigen, dass und wie wir Verantwortung lehren und lernen können, erscheint mir eines der Hauptanliegen seines Methodenprogramms. Er beschränkt sich mit seinen Lernspiralen, Kommunikationsmodellen, Expertenkonzepten natürlich auf die Gegenstandsebene des Problems *Verantwortung*. Er konzediert durchaus, dass in diesen Horizont auch Fragen der Anthropologie und Moral der Erziehung gehören. Sein Konzept spart diese Aspekte aber sowohl auf der Begründungsebene als auch in ihren unmittelbar praxisrelevanten Perspektiven weitgehend aus. Stattdessen verharrt Heinz Klippert auf der Vermittlungsebene von Verantwortungswahrnehmungs- und steuerungskompetenz – und dies in einem sehr organisationstechnischen Sinne. Konzeptionell ist Klipperts Modell sicher in der Lage, in reflexiven Schleifen innerhalb seiner Lernspirale auch das Problem der Verantwortungswahrnehmung in das Feld der Verantwortungsübernahme und Verantwortungserwartungserwartung zu überführen, aber er leistet solche Differenzierungen nur peripher. Mir ist auch nicht bekannt, dass er seine Spiralen diesbezüglich ausdifferenziert hat. Vielmehr erscheint es mir so, dass er lediglich die Förderung von Selbst- und Gruppensteuerungskom-

96   Vrgl. dazu meine Überlegungen aus 1999, sowie zu Frank Nullmeier: http://www-.single-generation.de/sozialstaat/frank_nullmeier.htm.

97   Vrgl. zu diesen Formen zivilgesellschaftlichen Engagements die Arbeiten von Eckart Pankoke. (www.kwi-nrw.de) Pankoke hebt besonders auf die Differenz korporationeller und individueller Verantwortung ab und illustriert dies an der Differenz des strategischen Genies bei v. Clausewitz und der Idee einer Dialoggesellschaft, die ihren Ausgang in den Zirkeln der Bürgergesellschaft und Makroorganisationen von Kirche und Gesellschaft hat und heute in Agenden als eine Demokratie von unten fortlebt.

98   Aktuell in: Heinz Klippert. Lehrerbildung. Unterrichtsentwicklung und der Aufbau von Routinen, Weinheim/ Basel 2004.

petenzen anstrebt, die betriebswirtschaftlich und organisationssoziologisch Lernvorgänge effizienter machen mögen und damit im bloßen Lehrlernfeld geboten sein mögen, pädagogisch, geschweige denn moralphilosophisch aber bei ihm nicht oder nicht zureichend reflektiert sind.

Hier finden wir bei Dieter-Jürgen Löwisch einen wesentlich reflektierteren Zugriff. Er unternimmt es aus einer erziehungsphilosophischen Perspektive heraus, unmittelbar das Problem der Kompetenzförderung zur Durchführung von Verantwortungsdiskursen zu entfalten. Hierzu zeigt Löwisch die Notwendigkeit auf, sich sowohl um Systeme und Regeln allgemeingültigen Handelns zu bemühen – dies in der Ethiktradition klassischer Philosophie und Theologie – als auch vor der Folie der grundsätzlichen Bemühungen und deren Resultate, enge, das sind berufsspezifische als auch weite Handlungsfeldethiken, das sind das gesamte Handlungs- und Wirkfeld von Handlungssystemen – wie zum Beispiel die Pädagogik, zu entwickeln. Die Aufgabe einer pädagogischen Ethik bestimmt er ganz in der Tradition Herbarts, Litts und Derbolavs zweifach: sekundär als Entwicklung einer Berufsethik und primär als Entwicklung einer weiten Handlungsethik. Diese habe das Ziel zu verfolgen, „das Handlungsethos des pädagogisch Handelnden darzulegen und herauszuarbeiten... (und darauf hinzuwirken) dass dem Edukanden das Handeln in seiner Freiheit, in seiner Vielschichtigkeit, in seiner Risikohaftigkeit, in seiner Zeitlichkeit und in seiner mehrfachen Verantwortungsgebundenheit als ein ihm aufgegebenes und verantwortlich zu gestaltendes Handeln deutlich wird. Und pädagogische Ethik liefert Hinweise auf die Methoden, unter deren Anwendung moralische Urteilskompetenz und moralische Handlungskompetenz wie auch Verantwortungswahrnehmungskompetenz des immer einsamen Entscheidungs- und Handlungssubjektes gebildet werden können."[99] Methodisch und hinsichtlich anzustrebender Handlungskompetenzen sowohl bezüglich Handlungs- als auch Reflexionsfragen pädagogischer Praxis erweist Löwisch den Diskurs als das probateste Mittel. In Legitimationsfragen der Verantwortung als ethisches Prinzip aber verharrt er

---

99   Dieter-Jürgen Löwisch. Einführung in die pädagogische Ethik. Darmstadt 1995, S. 9 et pass. und S. 112, Löwisch buchstabiert seine Gedanken aus in: ders. Kompetentes Handeln. Darmstadt 2000. In beide Ansätze einzuordnen ist das interessante Werk von Hansjosef. Buchkremer et al. Versuchung zum Guten. Aachen 2001. Hier wird das Pro-Soziale als gegenseitiges Verantwortungsübernahmemodell ausbuchstabiert und auf pädagogische Praxis hin angewandt. Methodische Aspekte liefert neuerdings hier auch der Ansatz von Kersten Reich, vrgl. den Methodenpool einsehbar auf seiner Homepage www.uni-koeln.de/ew-fak/konstrukt/didaktik und dort das Stichwort Methodenpool. Vorab, ders. Konstruktivistische Didaktik. Neuwied 2002, bes. Teile 2,4 und 5.

beim Modell des methodisch einsamen Handlungs- und Reflexionssubjekts. An dieser Stelle macht Löwisch die Transformation der von ihm ansonsten sehr geschätzten transzendentalpragmatischen Diskurspositionen, wenn ich Recht sehe, nicht mit. Würde er diesen Schritt noch mittun, bliebe sein Ansatz in der Begründungsreflexion meines Erachtens nichts schuldig, so aber tut sich ein unnötiger Hiat zwischen philosophischer Begründung von Verantwortung und einer an der Praxis orientierten pädagogischen Handlungsfeldethik für Verantwortungsdiskurse auf.

Wenn ich D-J. Löwisch auch abschließend kritisierte, so halte ich sein Anliegen und die Anlage seines Programms für sehr aussichtsreich, ganz in meinem Sinne aus der Praxis für die Praxis zu zeigen, dass Verantwortung nicht nur ein unverzichtbarer Aspekt auch und gerade in Kontexten der Begründung und Orientierung moralisch-ethischer Fragestellungen und Entscheidungen pädagogischen Handelns ist; ich halte es zugleich in der Praxis der Erziehung für erreichbar. Philosophie und Pädagogik könnten sich im Fokus der Verantwortung an dieser Stelle unmittelbar treffen und gegenseitig befruchtend ergänzen. Beide kommen doch darin überein, dass Verantwortung als Kriterium moralischer Beurteilungen von Entäußerungen und Ansprüchen vernünftiger Subjekte in Frage kommt. Beide Disziplinen sind aber verwiesen auf den gemeinsamen Dialog[100], wenn denn nicht die philosophische Bemühung leer, und die pädagogische Handlung blind bleiben sollen.

Nachdem ich nunmehr zumindest einen vorsichtigen Blick in die allgemein-didaktische Dimension des Verantwortungsphänomens zu werfen versucht habe, wende ich mich abschließend der Gretchen-Frage einer unmittelbaren Vermittlung von Verantwortungskompetenz zu.

---

100 Vrgl. die Projekte und Publikationen der Forschungsgruppe Pädagogik und Ethik im Dialog am Hans-Jonas-Zentrum in Berlin, sowie die Publikationsreihe: Klassiker der Pädagogik, hg. von Dieter-Jürgen Löwisch, Darmstadt.

Schritt 2

Methodenpraxis der Vermittlung einer Handlungsmaxime der Verantwortungsübernahme

Gut geplant ist halb gewonnen – einige Randnotizen zum Programm „Eigenverantwortliches Lernen" von Heinz Klippert aus interaktionistisch-konstruktivistischer und dialogisch-diskursiver Sicht

Werfen wir einen naiv unschuldigen Blick auf die dem Pädagogen des Alltags begegnende gesellschaftliche Situation der Zeit. Repräsentiert durch seine Schülerinnen und Schüler, deren Eltern, sowie seinen Kollegen, steht die Pädagogin und der Pädagoge inmitten des Schmelztiegels von neoliberalem, erfolgsorientiertem, von Selbstinteressen und deren Verwirklichung geprägtem Miteinander-Gegeneinander von Individuen, Gruppen, Gesellschaften und Kulturbünden. Der je andere ist potenzieller Konkurrent, willkommene Ergänzung gelegentlicher gesellschaftlicher, eigener Ambitionen oder aber Objekt je meiniger Wohltätigkeit. Fragen des guten Lebens reduzieren sich auf Fragen nach den Gestaltungsmöglichkeiten des Lebens als mein Leben.

Dieser egozentrischen Lebenskreise korrespondiert ein Staat, der Eigenverantwortung von Individuen und Institutionen als Solidarbeitrag fordert und fördert. Dieser Staat entlässt uns in eine nie gekannte Dimension konkreter Autonomie. Dies wird in privater Vorsorge, in selbständiger Schule und Autonomie der Hochschule unmittelbar greifbar.

Hinter dieser Fassade lauert aber ein taktisch wohl dosierter Rückzug aus der Verantwortung, ein Verdecken eigener Ohnmacht zur politisch-gesellschaftlichen Gestaltung. An deren Stelle rückt die Freigabe von alten, tradierten Hierarchien von oben zu einer Gestaltung von unten. Genau hier aber tritt er wieder auf, der *Leviathan der Moderne*: In der Urkunde der Freiheit werden Evaluationen, Rankings, Monitoringprogramme genannt, Zielvereinbarungen eingetragen und als Verträge der Finanzsicherheit und damit Planungssicherheit formuliert. Hobbes' *Gesellschaftsvertrag*, Machiavellis *Herrscherideal* und Kants *Idee zum ewigen Frieden* geraten in eine unheilvolle Allianz. Der Staat übt unverhohlen Macht aus. Er benennt die Bedingungen unserer Freiheit inklusive der unvermeidlichen Sanktionen – beides ohne Chance einer Replik oder Alternative für die Betroffenen. In der Diskursphilosophie nennen wir dies offen „strategischer Sprachgebrauch", der Staat diktiert die Konditionen der Gestaltung der Freiheit und entzieht sich gleichzeitig der Verantwortung für die Inhalte. Am prägnantesten wird dies momentan im Renten- und Bildungssektor.

Eigenverantwortung heißt es, Eigensteuerung und Optimierung im Sinne von Effizienzsteigerung ist gemeint.

Soweit die Theorie – zu dieser das Modell „Eigenverantwortliches Lernen" des Kollegen Klippert[101] unfreiwillig, möchte ich unterstellen, die Gebrauchsanweisung der Erziehung junger Menschen liefert. Die Präsentation schier unüberschaubarer methodischer Varianten liefern der Lehr- Lernsituation in Schule, Referendariat und Hochschule ein Repertoire selbstgesteuerter Lehr-Lernprozesse. Gleichgültig ob Lernspirale, Expertenrunde oder Spickzetteltechnik, gefördert wird die so genannte eigenverantwortliche Gestaltung von/und Teilnahme an Lehr- Lernprozessen.

Unbefragt bleiben hier aber Inhalte, unbefragt bleiben die Paradoxien der Freiwilligkeit und des Zwanges zur Teilnahme, unbefragt bleibt der Widerspruch von Erziehung zur Eigenverantwortung mit Zwang zur Befolgung der Lehreranweisung. Ein Preis, den Heinz Klippert mit einem ihm begegnenden Unverständnis seitens der Allgemeindidaktiker bezahlt. Unbefragt bleiben auch Schulformdifferenzen und Fachdifferenzen, so begegnet ihm Unverständnis zum Beispiel seitens Fachdidaktiken wie jener Didaktiken für Schüler/innen mit besonderem pädagogischem Förderungsbedarf.

Schon der kurze Blick zeigt: Das Methodenprogramm Klipperts gerät auf der Begründungsebene unmittelbar in die im letzten Abschnitt behandelten Paradoxien eines unzureichend reflektierten Eigenverantwortungsbegriffes und handelt sich auf der Gegenstandsebene aufgrund seiner Neutralität gegenüber Inhalten und personalen Differenzen der Schülerklientel in der Praxis unmittelbar Umsetzungsprobleme ein. Das Modell ist weniger orientiert an Verantwortungskompetenz als an Lehrerentlastung (was zumindest seine Popularität erklärt) und Effizienzsteigerung von Lernprozessen. Eigenverantwortung, selbst im minimalistischen Sinne der Zuschreibung von Handlungen rekurriert hier lediglich auf Kompetenzen zur Steuerung von Handlungen, mit dem Ziel diese Steuerung an mich, als Teil dieses Systems, zurück zu koppeln. Weder das Ziel noch das (doch offensichtliche) leitende Prinzip „Verantwortung" sind im Ansatz und Theoriegebilde bei Heinz Klippert angemessen erörtert oder gar als zureichend begründetes pädagogisches Lehr- und Lernziel begründet. Damit verliert das Prinzip „Eigenverantwortliches Lernen" aber jeglichen pädagogisch-erzieherischen Impetus jenseits von einer fraglos möglichen Optimierung selbstgesteuerter Handlungs- und Lehr- Lernprozesse.

Hier aber können uns ökonomisch fundierte Organisationsmodelle[102] noch effizientere Methoden anbieten. Verantwortung degeneriert in Klipperts Ansatz zu einem schmückenden Attribut. Hier sind Ansätze, die dann explizit von Selbststeuerung sprechen einfach ehrlicher.[103] Das bloße Zurechnen von Prozessen, Produkten, Kooperationen ist noch keineswegs hinreichend für ein Prinzip „Verantwortung", sondern lediglich notwendig. Bloße Zurechnung reklamieren wir auch bei höheren Säugetieren – entscheidend ist doch, wie oben gezeigt, die begründete, rational begleitete und damit diskursiv zugängliche Zurechnung. Dann aber verlasse ich Eigenverantwortung in Richtung auf Mitverantwortung, die sich zudem erstreckt auf die Zeit, das ist die Vergangenheit und Zukunft, auch diese Dimension fehlt in Klipperts Konzept. Verantwortung wird zugeschrieben durch Aufgabenzuteilung in einem fiktiven Prozess naiver Aufgabenübernahme: ‚A Chance to Choice' besteht für den Schüler weder methodisch noch inhaltsbezogen, geschweige denn zur kritischen Distanzierung beider.

Zum Zwecke einer *mitverantwortlichen Eigenverantwortung* müsste, wie Jürgen Sikora in seinem Werk ‚Zukunftsverantwortliche Bildung' dargestellt hat,[104] Reflexionsschleifen und Metaebenen diskursiven Austausches eingeflochten sein, um Ziele und Methoden mit den Beteiligten und Betroffenen (Eltern, Schüler, Lehrer beispielsweise) kritisch zu befragen und zu legitimieren. Schließlich müsste von dem Theoretiker Klippert verlangt werden, dass er sein Prinzip ‚EVA' selbst legitimiert und nicht die empirisch (wohl auch nicht zureichender) generierte Plausibilität für sich selbst wirken lässt. So erscheint das Programm pädagogisch unzureichend legitimiert, in der Praxis an Effizienz, nicht an Erziehung orientiert und im internen Konzept sehr nah an Organisationsprogrammen mit vorgegebenen Inhalten und Zielen – ein Programm des Alltags, Lernarrangement präsentierend und Verantwortung auf das schwächere nur denkbare Niveau reduzierte Selbststeuerung verengend. Hier bieten sich konstruktivistische Didaktik- und Metho-

102 Vrgl. die Modelle von O.E. Williamson et al. Zur principal-agent-theory. Dargestellt und kritisch kommentiert sowie an Beispielen erörtert bei: Georg Schreyögg. Organisation. Grundlagen moderner Organisationsgestaltung. 4. Aufl. Wiesbaden 2003.
103 Vrgl. Martin Herold/Birgit Landherr. Selbstorientiertes Lernen. 2. Aufl. Hohengehren 2003.
104 Jürgen Sikora. Zukunftsverantwortliche Bildung. Würzburg 2003.

denmodelle sowohl auf theoretischem als auch praxisrelevantem Niveau als erheblich fundierte Ansätze an.[105]

Blicke ich zurück, so erscheint mir bezüglich Klipperts Modell des ‚Eigenverantwortlichen Lernens' folgendes wesentlich:

• EVA beschreibt und stellt bereit ein methodisch sicherlich probates Instrument, Lehr-Lernprozesse der Selbststeuerung an Lernende zu übertragen. Damit entlastet EVA zunehmend die Lehrenden, trägt zur instrumentellen Kompetenz schülerbezogenen Lernens bei und ist daher eine interessante methodische Alternative zu Konzepten strikter handlungsbezogener, erlebnisbezogener etc. Handlungsmodelle im Lehr- Lernprozess.

• EVA stellt sich in seiner Konzeption der Selbststeuerung in die Tradition konstruktivistischer Welterschließungsmodelle ein, allerdings reflektiert Klippert die damit verbundenen Probleme theoretischer und praktischer Art nur peripher. Dies hat die unliebsame Konsequenz, dass EVA zu einem Organisationssprachspiel degeneriert und die ihm gegebenen Möglichkeiten nicht nutzt, sich auf philosophischer, sozialwissenschaftlicher und erziehungswissenschaftlicher Ebene zu begründen und zu positionieren.

• EVA fehlt aber nicht nur die Legitimation, Verantwortung zu vermitteln, sondern EVA unterbietet durch den Mangel an Begründung die Möglichkeit der Vermittlungen von Verantwortung bereits im Ansatz. EVA müsste reflektieren auf die personalen, gesellschaftlichen und praktisch-philosophischen Aspekte des Begriffs Verantwortung. Dann würde es möglich sein, aus dem sich dergestalt ergebenen Verantwortungsbegriff Verantwortung als legitimierbares Ziel, eigenverantwortliches Lernen als legitimierbare Methode und den Verantwortungsbegriff selbst zu explizieren. All das bleibt EVA schuldig.

Einen Ansatz, dieses Defizit zu beheben, stellt m. E. der dialogisch fundierte und am Dialogprinzip – nicht am Effizienzprinzip – orientierte Mit-Verantwortungsbegriff der gegenwärtigen philosophischen und gesellschaftlichen Diskussion auf der Begründungsebene bereit. Auf der Praxisebene bietet derzeit der didaktisch-methodisch gelesene und ausbuchstabierte Konstruktivismus – insbesondere der interaktionistischen Lesart, wie Kersten

---

105 Kersten Reich 2003 et pass.

Reich ihn vorlegt und wie ich ihn im vorigen vorgestellt habe – ein adäquates Modell an.

EPILOG

Immanuel Kant. Kritik der reinen Vernunft.

Transzendentale Dialektik.

Zweites Buch. 2. Hauptstück. 9. Abschnitt. Kapitel III. Auflösung der kosmologischen Idee der Zusammensetzung der Erscheinungen von einem Weltganzen. B 570-587*

„Die eigentliche Moralität unserer Handlungen (Verdienst und Schuld) bleibt uns..., selbst die unseres eigenen Verhaltens, gänzlich verborgen. Unsere Zurechnungen können nur auf den empirischen Charakter bezogen werden. Wie viel aber davon reine Wirkung der Freiheit, wie viel der bloßen Natur und dem unverschuldeten Fehler des Temperaments, oder dessen glücklicher Beschaffenheit (merito fortunae) zuzuschreiben sei, kann niemand ergründen, und daher auch nicht nach völliger Gerechtigkeit richten." (B 580, Anm.)

Vielleicht kann dieser Beitrag zur Entbergung des für Kant offenbar Verborgenen etwas beisteuern, und sei es nur die Gewissheit, dass manches Einzelne zwar im Verborgenen bleibt, das Ganze aber trotzdem blüht – die Idee der Moralität als solche.

JÜRGEN SIKORA

EUROPÄISCHE VERANTWORTUNGSKULTUR

ETHISCH-POLITISCHE BILDUNG IM RAHMEN DES INTEGRATIONSPROZESSES

Inhalt

Politik heißt: Wiederherstellung der Entscheidungsfähigkeit der (...) in seiner Mündigkeit bedrohten Weltbürger. (...) Die Restauration der Politik (...) ist ein kulturelles Projekt, und es kann an keinem anderen Ort geübt werden als beim Aufbau Europas selbst, und wäre es am Leitfaden seiner Krisen. Es hat aber doch ein Beispiel – und wenn man es gut zu lesen versteht: einen Lehrmeister – an der europäischen Geschichte.
(Adolf Muschg, Was ist europäisch?)

Einleitung

Der Beitrag von Holger Burckhart endete mit seinem Konzept einer didaktischen Dignität von Verantwortung als Erziehungsziel überhaupt und diskutierte einige konkrete didaktisch-methodische Möglichkeiten der Lehr- und Lernbarkeit von Verantwortung. Mit diesem Modell handelt Burckhart – in begründungsreflexiv gehaltvolleren Maße als Jonas' metaphysischontologische Welt-Interpretation – eine der beiden entscheidenden *Sphären der Verantwortung* im Sinne von Hans Jonas ab: Die pädagogische Dimension des Verantwortungsbegriffes, die auf die Herausbildung kommunikativer Diskurskompetenz abzielt. Pädagogische Vollzugswelten von Verantwortung heben somit ab auf das Wissen um sich als Urheber von Entscheidungssituationen, denen intrinsisch eine Rechtfertigungspflicht eingeschrieben ist.[1]

Holger Burckhart hat in seinem Beitrag zudem angedeutet, dass gerade in Kontexten politischer Bildung immer auch ein mitverantwortlicher Bildungsprozess mitzudenken ist, den es gilt, im Sinne einer reflexiv-kritischen Bildungskompetenz aufzuarbeiten. Hierbei können wir wiederum an Hans Jonas anknüpfen, der in seinem 1979 publizierten Hauptwerk eine weitere Dimension der Verantwortung entwickelt: die des Staatsmannes (als symbolischer Stellvertreter für politische Entscheidungsträger allgemein) für das Volk. Dieser genuin politischen Verantwortung, die jedoch Rückstrahlkraft auf den pädagogischen Alltag besitzt, möchte ich mich im Folgenden widmen, ohne explizit einen begründungstheoretischen Diskurs wie Holger Burckhart zu führen. Mir geht es vielmehr um ein konkretes Beispiel (bildungs-)politischer Verantwortung – den europäischen Integrationsprozess, für dessen Analyse ich mich auf Jonas' Archetypenmodell stütze, ohne es in seiner Begründung mitzutragen. Dazu sei vorab kurz referiert, wie Jonas den Archetyp des Politischen entfaltet.

Hinsichtlich der politischen Sphäre der Verantwortung verweist uns Hans Jonas auf eine Form des Verantwortlichseins, die er als mitgewählte, vertragsmäßige Verantwortung bezeichnet.[2] Durch die Übernahme eines politischen Amtes wächst dem Menschen ein besonderer Einfluss auf Andere zu.

---

1   Vgl. J. Sikora (1999); (2003).
2   H. Jonas, Das Prinzip Verantwortung. Versuch einer Ethik für die technologische Zivilisation, Frankfurt a.M. (1984), 180.

Die Macht über die Menschen, die der Politiker qua Amt innehat, wird – insbesondere dann, wenn sich die Art der Politik zu parlamentarisch-demokratischen Grundsätzen bekennt – zu einer Verantwortung des Menschen für den Menschen.[3] Durch die *gewollte* Übernahme von Kollektivinteressen haftet der Ausübung politischer Ämter eine gewisse Künstlichkeit der Sache an.[4] Das Spannungsfeld von natürlicher und künstlicher Verantwortung macht Jonas deutlich am Beispiel Eltern-Staatsmann: „Die Aufzucht des Kindes schließt die Einführung in die Welt der Menschen ein, beginnend mit der Sprache und fortgehend in der Übermittlung des ganzen Kodex gesellschaftlicher Überzeugungen und Normen, durch deren Aneignung das Individuum Mitglied der weiteren Gemeinschaft wird. Das Private öffnet sich wesenhaft zum Öffentlichen und schließt es, als zum Sein der Person gehörig, in seine eigene Vollständigkeit ein. Mit anderen Worten, der »Bürger« ist ein immanentes Ziel der Erziehung, somit Teil der elterlichen Verantwortung, und dies nicht erst kraft Auferlegung durch den Staat. Andrerseits, wie die Eltern ihre Kinder »für den Staat« erziehen (wenn auch für manches mehr), so übernimmt der Staat von sich her Verantwortung für die Erziehung der Kinder."[5]

In beiden Sphären sieht Jonas eine Art Urbild aller Verantwortung (des Menschen für den Menschen) verwirklicht: „Für irgendwen irgendwann irgendwelche Verantwortung de facto zu haben (nicht darum auch, sie zu erfüllen, selbst nur zu fühlen) gehört so untrennbar zum Sein des Menschen, wie daß er der Verantwortung generell fähig ist."[6]

Galten die archaischen Herrscher demgegenüber noch als Väter ihrer Untertanen (etwa Atatürk oder Väterchen Zar) und bedeutete dies eine Form der Entmündigung der Bürger, die für Jonas nicht zum Wesen des Politischen gehört, so deutet er stattdessen Politische Verantwortung als Verantwortung „für das Lebensganze des Gemeinwesens."[7]

Der Staatsmann, selber Geschöpf der Gemeinschaft, trägt aufgrund dieser Qualität seiner Verantwortung Sorge für das Ganze der Gemeinschaft. Als Bürger eines gesellschaftlichen Sozialisierungsprozesses, in dessen Rahmen er selbst erzogen worden ist, obliegt es ihm auf Grund der ihm aufgetragenen und mitgegebenen machtpolitischen Befugnis im Staat und über den Staat

---

3 Ebd., 181.
4 Ebd., 183.
5 Ebd., 191.
6 Ebd., 185.
7 Ebd., 190.

hinaus, eine besondere Verantwortung für all diejenigen zu übernehmen, die ebenso Teil des Ganzen der Gemeinschaft sind. Diese Art der Verantwortung „muß »geschichtlich« verfahren, ihren Gegenstand in seiner Geschichtlichkeit umgreifen."[8] Insofern gehen hier die historisch gewachsene Gemeinschaft und die „Ansprüche einer Zukunft des Gemeinwesens" Hand in Hand. Das bedeutet, dass das Innehaben von Verantwortung zugleich das moralische Komplement unseres Zeitlichseins darstellt.[9] Die Anforderung, den Gegenstand (der Politik) in seiner Geschichtlichkeit zu umgreifen, wird angesichts der Entwicklung, die der europäische Kontinent in den letzten fünf Jahrzehnten gemacht hat, immer dringender, da durch das Zusammenwachsen verschiedener Politikfelder und Wirtschaftsbereiche die Verantwortung für das Ganze des Gemeinwesens sich nun nicht mehr bloß auf einen Einzelstaat beschränkt, sondern überstaatliche Bedeutung erhält. Verantwortung wird hier vor allem virulent, wenn es darum geht, zwischen dem allgemein bekannten Diktat der Wirtschaft heute, welches mit dem Globalisierungsprozess einhergeht und die Gefahren hochtechnologischer wie auch hochtechnokratischer Zivilisationen in sich birgt, und der damit ebenso wachsenden Notwendigkeit einer auf den Ideen der Aufklärung – nämlich Freiheit, Reziprozität und Solidarität – beruhenden Bildung mittels einer »Politik der Vernunft« zu vermitteln.

Ich versuche im Folgenden, den Anforderungen an eine so geartete politische Verantwortung nachzuspüren, sie in ihrer Geschichtlichkeit aufzugreifen und hinsichtlich ihrer politischen Dignität zu untersuchen, wobei ich dies vor der Folie der Frage nach der Legitimität politischen Handelns tun werde. Wenngleich der politische Impetus der Auseinandersetzung zu dominieren scheint, so darf ich nichtsdestotrotz betonen, dass ich dem damit einhergehenden pädagogischen Auftrag aller Politik, den ich im Rückgriff auf historische Quellen herauszuarbeiten versuche, höchste Priorität einräume.[10] Hans Jonas hat dies 1979 insbesondere mit Blick auf die Bedrohungen einer »hochtechnologischen Gefahrenzivilisation« getan. Diesen spezifischen Blick, der aus der atomaren Bedrohung der 1970er und 1980er verständlich wird, möchte ich ein wenig weiten und politisches Handeln insgesamt be-

---

8   Ebd., 196.
9   Ebd., 198.
10 Ich verstehe meinen Beitrag als interdisziplinäres Unterfangen und zugleich als politisches Programm. Da ich insbesondere auf den Bereich der politischen Bildung und seine normativen Implikate abhebe, erscheint die Frage, inwiefern dies mit „Ethik und Pädagogik" zusammenhängt, obsolet.

trachten, vor allem möchte ich hier die Friedensbemühungen der Nachkriegszeit und ihre Auswirkungen auf das heutige Europa näher beleuchten. Denn es scheint unbestritten, dass nach den Gräueln des Zweiten Weltkrieges den politischen Entscheidungsträgern in Europa eine ganz besondere Verantwortung für eine friedlichere Zukunft aufbürdete.

Paradigmatisch hat die Forschungsgruppe „Kulturen der Verantwortung" am KWI Essen unter Leitung von Ludger Heidbrink die damit verbundenen Anforderungen an eine politisch-praktische Verantwortungsphilosophie ausbuchstabiert: „In Politik und Wirtschaft, beim Umbau der Sozialsysteme und in internationalen Zusammenhängen werden verstärkt Verantwortungsforderungen an gesellschaftliche Akteure gestellt, die von der Eigenverantwortung über das gemeinnützige Engagement bis zum Ruf nach globaler Solidarität reichen. Dabei treten zunehmend die Prämissen verantwortlichen Handelns ins Bewusstsein: Die Übernahme von Verantwortung setzt kulturell geprägte Wert- und Handlungsmuster voraus, die zur Orientierung der Handelnden beitragen. Erforderlich sind aber auch leistungsfähige Institutionen, mit deren Hilfe sich soziale Verantwortungskonflikte bewältigen lassen. Nur so können tragfähige Verantwortungskulturen entstehen, die den Herausforderungen der Gegenwart gewachsen sind. (...) Die zivilgesellschaftliche Verantwortungskultur beruht auf der Vorstellung, dass die Bürger ihren sozialen Verpflichtungen nachkommen und sich an der demokratischen Selbstorganisation des Gemeinwesens beteiligen. In diesen Zusammenhang gehört auch die Politik der Verantwortung, die durch veränderte Staatsaufgaben und den Wandel der demokratischen Institutionen gekennzeichnet ist. Mit der Verlagerung der Verantwortung auf die gesellschaftlichen Akteure stellt sich die Frage nach den besonderen Verantwortungsaufgaben des Staates und der politischen Steuerungsinstanzen."[11]

Die von Heidbrink geleitete Forschungsgruppe nimmt in ihrer Erklärung zu den Forschungsinteressen hierbei das von Jonas geknüpfte Band zwischen Erziehung und Politik auf. Denn es kann keine Kultur der Verantwortung entstehen, wo nicht zuvor eine verantwortungsvolle und demokratischen Grundsätzen entsprechende Erziehung der »Bürger« stattgefunden hat. Diese ist zuerst Aufgabe der elterlichen Fürsorge (Archetypus Familie) und sodann Aufgabe des Staates (Archetypus Politik), weil rückwirkend auch keine Er-

---

11 Forschungsgruppe „Kulturen der Verantwortung", in www. Uni-protokolle.de/nachrichten/id90844/ Stand: April 2005.

ziehung zur Verantwortung gelingen kann, wo nicht der Staat die geeigneten Rahmenbedingungen für eine Kultur der Verantwortung schafft.

Ich zeichne diesen Themenkomplex, der über das Verhältnis von Erziehung und Politik, ja von der Politik mit pädagogischem Auftrag handelt, in insgesamt drei Schritten nach.

(Erstens) reflektiere ich aus der Perspektive des zeitgenössischen europäischen Bürgers die historisch gewachsenen kulturellen Rahmenbedingungen, in die wir heute hineingestellt sind. Ich hebe dabei insbesondere auf die nach dem zweiten Weltkrieg getroffenen Entscheidungen und demokratischen Ziele ab, um sie vor der Folie gegenwärtiger politischer Prozesse zu spiegeln, wobei ich davon ausgehe, dass durch den anfänglichen Einigungsprozess solche Rahmenbedingungen geschaffen worden sind, die einen kritischen Maßstab für eine aktuelle politische Verantwortungskultur abgeben können. So schreibt Michael Gehler: „Aus dem Zweiten Weltkrieg lässt sich eine gemeinsame Verantwortung für die Gestaltung der Zukunft ableiten, die alle Europäer gemeinsam teilen könnten."[12] Diesen Gedanken werde ich vertiefend aufgreifen.

(Zweitens) betrachte ich den vorläufigen Höhepunkt des europäischen Einigungsprozesses in Form seines Vertrags über eine Verfassung für Europa, dem implizit die Herausbildung einer europäischen Bürgergesellschaft eingeschrieben ist, wobei ich besonderes Augenmerk auf die Verfahren von Inklusion und Exklusion politischer Entscheidungsfindungen lege.

(Drittens) frage ich nach einer möglichen gemeinsamen Sprache der europäischen Kommunikationsgemeinschaft bzw. nach einer möglicherweise vorhandenen gemeinsamen Stimme, mit der Europa sprechen könnte. Ich vermute, dass es einen universalen Kern des Politischen gibt, den es jenseits von Religions- und Kulturdifferenzen zu verteidigen gilt und der es wert ist, als pädagogisch-politisches Bildungsmoment in den Alltag von Schule und Hochschule aufgenommen zu werden.

In meiner Darstellung geht es mir insgesamt weniger um eine an Fakten orientierte Rekonstruktion historischer Wirklichkeiten etwa im Sinne von Rankes Diktum wahrhaftiger Darstellung, als vielmehr um eine an gegenwärti-

---

12   M. Gehler, Europa. Ideen Institutionen Vereinigung, München (2005), 334.

gen Verstehenshorizonten angelehnte Interpretation geschichtlicher Ereignisse, die ich aus der Perspektive einer Kultur der Verantwortung deute.

1. Frieden, Wohlstand und Sicherheit als Leitbilder politischer Verantwortung in der Nachkriegszeit

Bereits kurz nach Ausbruch des Zweiten Weltkrieges träumte der spätere Ministerpräsident der »Vierten Republik« Léon Blum (1872-1950) von einer besseren Zukunft Europas und einer Organisation, „die von sich aus sichere Gewähr gegen die Rückkehr von Gewaltanschlägen bieten und aus sich heraus die Elemente einer echten Sicherheit und eines dauerhaften Friedens schaffen würde. Wir kommen damit immer wieder zu gleichen Formeln, zu derselben Schlussfolgerung: die Unabhängigkeit der Nationen im Schoß eines föderativen und abgerüsteten Europa."[13] Blums Hoffnung wurde freilich zum ersten Mal greifbar im Februar 1945 in Jalta durch die Dreimächtedeklaration, in der es heißt: „Die Herstellung der Ordnung in Europa und der Wiederaufbau eines nationalen Wirtschaftslebens müssen in einer Weise zuwege gebracht werden, die es den betreffenden Völkern gestattet, (...) demokratische Einrichtungen nach eigener Wahl zu schaffen."[14] Auch wenn die Konferenz von Jalta insgesamt eine „Etappe in der Entfremdung zwischen Ost und West"[15] war, so ist das Zitat aus der Deklaration doch nur ein erstes Anzeichen für ein verändertes politisches Bewusstsein, dem weitere Erklärungen und Konzepte der zwischenstaatlichen Zusammenarbeit folgten. Interessant an den beiden Äußerungen der 1940er Jahre ist die Verknüpfung einer Art Friedenspädagogik und Demokratieerziehung, die mit Hilfe ökonomischer Kräfte seitens der Politik geleistet werden soll. Zu jener Zeit existierte somit so etwas wie eine Matrix politischen Denkens, die die politische Bildung der Gesellschaft im Zuge institutionalisierter Demokratie an die Durchdringung dieser Sphäre von ökonomischen Prämissen gebunden sah. Und die Westmächte äußerten schon früh den politischen Willen, Verant-

---

13 L. Blum, in: C. Gasteyger, Europa von der Spaltung zur Einigung. Bonn (2001), 37.
14 Dreimächtedeklaration über das befreite Europa, Jalta, den 11. Februar 1945, zit. nach ebd., 40. Vgl. hierzu auch: J. Dülffer, Jalta, 4. Februar 1945. Der Zweite Weltkrieg und die Entstehung der bipolaren Welt. 20 Tage im 20. Jahrhundert, München (1998); ders., Europa im Ost-West-Konflikt 1945-1990, München (2004).
15 J. Dülffer, Europa im Ost-West-Konflikt, a.a.O., 137. Siehe auch: T.G. Ash, Im Namen Europas. Deutschland und der geteilte Kontinent. München Wien (1993).

wortung für das zerstörte Europa zu übernehmen und den Kontinent von Hunger, Armut, Verzweiflung und Chaos zu befreien. Der amerikanische Außenminister Marshall verkündete am 5.Juni 1947 daraufhin: „Eines ist jetzt schon klar: Bevor die Vereinigten Staaten ihre Bemühungen zur Besserung der Lage fortsetzen und zum Gesundungsprozess der europäischen Welt beitragen können, müssen die Länder Europas untereinander zu einer Einigung darüber kommen, was die gegenwärtige Lage am dringendsten erfordert und inwieweit die Länder Europas selbst dazu beitragen können, eine volle Auswertung der Maßnahmen der Regierung zu erzielen."[16] Marshall zielt damit äußerst direkt auf die politische Verantwortung der Entscheidungsträger in Europa. Er macht zudem das neu zu gestaltende Gemeinschaftswerk in Europa zur Bedingung von finanzieller Unterstützung seitens der Amerikaner.

Im Glauben an den Zusammenschluss der wesentlichen Interessen zum Wohl des europäischen Volkes als vertrauenswürdigem Verhandlungspartner, getragen vom Glauben an eine europäische »Schicksalsgemeinschaft« und beseelt von der Hoffnung auf eine gemeinsame Zukunft im Geiste des sozialen, moralischen, politischen und wirtschaftlichen Fortschritts, erarbeiteten daran anschließend im Vertrauen auf die Steuerbasis der Politik verschiedene Gremien und Kommissionen, Kongresse und Unionen Papiere zur vernünftigen und friedlichen Neugestaltung Europas.[17] Schon in der Résistance[18] nahmen diese Initiativen erste konkrete Züge an. Ihr Kennzeichen war das Durchbrechen staatlicher Souveränität durch Bildung supranationaler resp. intergouvernementaler Organisationen; Organisationen, die – in ihrem politischen Einfluss freilich begrenzt – auch demokratische Herrschaft ausübten und den Aggregatzustand der Gesellschaft insgesamt positiv zu beeinflussen suchten. Grundlage war ein internationaler europäischer Zusammenschluss, der in toto dem »europäischen Volk« dienen, und dessen lebendige Mitte mehr als ein bloßer Interessenverband und mehr als eine

---

16 Zit. nach C. Gasteyger, a.a.O., 67.
17 Vgl. Auswärtiges Amt, Europa, a.a.O.; Wilfried Loth, Die Anfänge der europäischen Integration 1945-1950, Bonn (1991); Wilfried Loth und Walter Lipgens, Documents on the History of European Integration 1945-1950. Volume 3: The Struggle for European Union by Political Parties and Pressure Groups in Western European Countries 1945-1950, Berlin/New York (1988); Achille Albonetti, Vorgeschichte der Vereinigten Staaten von Europa, Baden-Baden und Bonn (1961).
18 Vgl. Frank Niess, Die europäische Idee – aus dem Geist des Widerstands, Frankfurt a.M. (2001); Walter Lipgens, Europa-Föderationspläne der Widerstandsbewegungen, 1940-1945, München (1968).

bloße Anstalt des öffentlichen Rechts sein sollte. Wenn wir den Ausdruck von Ludger Heidbrink nutzen wollen, so können wir davon sprechen, dass es der Politik der Nachkriegszeit um so etwas wie eine *Kultur der Verantwortung,* die bis in die Niederungen des gesellschaftlichen Zusammenlebens hineinreichen sollte, ging; eine Kultur, in der alle Glieder des Staates – sollten die politisch hoch gesteckten Ziele vor allem in der jungen Demokratie Westdeutschlands fruchten – auch staatsübergreifende Interessen zu vertreten und zu ihrem eigenen Interessenhorizont auszuarbeiten hatten. Und so wurde eine Gemeinschaft auf Leben und Tod beschworen, eine Gemeinschaft der Generationen, der Sitten und der europäischen Kultur.[19] Denn wohl selten in der Geschichte der Menschheit waren Aufklärung, politische Bildung und Demokratieerziehung dermaßen vonnöten wie unmittelbar nach Ende der Nazischreckensherrschaft, einer Zeit, für die Adorno eine »Erziehung zur Entbarbarisierung« forderte, um einer »Erziehung zur Mündigkeit« den Weg zu ebnen.

Der damalige italienische Außenminister Graf Sforza schrieb im Jahre 1948 dementsprechend über eine »historische Stunde« in Europa: „Hungernd, verarmt und nur um ein Haar dem Abgrund von Schmerz entronnen, in den uns der Faschismus gestürzt hat, können wir Ehre, Unabhängigkeit und Wohlstand wiedererlangen, wenn wir zu Herolden der neuen Ordnung werden (...)."[20]

1.1 Politische Verantwortung der Nachkriegszeit in der Praxis

Unbestritten schien insbesondere nach dem 8. Mai 1945 der Rückgriff auf demokratisch verfasste und legitimierte politische Instanzen, die eine solche Ordnung gewährleisten und sich in ihrem Handeln dem Wohl der Gemein-

---

19 Vgl. Wilfried Loth, Der Weg nach Europa. Geschichte der europäischen Integration 1939-1957, Göttingen (1996). Zur Geschichte siehe: Gerhard Brunn, Die Europäische Einigung von 1945 bis heute, Stuttgart (2002); Franz Knipping, Rom, 25. März 1957. Die Einigung Europas, München (2004). Im Internet: www.ena.lu und www.europa.eu.int.

20 Ennio de Nolfo, Das Problem der europäischen Einigung als ein Aspekt der italienischen Außenpolitik 1945-1955, in: Vierteljahreshefte für Zeitgeschichte 27 (1979), S. 475f., zitiert nach Hermann Graml, Anfänge europäischer Einigung, in: Fischer Weltgeschichte. Vom Imperialismus bis zum Kalten Krieg. Band 3: Europa nach dem Zweiten Weltkrieg, S. 60f., Frankfurt (2003).

schaft und einer Kultur der Verantwortung verpflichten, unabdingbar.[21] Da
jedoch *allgemeine* Wert- und Zielvorstellungen in praxi kaum realisierbar
sind und das Funktionieren parlamentarischer Institutionen nicht bloß dem –
seit Marsilius von Padua verfochtenen, doch bereits durch Rousseau kritisierten – Prinzip des Mehrheitsentscheids geschuldet bleiben darf, sondern
idealiter auf einer „überragenden Gemeinsamkeit aller Beteiligten" (Brentano) fußen sollte, stellte sich für das Nachkriegseuropa vor allem die Frage
nach der Verbindlichkeit von Entscheidungen zum Zwecke des allgemeinen
Wohls und zum Zwecke der Herausbildung einer Verantwortungskultur, die
gewissermaßen auf mehreren Ebenen – vom Bürger bis hin zu supranational
organisierten Politikbereichen – vonstatten gehen und dem Prinzip des Gemeinwohls gehorchen musste. Wenn ich hierbei von »Gemeinwohl« spreche, so soll damit zunächst bloß ein Aspekt von Kooperationsbeziehungen
verstanden werden,[22] der darauf hin angelegt ist, dass transnationale Verhandlungen ihre Zwecke in einer für alle Bürger optimalen – und das bedeutet diskursiv ausgehandelten und normativ legitimierten – Ordnung finden.
Nicht zuletzt scheint – auch das hat Holger Burckhart in seinem Beitrag
deutlich werden lassen – aus sozialanthropologischer Sicht eine lebensdien-
liche und -fähige Ordnung nur denkbar, wenn der Mensch als von Natur aus
auf den Anderen, das heißt als ein auf eine Gemeinschaft angewiesenes Wesen verstanden wird, das nur durch seine Toleranz- und Kompromissfähigkeit und seinen Willen der Ausarbeitung gemeinsamer Ziele überhaupt über-
lebensfähig ist[23]– ein Wesen, das sich seiner Verantwortung und seines Zeitlichseins bewusst ist.

In Reflexion auf diese Bedingung geht es in der politischen Gestaltung
darum, eine wechselseitige Rechtfertigung von Rechten und Freiheiten zum
Zwecke der Gewährleistung von sozialpolitischer und wirtschaftlicher Stabi-

21   Vgl. Wilfried Loth, Die Teilung der Welt. Geschichte des Kalten Krieges 1941-1955 (=
     dtv-Weltgeschichte des 20. Jahrhunderts, Bd. 12), München, Deutscher Taschenbuch-
     Verlag (1980). 10. aktualisierte Auflage, München (2002).
22   Vgl. die Definition des Gemeinwohls in: Karl-Heinz Hillmann, Wörterbuch der
     Soziologie, Stuttgart (1994). Siehe auch: Forschungsberichte der interdisziplinären
     Arbeitsgruppe „Gemeinwohl und Gemeinsinn" der Berlin-Brandenburgischen Akade-
     mie der Wissenschaften Band 4, Gemeinwohl und Gemeinsinn. Zwischen Normativität
     und Faktizität, Herausgegeben von Herfried Münkler und Harald Bluhm, Berlin (2002);
     Peter Koller, Das Konzept des Gemeinwohls. Versuch einer Begriffsexplikation, in: ZiF:
     Mitteilungen (3/2002).
23   Siehe dazu H. Burckhart, Diskursethik Diskursanthropologie Diskurspädagogik.
     Würzburg (1999); J. Sikora, Zukunftsverantwortliche Bildung. Würzburg (2003).

lität, von Fortschritt und Reform einzufordern. Für die Politik bedeutet das, sie muss reflexiv, das heißt, sich selbst zum Thema werden und sich in ihren Grundannahmen in Frage stellen lassen können; sie muss ihre Regeln und Regelanwendungen sowie den Prozess der Erarbeitung von Regeln und Gesetzen offen legen und sich gegenüber möglichen Einwänden an diesem Regelwerk argumentativ verteidigen können.[24]

Reflexive Politik, die legitimen bildungspolitischen Anforderungen gerecht werden und die Bevölkerung in ihren jeweiligen Vollzugswelten verstehen will, ist dann nicht bloß Regeln anwendende, sondern normativ einklagbare Regeln gestaltende und Regeln verändernde Politik. Es geht damit im politischen Diskurs vorrangig um die Richtigkeit oder Angemessenheit kollektiven Handelns und um die Einklagbarkeit normativer Maßstäbe, die durch Verträge und Gesetze konsentiert und positiviert werden.[25] Politisches Handeln ist also nur dann legitimes Handeln, wenn es über die bloße Zweckmäßigkeit und kratische Klugheit hinaus auch moralisch vertretbar ist und dem Wohl aller Betroffenen dient. Nur die Interessen, die verallgemeinerungsfähig sind, dürfen damit Eingang in den geschriebenen und letztlich moralisch verpflichtenden Gesetzestext finden. Verallgemeinerungsfähig sind Interessen genau dann, wenn sie übergeordnete, dem Interessenkonflikt enthobene, rechtfertigbare Gründe anführen und auf das Niveau diskursiv einklagbarer Sinn- und Geltungsansprüche heben können. Insofern gelten für die formale und begründungsreflexive Ebene des Politischen eben jene Sätze, die Holger Burckhart bereits für die pädagogische Sphäre der Verantwortung gefunden hat, denn Verantwortung wird auch hier zum Prinzip im Sinne eines kriteriologischen Geltungsmoments des Reklamierens und Einklagens von Geltungsansprüchen auf sinn- und geltungswürdige Entäußerungen vernünftiger Lebewesen.

Die Anforderung, die hiermit an den Begriff einer Verantwortungskultur gestellt werden muss, lautet, dass getroffene und zu treffende politische Entscheidungen dem Wohl aller Menschen auf der Grundlage demokratischer Verfahren dienen, so dass der gemeinsamen Sache aller Betroffenen durch eine konsensual herausgebildete Qualität der Meinungs- und Willensbildung der Vorrang gebührt vor den jeweiligen Einzelinteressen der Beteiligten

---

24 Vgl. Heinrich Bußhoff, Gemeinwohl als Wert und Norm. Zur Argumentations- und Kommunikationskultur der Politik, Baden Baden (2001).

25 Siehe dazu den Vertrags-Ploetz, Konferenzen und Verträge. Ein Handbuch geschichtlich bedeutsamer Zusammenkünfte und Vereinbarungen. Teil II Band 4a: Neueste Zeit 1914-1959. Würzburg (1959).

und/oder Betroffenen. Die Prozedur einer demokratischen Meinungs- und Willensbildung scheint jedoch kaum von der Politik als Teilsystem der gesamtgesellschaftlichen Wirklichkeit allein zu bewältigen zu sein, weil wir es mit einem Komplex nebeneinander bestehender Teilsysteme Luhmannscher Prägung – Politik, Wirtschaft, Recht, Religion etc. – zu tun haben,[26] so dass an dieser Stelle nur interdisziplinär operierende Praktiken (folglich auch nur interdisziplinär agierende Forschungsansätze) Erfolg versprechend zu sein scheinen. Ökonomie und Pädagogik, Politik und Philosophie, Kultur- und Naturwissenschaften scheinen somit gleichermaßen gefordert, die Kultur zu schaffen, in der sie, geleitet von legitimationsfähigen Handlungsorientierungen, selbst mit Anderen leben möchten.

Angesichts dessen ist es meines Erachtens durchaus gerechtfertigt, zu behaupten, dass gerade der europäische Einigungsprozess – zumindest in seinen Anfängen, auf die ich hier besonderes Augenmerk lege – nicht nur die angemessene Antwort auf die besagten Probleme der Verwirklichung einer gemeinwohlorientierten Kultur der Verantwortung war, sondern dass die Initiatoren des Einigungswerks auch dem zuletzt genannten Problemaspekt durch ein systemübergreifendes Problemlösungsverfahren und durch einen auf rationalen wie strategischen Überlegungen fußenden Diskurs trotz aller Divergenzen im Detail – die hier für uns weniger von Belang sind – Rechnung getragen und Gemeinwohl und Verantwortung zu Kategorien verschränkter Systeme haben werden lassen. Die Idee der »Gemeinschaft« muss hierbei als normatives Telos grundgelegt sein, das heißt, »Gemeinschaft« wird als Regulativ des politischen Diskurses mit dem Ziel der Verwirklichung einer auf diskursiv einklagbaren Sinn- und Geltungsansprüchen beruhenden Prozedur der politisch-vernünftigen Gestaltung eines völkerübergreifenden Vertrags verstanden.

In eben diesem Sinne betonte Heinrich von Brentano 1954 auf einer Juristentagung der Thomas Morus-Akademie in Bad Honnef, es habe Zeiten gegeben, „in denen es (...) so scheinen mochte, als wären die Nationalstaaten (...) die geeignetsten und besten Träger und Garanten der Individual- und Gemeinschaftsinteressen. Diese Zeiten sind unwiederbringlich vorüber."[27]

---

26   Vgl. Detlef Horster, Gemeinwohl als Kontingenzformel. Die systemtheoretische Sicht, in: Winfried Brugger et alii (Hg.), Gemeinwohl in Deutschland, Europa und der Welt, Baden Baden (2002), S. 245-255.

27   Heinrich von Brentano, Die geistigen Grundlagen Europas, in: Roland Koch (Hg.), Heinrich von Brentano. Ein Wegbereiter der europäischen Integration, München (2004), S. 263ff.

Brentano hält es in seiner Rede für ausgeschlossen, dass der klassische Nationalstaat und die Doktrin der Staatssouveränität – wie sie in der Zeit vom Westfälischen Frieden bis zum Zweiten Weltkrieg vorherrschend war – angemessene und vernünftige Träger und Verfechter von Gemeinschaftsinteressen sein können. In Anlehnung an den stellvertretenden Ministerpräsidenten Frankreichs, Paul Reynaud, diagnostiziert er, es gäbe eine Krankheit des Nationalstaates, die nicht innerhalb des Nationalstaates zu kurieren sei. Die politische Aufgabe, die Brentano angesichts der nationalstaatlichen Inkompetenz bei der Lösung transnationaler Probleme avisiert, muss in der gemeinsamen Suche vernünftiger politischer Ziele bestehen. Die durch Krieg zerstrittenen Völker wieder miteinander zu versöhnen sei aber nur dann zu bewältigen, wenn dieses Problem als Problem der menschlichen Existenz par excellence verstanden werde, weil – so sei hier ergänzend angeführt – der Mensch in seiner Existenz ein auf den Anderen angewiesenes und Sinn- und Geltungsansprüche stellendes, Reziprozität einklagendes Wesen ist, so dass die Frage nach menschlichem und menschenwürdigem Dasein die Dringlichkeit eines kooperativen politischen Handelns, welches auf das Wohl der Völker sowie ihrer Beziehungen untereinander abzielt, zwangsläufig einfordert, um so etwas wie eine Kultur der Verantwortung überhaupt erst entstehen und pädagogisch wirksam werden zu lassen.

Brentano konnte sich in seiner Rede auf eine kurze, aber bereits intensiv geführte Debatte um die Verwirklichung des »europäischen Gemeinwohls« beziehen, die ihren Ausgang unmittelbar mit dem Ende des Zweiten Weltkrieges nahm und durch den Plan des amerikanischen Außenministers Marshall vom 5. Juni 1947 zum Wiederaufbau Europas durch amerikanische Finanz- und Wirtschaftshilfen (ERP) verstärkt vorangetrieben wurde. Wenngleich (erstens) die Einigungsbemühungen und damit die Sorge um das Gemeinwohl ein recht verwirrendes Bild zahlreicher Organisationen und diverser Organe internationaler Zusammenarbeit abliefern und erst im Oktober 1948 durch Churchills und van Zeelands Initiative mit der Schaffung der »Europäischen Bewegung« in Brüssel strukturiert werden konnten; wenngleich (zweitens) die Krisen, die der kalte Krieg mit sich brachte, dazu beigetragen haben mögen, dass der Einigungsprozess von außen beschleunigt wurde und in unkalkulierbaren Schüben voranschritt;[28] wenngleich (drittens)

---

28 Siehe dazu vor allem: Thomas Freiberger, Krisen als Integrationsbeschleuniger: Das Beispiel Suez-Krise. Vortrag auf der Tagung der Villa Vigoni (Menaggio, Italien): Europäische Identität – Identitäten in Europa vom 6. bis 10. Juni 2004.

zahlreiche Konventionen den möglichen Zusammenschluss in den Sektoren der Wirtschaft, der Kultur, der Politik und des Rechts ausgearbeitet und publiziert, und wenngleich (viertens) Diskrepanzen hinsichtlich der konkreten Ausbuchstabierung von Gesetzeslagen bestanden haben, so lassen sich doch zumindest seit dem Haager Appell 1948 übergreifende Ideen und Ideale aller Einigungsbestrebungen ausmachen. Darunter fallen vor allem

(1) die Idee einer seit den philosophischen Entwürfen von Kant und Rousseau bekannten Friedenssicherung durch vertragliche Übereinkunft,
(2) die Idee der Wohlstandsmehrung durch Wiederaufbau von Industrie und Wirtschaft, dementsprechend
(3) die wirtschaftspolitische Zusammenarbeit und Vergemeinschaftung ökonomischer Interessen zwecks wachsender Solidarität der Staaten als Grundlage einer neuen Form politischen Handelns,
(4) die Berufung auf die Menschenrechtskonvention des Europarats und schließlich
(5) der Demokratiegrundsatz und die Rechtsstaatlichkeit als Leitmotive legitimierter politischer Klugheit, die alle zusammen dem Gemeinwohl in Europa dienen und somit atomistische und protektionistisch-merkantilistische Alleingänge verhindern, und aus dem zerrissenen Europa eine Kultur der politischen Verantwortung entstehen lassen sollten. Ein Zitat aus dem Brüsseler Fünf-Mächte-Vertrag (WEU) vom 17. März 1948 mag dies belegen. In Artikel 3 verpflichten sich die Unterzeichner durch gemeinsame Anstrengung „ihre Völker einem besseren Verständnis der Grundsätze, die die Grundlage ihrer gemeinsamen Zivilisation bilden, entgegenzuführen und kulturelle Wechselbeziehungen durch gegenseitige Übereinkunft oder andere Mittel zu fördern."[29]

So vage diese Formel auch zunächst anmutet: Die ersten Jahre nach Ende des Zweiten Weltkriegs sind zweifellos eine Zeit der Geburt systemübergreifender Politik, aber auch eine Zeit des Übergangs in eine neue Periode diplomatischer und ökonomischer, Normen setzender und prüfender Vernunft, in der zugleich politische Wahrheiten und Traditionen einem neuen Rechtfertigungsdruck unterworfen wurden, die die gesellschaftliche Wirklichkeit in Gänze veränderten. Diese Wirklichkeit trägt vor allem das Signum der Zukunftsoffenheit und der diskursiv ausgehandelten Veränderbarkeit aller

---

29   Zitiert nach: Helmuth K. G. Rönnefarth und Heinrich Euler, Vertrags-Ploetz, a.a.O., hier S. 328.

sozialen Horizonte, sowie der prinzipiellen Möglichkeit des sozialen und individuellen Andersseins, mithin des politisch-kulturellen Pluralismus. Ein solcher Pluralismus scheint für offene und tolerante Gesellschaften, für Demokratien und Demokratieerziehung, für eine Pädagogik der Verantwortung unverzichtbar zu sein, weil jede lebendige Gesellschaft auf der (vernunftgeleiteten) Auseinandersetzung mit Anderen basiert.

Wie der ehemalige luxemburgische Außenminister Bech 1957 in Rom feststellte, war Europa erst noch zu konstruieren. Damit nimmt der Integrationsprozess schließlich auch – etwa gegenüber den Verhandlungen des Wiener Kongresses – die bevorzugte Rolle ein, nicht allein Sicherheit und Legitimität der Verträge vor die Freiheit und die Lebensbedürfnisse der Völker zu stellen.

1.2 Schuman-Plan und Montanunion

Entscheidender Ausgangspunkt des Bestrebens um eine europäische Kultur der Verantwortung im Sinne der Integrationsbemühungen Europas ist die am 9. Mai 1950 vom französischen Außenminister Robert Schuman (1886-1963) in einer Pressekonferenz verkündete Absicht, „die Gesamtheit der französisch-deutschen Kohle- und Stahlproduktion unter eine gemeinsame Oberste Aufsichtsbehörde [stellen zu wollen] (...) die den anderen Ländern zum Beitritt offen steht und deren Entscheidungen bindend sein werden."[30]

Dies klingt verwunderlich, da auf den ersten Blick nicht ersichtlich ist, inwieweit das Wissen um die politische Verantwortung in Europa durch den Zusammenschluss von Industrien realisiert werden könnte. Doch wie wir anfangs gesehen haben, schienen Frieden und Demokratie unmittelbar an die Kraft ökonomischer Prozesse gekoppelt zu sein, und zwar deshalb, weil die zu Beginn stark gewünschte Integrationsdynamik in Europa alsbald schon ins Stocken geriet. Jedoch war eine Integration der Staatenwelt Europas[31] weiterhin unerlässlich, um fortan eine politische Stabilität, und das heißt: Frieden, zu gewährleisten. Darüber hinaus aber war es wichtig, den wirtschaftlichen Wiederaufbau und – das war die Kehrseite von Jalta –, auch die militärische Sicherheit gegenüber der Sowjetunion sicherzustellen. Bereits im Dezember 1947 erklärte Ernest Bevin (1881-1951) im britischen Kabi-

---

30 Zit. nach F. Knipping, Rom, 25. März 1957. München (2004), 59.
31 Siehe W. Widenfeld, Dit Staatenwelt Europas, in: ders. Europa-Hanbuch, Bonn (2002), 67ff.

nett, dass militärische Sicherheit nur bei einer ökonomischen Gesundung Europas zu erreichen sei. Dazu aber müssten unweigerlich auch so genannte substantielle Integrationsmaßnahmen ergriffen werden. Hierzu schlug er eine Wirtschaftsunion mit supranationaler Autorität zwischen Großbritannien, Frankreich und den Benelux-Staaten vor. Als weitere Beitrittskandidaten kamen für ihn noch Italien und Westdeutschland in Frage, weil sie zu einer so genannten »Wirtschaftseinheit« beitragen könnten. Am 22.11.1947 verkündet er in einem (streng geheimen) Memorandum: „»Wirtschaftseinheit« kann überhaupt nur sinnvoll sein, wenn bestimmte politische Garantien hinzukommen und alle Besatzungsmächte den ehrlichen Willen haben, wirklich zusammenzuarbeiten und nationale Interessen hinter der gemeinsamen Sache zurückzustellen (...)."[32] Eine gemeinsame Sache bedeutet in diesem Zusammenhang die Konsenssuche (nicht der bloße Kompromiss) der Entscheidungsbefugten, die im Namen der Bürger (Europas) für eine Kultur der Verantwortung streiten.

Eine der dringendsten Fragen dieser Zeit, die an Bevins Überlegungen anknüpften, konzentrierte sich darauf, welche Kompetenzen einer möglichen europäischen Organisation übertragen und welche auf nationalstaatlicher Ebene verbleiben sollten. Frankreich selbst befand sich zu Beginn des Jahres 1950 in einem Dilemma. Denn je länger die französische Regierung auf die Integrationsangebote verzichtete, desto geringer wurde die Wahrscheinlichkeit, dass die Deutschen, die im Prinzip Gleichberechtigung in einem westlichen Bündnis verlangten, darauf eingehen würden. Die Franzosen mussten davon ausgehen, dass Konrad Adenauers grundsätzliche Bereitschaft zur ideologischen, wirtschaftlichen und politischen Westintegration nicht unbegrenzt sein würde. Und so war es auch nicht unbedingt klar, wie lange das European Recovery Programme unter diesen Bedingungen überhaupt noch finanzielle Vorteile bringen würde.[33]

Ganz entscheidend aber war, dass sich Ende 1949 eine Produktionskrise in der europäischen Stahlindustrie anbahnte, weil ausschließlich die Deutschen über die notwendigen Kohlevorräte für die Versorgung ihrer Bevölkerung verfügten. Doch damit wäre erneut die deutsche Dominanz in der Schwerindustrie gefestigt worden: „Darüber hinaus kamen immer dringlichere Forderungen, das Potential der Bundesrepublik auch für die westliche militärische

32 E. Bevin, Memorandum zur "Wirtschaftlichen Einheit Deutschlands, zit. nach: http://zis.uibk.ac.at:81/zisneu/dokumente/35.html. Stand: April 2005.
33 Vgl. J. Elvert, Einführung in die Geschichte der Europäischen Integration, Darmstadt, i.E.

Verteidigung zu nutzen. (...) Frankreich lief also Gefahr, die Kontrolle über die Bundesrepublik und vor allem über das Ruhrgebiet und die für die französische Wirtschaft so wichtigen Ressourcen (Kokskohle) zu verlieren."[34] Aus dieser misslichen wirtschaftspolitischen Lage heraus fanden sich Robert Schuman und Jean Monnet (1888-1979) zusammen, um einen Ausweg zu finden. Monnet, ehemaliger Stellvertretender Generalsekretär des Völkerbundes und Präsident des französisch-britischen Koordinierungsausschusses für die Kriegsproduktion beider Länder, war inzwischen Leiter des Planungsamtes in Frankreich und als solcher für die Entwicklung eines wirtschaftlichen Modernisierungsprogramms verantwortlich. Er präsentierte seinem Kollegen, dem Luxemburger Ehrenbürger und ehemaligem Ministerpräsidenten Frankreichs Schuman, das Projekt einer europäischen Behörde für Kohle und Stahl. Außenminister Schuman war sehr angetan und entschloss sich dazu, auf der Grundlage dieses Plans den Durchbruch zur Supranationalität auch ohne britischen Segen zu wagen. „Der Plan, bei den beiden großen Antagonisten, Deutschland und Frankreich, jene Wirtschaftsbereiche zu verschmelzen, welche die Basis der Rüstung darstellten, war in seiner Einfachheit blendend, aber keineswegs völlig neu. Unabhängig voneinander hatten neben anderen die Beratende Versammlung des Europarates und die Europäische Wirtschaftskommission der Vereinten Nationen ähnliche Vorschläge eines europäischen Verbundsystems gemacht. Das Originelle an dem Schumanplan war die institutionelle Architektur mit ihrer, dem direkten Einfluss der Nationalstaaten entzogenen und mit echten Kompetenzen ausgestatteten Hohen Behörde."[35]

Kurz vor der angesetzten Außenministerkonferenz kündigte Schuman am 9.Mai 1950 in einer Pressekonferenz das Vorhaben an. Er erhoffte sich einen möglichen Ausweg aus der befürchteten Stahlkrise wie zudem die langfristige Sicherung der dafür notwendigen Ruhrkohle, denn nur so ließ sich der französische Modernisierungsplan für die Stahlwirtschaft sichern.

Politisch viel entscheidender jedoch war die damit einhergehende Entspannungspolitik des deutsch-französischen Verhältnisses, die den Weg zur Aussöhnung ebnete und 1961 durch den Elysée-Vertrag ihren vorläufigen Höhepunkt fand.

Insgesamt war der Plan von Monnet und Schuman weit weniger ambitioniert als ein Zollunionsplan und weit weniger spektakulär als eine politische

---

34 G. Brunn, Die Europäische Einigung, Stuttgart (2002), 77.
35 Ebd., 78.

Föderation. Wahrscheinlich konnte deshalb auch ein schneller Erfolg bei der Umsetzung des Plans verzeichnet werden. Die britische Labour-Regierung war zwar von dem Plan überrascht, die Gegenwehr hielt sich jedoch in Grenzen. Allenthalben wurde versucht, das Modell der Supranationalität insgesamt politisch anzugreifen. Schuman aber hielt am Primat der Supranationalität als politisch unverzichtbare Bedingung fest und forderte die Briten auf, sich bis zum nächsten Tag zu entscheiden, ob sie sich an der Verwirklichung des Plans beteiligen wollen – was die Labour-Regierung letztlich ablehnte.

Ein Jahr nach der Unterzeichnung des Vertrages über eine Europäische Gemeinschaft für Kohle und Stahl am 18.April 1951 kam es zum Zusammenschluss der jeweils nationalen Sektoren der Schwerindustrie. Schrittweise sollten Zölle und Kontingente als Instrumenten des internationalen Handels zwischen den an der EGKS beteiligten Nationen beseitigt werden. Die Montanunion war zugleich auch Völkerrechtssubjekt; „die Höhe Behörde aktivierte dementsprechend internationale Kontakte, insbesondere zu den USA und Großbritannien. In Washington wie ein Staatschef empfangen, erwirkte Jean Monnet 1954 einen amerikanischen 100-Millionen-Dollar-Kredit (...)."[36]

Auf den völkerrechtlichen Aspekt verweist bereits die Präambel des EGKS-Vertrags. Sie hält zudem die Sicherung des Weltfriedens, die Organisation Europas als Beitrag zur Zivilisation, die Schaffung einer gemeinsamen Grundlage für wirtschaftliche Entwicklung, die Hebung des Lebensstandards und die Überwindung jahrhundertealter Rivalitäten fest:

„IN DER ERWÄGUNG, daß der Weltfriede nur durch schöpferische, den drohenden Gefahren angemessene Anstrengungen gesichert werden kann,
IN DER ÜBERZEUGUNG, daß der Beitrag, den ein organisiertes und lebendiges Europa für die Zivilisation leisten kann, zur Aufrechterhaltung friedlicher Beziehungen unerläßlich ist,
IN DEM BEWUSSTSEIN, daß Europa nur durch konkrete Leistungen, die zunächst eine tatsächliche Verbundenheit schaffen, und durch die Errichtung gemeinsamer Grundlagen für die wirtschaftliche Entwicklung aufgebaut werden kann,

---

36   F. Knipping, Rom, 25. März 1957, München (2004), 73.

IN DEM BEMÜHEN, durch die Ausweitung ihrer Grundproduktionen zur Hebung des Lebensstandards und zum Fortschritt der Werke des Friedens beizutragen,
ENTSCHLOSSEN, an die Stelle der jahrhundertealten Rivalitäten einen Zusammenschluß ihrer wesentlichen Interessen zu setzen, durch die Errichtung einer wirtschaftlichen Gemeinschaft den ersten Grundstein für eine weitere und vertiefte Gemeinschaft unter Völkern zu legen, die lange Zeit durch blutige Auseinandersetzungen entzweit waren, und die institutionellen Grundlagen zu schaffen, die einem nunmehr allen gemeinsamen Schicksal die Richtung weisen können,
HABEN [Frankreich, Deutschland, Italien und die Beneluxländer, J.S.] BESCHLOSSEN, eine Europäische Gemeinschaft für Kohle und Stahl zu gründen. "[37]

Neben dem gemeinsamen Markt für Kohle und Stahl sollte eine effektive Arbeitsteilung, ein Verbot von Zöllen und Kontingenten, ein Verbot der Diskriminierung ausländischer Anbieter sowie ein Verbot nationaler Subvention eingerichtet werden.

Zum ersten Mal schien durch den simplen Zusammenschluss von partiellen Wirtschaftssektoren so etwas wie die Vereinigten Staaten von Europa näher gerückt zu sein – ein Gedanke, der im Übrigen auf den Philosophen, Politiker und »Neoaristokraten« Coudenhove-Kalergi zurückgeht. Da Coudenhove eine tragende Figur für den ganzen Integrationsprozess darstellt, sei an dieser Stelle kurz auf seine Ideen eingegangen: Der 1894 in Tokio geborene und 1972 in Österreich verstorbene tschechisch-französische Staatsbürger promovierte 1917 und war später Professor für Geschichte in New York; 1950 erhielt er als erster den Karlspreis der Stadt Aachen. Bereits im Jahre 1931 fordert Coudenhove in einem Schreiben an Heinrich Brüning eine Rechtsangleichung der europäischen Staaten mit einem Bundesgericht und plädierte auch für die Aufnahme der Türkei in den von ihm avisierten paneuropäischen Bund, der ihm als Schutzwall gegen den amerikanischen Kapitalismus und sowjetischen Bolschewismus galt. Die Sowjetunion erklärte er zum Todfeind der europäischen Kultur, verkannte aber andererseits jahrelang die drohende Gefahr durch den Nationalsozialismus. Dennoch kann vor allem Coudenhoves Initiative zur Anbahnung einer Zollunion sowie die von

---

37 http://europa.eu.int/abc/obj/treaties/de/detr30a.htm#11. Stand April 2005.

ihm initiierten Wirtschaftskonferenzen als Vorläufer des neuen Europa interpretiert werden.

Auf der anderen Seite: Coudenhoves zwischen Aristokratie und Demokratie oszillierende Geisteshaltung, seine sozialmoralisch geprägten und eugenischen Vorstellungen einer intellektuellen Elite als Friedensgarant in Europa, seinen von ihm bewusst betriebenen Prominentenkult wie auch seinen unermüdlich naiven Optimismus im Hinblick auf die Einigung Europas zur Blütezeit des Nationalismus der Weimarer Republik und des Dritten Reichs, sind jedoch kaum mit den pragmatischen Bestrebungen der Nachkriegszeit in Einklang zu bringen.[38] Dass der *Quai d'Orsay* und mit ihm Briand wie auch einige andere von Coudenhove vereinnahmte Persönlichkeiten ihm keineswegs immer nur freundlich gesinnt waren, ist inzwischen ebenso bekannt wie das teils plakative Europa-Programm des Grafen, das sich nicht nur eines modernen Merchandising zu bedienen wusste, sondern auch die Macht der Symbolik erkannte. (So war Beethovens *Ode an die Freude* bereits für Coudenhove die Hymne Europas. Nicht ganz zu Unrecht nannte Carl von Ossietzky die Paneuropavisionen des Grafen eine „Intellektuellenbewegung ohne Volk".) Coudenhove selber scheint in der Nachkriegszeit ebenfalls realistischer geworden zu sein und das Primat der Politik vor der Wirtschaft nicht mehr so rigide verfolgt zu haben. Einen Erfolg kann zumindest sein Plan zur Gründung eines »paneuropäischen« Kulturinstituts in Wien 1964 gelten, der aus Überlegungen zur Gründung eines *Research Center for European Reconstruction* 1942 hervorgegangen ist und schließlich in der Gründung des europäischen Hochschulinstituts in Florenz mündete.

1.3 Die Römischen Verträge. Mit einem Exkurs zur parlamentarischen Demokratie

Entscheidender als die Zwischenkriegsbemühungen Coudenhoves sind die schon in der ersten Phase des Einigungsprozesses erfolgten Ausarbeitungen einer Verfassung für Europa. Sie erfolgte durch den Vertrag über die Satzung einer Europäischen Politischen Gemeinschaft (EPG) zu Beginn der 1950er Jahre. Am 10. März 1953 legte eine ad hoc-Versammlung dem Rat einen Verfassungsentwurf mit 117 Artikeln vor, die sowohl supranationale

---

38 Vgl. A. Ziegerhofer-Prettenthaler, Botschafter Europas. Richard Nikolaus Coudenhove-Kalergi und die Paneuropa-Bewegung in den zwanziger und dreißiger Jahren, Wien Köln Weimar (2004).

als auch konföderale Elemente beinhalteten.[39] Aufgrund des Scheiterns der Europäischen Verteidigungsgemeinschaft (EVG), die die Legitimationsbasis der EPG bildete, gab es jedoch keine rechtliche Grundlage für die Verwirklichung des Verfassungsentwurfs. Das Scheitern der EVG wurde von den Anhängern der Europapolitik als Schock empfunden, und es stellte sich die Frage, ob Frankreich überhaupt noch bereit sei, den mit der Montanunion eingeschlagenen Weg weiterzuverfolgen. Doch gerade in dieser Krisenphase schlug die Stunde der Europapolitiker, die zwei Ziele verfolgten. Zum einen eine vertiefende Westbindung der BRD und zum anderen das Bemühen, Frankreich von wirtschaftspolitischen Alleingängen abzuhalten.

Es war vor allem Paul-Henri Spaak, der hier Initiative zeigte. Spaak, Jahrgang 1899, ehemaliger belgischer Verkehrs- und Postminister, Initiator der Benelux-Zollunion und bis 1949 Ministerpräsident, erster Vorsitzender des Europarates, überreichte Anfang Mai 1955 als belgischer Außenminister an die Regierungen der EGKS-Staaten ein Memorandum der Benelux-Staaten, in dem die Möglichkeiten der Fortsetzung der Integration erörtert und die Einberufung einer Regierungskonferenz vorgeschlagen wurden. Insgesamt schien die Fortsetzung des Integrationskurses auf politischen Führungsebenen im EGKS-Rahmen unstrittig und eine Vertiefung des politischen Einflusses der EGKS-Staaten im internationalen Kontext wünschenswert. Auf wirtschaftspolitischer Ebene kristallisierte sich eine Präferenz für einen freien Markt und den Wettbewerb mit den USA und Japan heraus: „Unter Spaaks straffer Leitung gelang zwischen November 1955 und März 1956 tatsächlich die Erarbeitung eines weiterführenden Integrationskonzeptes. Begünstigt wurde dies von der Entwicklung des allgemeinen politischen Umfelds. Im Sommer 1955 hatte der amerikanisch-sowjetische »Geist von Genf« den begrenzten machtpolitischen Rang der westeuropäischen Staaten verdeutlicht (...) Am 21. April wurde der »Spaak-Bericht« veröffentlicht. Am 6. Mai übergab ihn der belgische Außenminister am Rande einer NATO-Ratstagung in Paris offiziell seinen fünf Amtskollegen."[40] Auf der Grundlage des Berichts, der zur Grundlage der Römischen Verträge wurde, wurden in der Folgezeit Verhandlungen über eine Atom- und Wirtschaftsgemeinschaft aufgenommen.

---

39 Dazu auch: M. Jachtenfuchs, Die Konstruktion Europas. Verfassungsideen und institutionelle Entwicklung. Baden-Baden (2004); W. Loth, Entwürfe einer europäischen Verfassung. Eine historische Bilanz. Bonn (2002).

40 F. Knipping, a.a.O., 94.

Zwar gab es insbesondere aus sozialistischen Kreisen Einwände gegen eine Konsolidierung des kapitalistischen Systems durch einen gemeinsamen europäischen Markt, weil befürchtet wurde, dass dieser Markt nationale Ausgleichs- und Gerechtigkeitsbestrebungen unterlaufen könne, doch schließlich konnte auch das von Ludwig Erhard (1897-1977) vorgebrachte funktionalistische Konzept samt Ausbau der OEEC, der Konvertibilität der Währungen, des allmählichen Abbaus der Handelshemmnisse und des weltweiten Freihandels im Rahmen des GATT, politisch nicht wirklich greifen. Erhard, der in der Beschränkung auf die Sechsergemeinschaft eine Gefahr für die Einheit Westeuropas sah, lehnte neue Institutionen mit supranationalen Befugnissen ab, weil er darin die Gefahr von protektionistischen und planwirtschaftlichen Tendenzen sah. Doch er fand nicht die entsprechende politische Rückendeckung für seine Kritik. Zumal die Messina-Konferenz äußerst Erfolg versprechend im Hinblick auf die Bildung verschiedener Ausschüsse (Lenkungsausschuss, Gemeinsamer Markt, Verkehr, Energie etc.) war. Spaak selber sprach von einem Gesamtvorschlag der Sechs als Grundlage von Regierungsverhandlungen und ging somit weit über seinen ursprünglichen Arbeitsauftrag hinaus.[41]

Exkurs. Parlamentarische Demokratie

Vorschläge der Ausschüsse betrafen die Einrichtung eines Gemeinschaftsorgans, das in solchen Fällen mit der Mehrheit seiner Mitglieder entscheiden konnte, in denen es um Einhaltung von Vertragsbestimmungen ging, die die Einrichtung des Gemeinsamen Marktes zum Gegenstand hatten. In wirtschaftspolitischen Fragen, die für die Entwicklung des Gemeinsamen Marktes von wesentlicher Bedeutung waren (Agrarpolitik, Handelspolitik), sollten Regierungen im Ministerrat auf Vorschlag der Kommission entscheiden, für die Annahme sollte nach einer Übergangszeit die qualifizierte Mehrheit genügen.

In den Römischen Verträgen wird dem Rat das Gesetzgebungsmonopol zugebilligt. Dieses Monopol wurde erst im Laufe der nächsten Jahrzehnte ein Stück weit aufgeweicht. So hat das Europäische Parlament (EP) heute bedeutend mehr politische Gestaltungsmöglichkeiten als noch zur Zeit des Abschlusses der Römischen Verträge. „Indem die Gründer der EWG dem Ministerrat die Entscheidungsbefugnis übertrugen, nahmen sie Abschied von

41   Vgl. J. Elvert, a.a.O.; zuletzt auch: M. Gehler, a.a.O.

dem Experiment, einer letztlich parlamentarisch nicht kontrollierten supranationalen Behörde von wenigen Beamten nationale Entscheidungsrechte zu übertragen und ihr damit das Recht einzuräumen, autonom auf die nationale Politik einzuwirken."[42]

Dennoch bleibt festzuhalten, dass als Garant der Verwirklichung von Interessen der Bürger am ehesten ein vom Volk direkt gewähltes Parlament gelten kann. Freilich konstituierte sich schon 1952 in Straßburg die Gemeinsame Versammlung der EGKS (ab 1962 »Europäisches Parlament«), deren erster Präsident wiederum Paul-Henri Spaak wurde. Mitglieder der Versammlung wurden von ihren Parlamenten entsandt. Im Jahr 1960 gab es einen ersten Entwurf zu direkten Wahlen durch die Bürger, der mit dem Beschluss und Akt des Rates der EG 1976 genehmigt wurde, so dass im Jahre 1979 zum ersten Mal direkte Wahlen zum EP stattfinden konnten.

Mit Inkrafttreten der EEA 1986 bekam das Parlament zudem einige legislative Mitbestimmungsrechte[43], die es aber nur gemeinsam mit dem Rat vollziehen konnte. Von Beginn an standen weiteren Befugnissen des Parlaments Bedenken der Mitgliedstaaten entgegen. Viele nationale Regierungen wollten sich nicht vor einem Europäischen Parlament verantworten müssen. „Zum anderen gab es schwere Bedenken, schon in der Geburtsphase das Demokratie- und Legitimitätsverständnis der nationalen politischen Systeme auf das völlig neuartige Gebilde zu übertragen."[44] Gestärkt wurde das EP dann tatsächlich erst seit Mitte der 1980er Jahre sowie durch die Verträge von Maastricht, Amsterdam und Nizza. Dennoch bleibt das EP kein konstitutioneller Mitgestalter des politischen Systems. Dies schlägt sich freilich auch in der Wahlbeteiligung zum EP nieder.

Das EP hat zwar den nationalen Parlamenten einige Kompetenzen entzogen, besitzt jedoch keine demokratische Legitimation eigener Machtbefugnis auf Europaebene, da die Wähler nicht die Möglichkeit haben, Politiker aus einem anderen EU-Mitgliedsstaat zu wählen. Sie wählen allein nationale Vertreter für die europäische Ebene, die darüber hinaus keine europäischen Parteien bilden.

---

42 G. Brunn, a.a.O., 121. Zum Demokratiedefizit vgl. J. Habermas, Der gespaltene Westen. Frankfurt a.M. (2004).
43 Vgl. G. Brunn, Das Europäische Parlament auf dem Weg zur ersten Direktwahl 1979, in Knipping/Schönwald, Aufbruch zum Europa der zweiten generation. Die europäische Einigung 1969-1984. Trier (2004), 47.
44 Ebd., 48.

Zudem gibt es keine europäische Regierung aus demokratisch hervorge-
gangenen Wahlen, da wesentliche Entscheidungen weiterhin allein vom Rat
getroffen werden, frei nach der »Methode Monnet«: hinter verschlossenen
Türen, wobei die Exekutivorgane der EU eine erheblich umfassendere Ent-
scheidungskompetenz besitzen. Dies gilt auch in Bezug auf die GASP, bei
der weder das Parlament noch der EuGH Kontrollmöglichkeiten besitzen.[45]
Deshalb besitzt die EU bis heute keine vergleichsweise Legitimation wie eine durch eine Staatsverfassung geregelte Staatsordnung. Wolfgang Merkel
schlägt deshalb eine Ausdehnung der Kompetenzen des Europäischen Parlaments vor. Denn eine Kompetenzerweiterung veranlasse „die nationalen
politischen Parteien zu einer Europäisierung des Wahlkampfes und zur Aufstellung gewichtigerer Kandidaten auch der ersten Reihe; dies signalisiert
eine größere politische Bedeutungszuschreibung für das Europäische Parlament und die europäischen Parlamentswahlen, was wiederum zu einer steigenden Aufmerksamkeit der Bürger gegenüber dem Europäischen Parlament
und schließlich zu einer wachsenden europäischen Wahlbeteiligung führen
kann."[46] Jedoch muss eine Kompetenzerweiterung schrittweise erfolgen,
denn „eine sofortige Ausstattung des Europäischen Parlaments mit den regu-
lären Prärogativen eines demokratischen Parlaments würde dieses aufgrund
seines gegenwärtigen geringen legitimatorischen Unterbaus (niedrige Wahlbeteiligung, Bürgerferne, mangelndes Bürgerinteresse, keine europäischen
Parteien) zu einer wenig repräsentativen gesellschaftlich schwebenden und
damit wenig demokratisch verankerten Institution machen."[47] Eine schrittweise Demokratisierung könnte auch durch die „Öffnung von Kommission
und Europäischem Parlament für NGO's, Bürgerinitiativen und soziale Be-
wegungen mit europäischem Anliegen"[48] erreicht werden. Merkel kommt zu
dem Fazit, dass „eine abrupte Veränderung der gegenwärtigen Integrations-
tiefe (...) auch wenn sie von einer aufrechten europäischen Gesinnung getragen ist, durch Legitimitätslücken und Desintegrationsrisiken erkauft
(wird). Gegenüber einer Politik der schrittweisen Reformen und langen Kon-
solidierungsphasen gibt es deshalb in der Europapolitik keine Alternative."[49]
Um der Gefahr einer Renationalisierung im europäischen Integrationsraum

---

45 Zum Budgetrecht des Parlaments siehe jedoch: U. Diedrichs, The European Parliament
    in CFSP. More than a Marginal Player?, in: The International Spectator 02/2004, 31ff.
46 W. Merkel, a.a.O., 34f.
47 Ebd.
48 Ebd.
49 W. Merkel, a.a.O., 37.

Einhalt zu gebieten, ist also der langsame Aufbau von mehr Demokratie vonnöten. Dennoch muss man rückblickend fragen, warum es überhaupt dazu gekommen ist, dass sich innerhalb der EU allgemein beklagte Demokratiedefizite angestaut haben. Einige Gründe, weshalb es bislang nur marginal zu einer voranschreitenden Demokratisierung der EU gekommen ist, hat Wolfgang Wessels in der von ihm so genannten Fusionsthese[50] eindrücklich beschrieben. Da die alten Sozial- und Wohlfahrtsstaaten samt den an sie gerichteten Erwartungen nicht mehr in der Lage waren, den status quo ihrer Sozialpolitik aufrecht zu erhalten und nach neuen, umfassenderen Handlungsspielräumen suchten, setzten sie in der Nachkriegszeit zunehmend auf Wachstumsimpulse durch Öffnung der Märkte und Politikbereiche. Zunächst konnte das politische System so im Innern auch stabilisiert werden, obwohl der Einfluss nationaler Politik zeitgleich geschmälert wurde. Dies wird besonders virulent, wenn man die im Zuge von Globalisierungsprozessen voranschreitende Standortverschiebung von Großkonzernen unter die Lupe nimmt. Man ging davon aus, mit Hilfe von multilateralen Verträgen, die politische Entscheidungsträger mit Kontroll- und Sanktionsinstrumenten ausstatten, solche Standortfragen steuern zu können. Nationaler Machtverlust sollte somit auf einer höheren Ebene kompensiert und zugleich die bewährte Sozialpolitik erhalten werden. Eine zugleich einsetzende demokratische Struktur auf dieser Ebene, die sich am parlamentarischen Verfassungsstaat orientiert, setzte jedoch nicht ein, da die nationalen Regierungen auf supranationaler Ebene ihre Macht verlören, käme es zu einer vollständigen Parlamentarisierung der EU. Ein vom Europäischen Rat gewissermaßen unabhängiges Parlament entzöge sich der Kontrolle der Mitgliedstaaten. Nur der Europäische Rat selbst wäre in der Lage, seine eigenen Befugnisse zu beschneiden und an eine Volksvertretung zu delegieren. Aus machtstrategischen Gründen kommt es daher zu keiner wirklichen Demokratisierung der EU. So stellte Jürgen Habermas vor einiger Zeit fest, dass bislang „die Entscheidungen von Kommission und Ministerrat im Wesentlichen über die Kanäle der bestehenden Nationalstaaten legitimiert werden. Dieser Legitimationspegel entspricht einer auf internationalen Verträgen beruhenden intergouvernementalen Herrschaft; er war so lange ausreichend, wie markterzeugende Politiken angesagt waren. In dem Maße, wie

---

50 Vgl. W. Wessels (1992). Staat und (westeuropäische) Integration. Die Fusionsthese, in: Michael Kreile (Hrsg.), Die Integration Europas, PVS-Sonderheft 23, Opladen (1992), S. 36-61.

sich Ministerrat und Kommission nicht mehr auf die negative Koordination von Unterlassungshandlungen beschränken können, sondern die Grenze zur positiven Koordination von Eingriffen mit Umverteilungsfolgen überschreiten, macht sich der Mangel an einer *europaweiten* staatsbürgerlichen Solidarität bemerkbar. (...) Die Dichte europäischer Entscheidungen, die Undurchsichtigkeit ihres Zustandekommens und die fehlende Gelegenheit für die europäischen Bürger, sich an den Entscheidungsprozessen zu beteiligen, rufen an der Basis Misstrauen hervor."[51]

Beenden wir hier den Exkurs und halten fest: Die allgemeine Wirtschaftspolitik betreffend sollten zur Zeit der Unterzeichnung der Römischen Verträge noch allein die nationalen Regierungen zuständig sein. Gleichzeitig sollten diese aber zu einer Koordinierung im Sinne der Errichtung eines Gemeinsamen Marktes verpflichtet werden. Gegen die Entscheidungen der Kommission sollte der Rechtsweg über den eingerichteten EuGH möglich sein. Die Römischen Verträge traten im Januar 1958 in Kraft und bildeten die Rechtsgrundlage der drei Europäischen Gemeinschaften, der EGKS, der EURATOM und der EWG. Die Ziele der EWG erläutert die Präambel, die Ziele der EGKS aufnehmend, wie folgt: Es ging der EWG um einen immer engeren Zusammenschluss der europäischen Völker, um die Ausrichtung auf wirtschaftlichen und sozialen Fortschritt, um eine Verbesserung der Lebens- und Beschäftigungsbedingungen, um die Einigung und harmonische Entwicklung der Volkswirtschaften sowie um die Wahrung und Festigung des Friedens durch Zusammenschluss der Wirtschaftskräfte. Dazu sollte ein gemeinsamer Markt innerhalb von 12 Jahren eingerichtet und eine stufenweise Annäherung der nationalen Wirtschaftspolitiken geleistet werden. Im EWG-Vertrag heißt es in Artikel 8:

(1) Der Gemeinsame Markt wird während einer Übergangszeit von zwölf Jahren schrittweise verwirklicht. Die Übergangszeit besteht aus drei Stufen von je vier Jahren; die Dauer jeder Stufe kann nach Maßgabe der folgenden Bestimmungen geändert werden.
(2) Jeder Stufe entspricht eine Gesamtheit von Maßnahmen, die zusammen eingeleitet und durchgeführt werden müssen.
(3) Der Übergang von der ersten zur zweiten Stufe hängt von der Feststellung ab, daß die in diesem Vertrag für die erste Stufe ausdrücklich festgeleg-

---

51   J. Habermas, Zeit der Übergänge, Frankfurt a.M. (2001), 115f.

ten Ziele im wesentlichen tatsächlich erreicht und daß vorbehaltlich der in diesem Vertrag vorgesehenen Ausnahmen und Verfahren die Verpflichtungen eingehalten worden sind. [. . .]

(4) Verbleibt ein Mitgliedstaat in der Minderheit, so kann er binnen einem Monat nach der zuletzt genannten Abstimmung beim Rat die Bestellung einer Schiedsstelle beantragen, deren Entscheidung für alle Mitgliedstaaten und für die Organe der Gemeinschaft verbindlich ist; wird die erforderliche Mehrheit nicht erreicht, so gilt das gleiche für jeden Mitgliedstaat. Die Schiedsstelle besteht aus drei Mitgliedern, die vom Rat einstimmig auf Vorschlag der Kommission bestellt werden. Kommt die Bestellung durch den Rat binnen einem Monat nach Antragstellung nicht zustande, so werden die Mitglieder der Schiedsstelle innerhalb eines weiteren Monats vom Gerichtshof bestellt. Die Schiedsstelle wählt ihren Vorsitzenden selbst. Sie erläßt ihren Schiedsspruch binnen sechs Monaten nach der im letzten Unterabsatz von Absatz (3) genannten Abstimmung des Rates.

(5) Die zweite und die dritte Stufe können nur durch eine einstimmige, vom Rat auf Vorschlag der Kommission erlassene Entscheidung verlängert oder abgekürzt werden.

(6) Die Bestimmungen der vorstehenden Absätze dürfen nicht zur Folge haben, daß die Übergangszeit länger als fünfzehn Jahre, vom Inkrafttreten dieses Vertrags an gerechnet, dauert.

(7) Vorbehaltlich der in diesem Vertrag vorgesehenen Ausnahmen oder Abweichungen ist das Ende der Übergangszeit gleichzeitig der Endtermin für das Inkrafttreten aller vorgesehenen Vorschriften sowie für die Durchführung aller Maßnahmen, die zur Errichtung des Gemeinsamen Marktes gehören. "[52]

Maßnahmen zur Errichtung einer Zollunion und zur Beseitigung von Hindernissen für den freien Personen-, Dienstleistungs- und Kapitalverkehr zwischen den Mitgliedstaaten wurden eingeleitet. Zudem wurden grundlegende Eckpunkte einer gemeinsamen Landwirtschafts-, Wettbewerbs- und Verkehrspolitik festgemacht. Zur Verwirklichung dieser Vorgaben wurden verschiedene Organe der EWG eingerichtet. Eine Gemeinsame Versammlung – das spätere Europäische Parlament –, ein Rat (später Europäischer Rat), eine Europäische Kommission, der Europäische Gerichtshof, der Europäische Wirtschafts- und Sozialausschuss sowie der Europäische Rechnungshof.

---

52 Zit. nach C. Gasteyger, a.a.O., 157.

Der begonnene Integrationsprozess trennte nun den seit Jalta bereits geteilten europäischen Kontinent westlich des „Eisernen Vorhangs" noch einmal in die Sechsergemeinschaft und die anderen Staaten des geografischen Europas, auch wenn die Sechs wirtschaftspolitisch die Tür für neue Mitglieder offen hielten. Dieses politische Diktum hält sich bis in die heutige Zeit durch. Ich werde es im zweiten Teil unter den Stichworten Inklusion/Exklusion wieder aufgreifen. Zuletzt spiegelt sich dies in einer Entscheidung des Europäischen Rats wider. Denn im Juni 1993 hat der Europäische Rat von Kopenhagen den Staaten Mittel- und Osteuropas das Recht eingeräumt, der Europäischen Union beizutreten, wenn sie folgende Kriterien erfüllen:

Erstens ein politisches Kriterium. Denn potentielle Beitrittskandidaten sollen eine institutionelle Stabilität, eine demokratische und rechtstaatliche Ordnung, die Wahrung der Menschenrechte sowie die Achtung und den Schutz von Minderheiten gewährleisten. Zweitens sollen diese Kandidaten ein wirtschaftliches Kriterium erfüllen. Denn es gilt, eine funktionsfähige Marktwirtschaft und die Fähigkeit, dem Wettbewerbsdruck innerhalb des EU-Binnenmarktes standzuhalten, zu erfüllen. Drittens gilt das Acquis-Kriterium, das heißt, die Fähigkeit, sich die aus einer EU-Mitgliedschaft erwachsenden Verpflichtungen und Ziele zu Eigen zu machen. Dazu soll das gemeinschaftliche Regelwerk übernommen werden.

Jedoch kam es bereits in den 1960er Jahren zu einer ernsthaften Krise der Sechsergemeinschaft, weil De Gaulles Frankreich das Weiterwirken der Gemeinschaft in Frage stellte. Ausgangspunkt waren verschiedene Eckpunkte zur Fortführung der politischen Integration, weiter reichende Demokratisierung, gemeinsame Außen- und Verteidigungspolitik und Erweiterung, aber auch die Überprüfung der Beziehungen zu den USA und der Sowjetunion. De Gaulle verfolgte das Leitmotiv französischer Unabhängigkeit.[53] Darüber hinaus kritisierte De Gaulle die Gemeinschaft „als eine nicht legitimierte, weitgehend fremde Technokratie, die über die Geschicke Frankreichs Macht gewinnen wolle."[54] Frankreich verfolgte bis in das Jahr 1966 hinein eine »Politik des leeren Stuhls« und blockierte damit tragfähige Entscheidungen der Gemeinschaft. De Gaulle stellte sich insbesondere gegen „die geplante Einführung regelmäßiger Mehrheitsentscheidungen im Minister-

---

53   Vgl. Knipping, op cit., 136.
54   Ebd., 139.

rat", wodurch Frankreich „in wirtschaftlicher, sozialer und politischer Hinsicht die Hände gebunden"[55] wären.

1.4 Pädagogische Implikate der Integrationspolitik

Zu Beginn unserer Überlegungen hat uns Hans Jonas auf die mitgewählte, vertragsmäßige Dimension politischer Verantwortung aufmerksam gemacht. Politische Entscheidungsträger haben demnach einen spezifischen Einfluss auf den politisch-kulturellen Alltag, weil ihre Entscheidungen auch bewusstseinsprägende Relevanz haben.[56] Die gewollte Übernahme von Kollektivinteressen durch politische Entscheidungsträger stellt eine eigene Qualität der Verantwortung des Menschen für seine Mitmenschen dar. Politische Entscheidungssituationen laufen also nicht parallel zu gesamtgesellschaftlichen Ereignissen ab. Der Rekurs auf die Anfänge des europäischen Integrationsprozesses hat dies deutlich werden lassen. Vielmehr übermittelt die Politik gesellschaftliche Überzeugungen und Normen und übernimmt derart Verantwortung für das Lebensganze des Gemeinwesens.

Wie die Analyse von Schuman-Plan und Römischen Verträgen offengelegt hat, können politische Entscheidungsprozesse in ganz erheblichem Maße zu einer demokratischen Selbstorganisation des Gemeinwesens beitragen und auf lebenspraktischer Ebene verdeutlichen helfen, inwiefern das Innehaben von Verantwortung, wie es uns Holger Burckhart begründungsreflexiv aufgezeigt hat, als moralisches Komplement des Daseins fungiert, das es weiter herauszubilden gilt. Insoweit gibt es neben dem nüchtern lebenspraktischen Nutzen kluger Politik immer auch eine Dimension pädagogischer Vermittlung von als notwendig erachteten Handlungsvollzügen auf der Makroebene des Politischen zumindest dann, wenn es, wie in unserem dargestellten Fall, um die Herausbildung einer Verantwortungskultur und einer gemeinwohlorientierten Lebensgemeinschaft geht. Gemeinnütziges Engagement beruht demnach auch auf leistungsfähigen Institutionen, die Demokratisierungsprozesse in die Lebenswirklichkeit der Menschen hineintragen und den Wandel der demokratischen Institutionen kritisch-reflexiv begleiten.

Die Verantwortungsaufgaben der politischen Steuerungsinstanzen beziehen sich dementsprechend auf die Herstellung kultureller Rahmenbedingun-

55 Ebd.
56 Vgl. O. Höffe, Strategien der Humanität. Zur Ethik öffentlicher Entscheidungsprozesse, Freiburg (1985).

gen, in denen die Gesellschaft und ihre Akteure die Möglichkeit besitzen, ihre gemeinsame Zukunft im Geiste des sozialen, moralischen, aber auch des wirtschaftlichen und politischen Fortschritts voranzutreiben.

Der implizit pädagogische Auftrag der Politik im Hinblick auf sie selbst als reflexive Politik, also als normativ einklagbare und moralisch vertretbare Regeln gestaltende Politik, besteht insofern vor allem in der Herstellung eines Vertrauens in ihre eigene Steuerbasis, die die Lebensbedürfnisse der Völker zur Grundlage ihrer Entscheidungsorientierungen macht.

Ein organisiertes und lebendiges Europa kann, wie wir gesehen haben, nur durch konkrete Leistungen verwirklicht werden. Zu diesen konkreten Leistungen zählen aber nicht bloß rein wirtschaftliche Interessenverwirklichung, sondern auch und vor allem die Etablierung von Toleranz- und Kompromissfähigkeit, die durch vertragliche Übereinkunft gesichert werden kann; dazu gehören auch und vor allem die Vergemeinschaftung teils konfligierender Interessen; dazu gehören auch und vor allem Solidarität, Menschenrechte, Demokratie und Rechtsstaatlichkeit als Grundlagen gemeinsamer Zivilisation, die sich jenseits religiöser Unterschiede zu einer Gemeinschaft auf Leben und Tod entwickeln könnte, ja zu einer Gemeinschaft der Generationen, der Sitten und der politischen Kultur, die statt Rivalitätsprinzipien auf den Zusammenschluss wesentlicher Interessen baut, indem sie auf eine diskursiv ausgearbeitete Veränderbarkeit sozialer Horizonte setzt und gemeinsame Ziele ausbuchstabiert. Eines dieser pädagogisch dringendsten Ziele dürfte freilich die – von Holger Burckhart bereits ins Spiel gebrachte – wechselseitige Rechtfertigung von Rechten sein, die wir uns gegenseitig zugestehen müssen, wollen wir dauerhaft in Frieden leben. Damit ist zugleich ein Prinzip benannt, das man das Prinzip einer reziproken Verantwortungskultur nennen könnte, womit ich uneingeschränkt an Holger Burckharts Idee reziproker Verantwortungsstrukturen anknüpfen kann, da ich als Teil, d.h. als Urheber einer solchen Kultur in diesem Sinne konstitutiv verwiesen bin „an die Koexistenz mit anderen, mit denen ich Sinn teile", und ich – in der Rolle des politischen Entscheidungsträgers – bin zugleich wie „jedes andere Vernunft beanspruchende Lebewesen prinzipiell und nicht nur hier und jetzt zufälliger- oder strategischerweise dazu verpflichtet, dass ich mich einsetze für Bedingungen unter denen reziproke Verantwortungsübernahme überhaupt erst möglich und einklagbar ist, wenn ich denn so etwas wie Permanenz echten menschlichen Lebens (Jonas) will. Dies schließt dann notwendigerweise ein, dass ich die anderen mit Würde behandele, dass ich mir selbst und den anderen gegenüber öffentlich Recht ablege, sowie schließlich die Selbstverpflichtung: Zustände herzustellen, die das reziproke Tragen von Verantwortung überhaupt erst ermöglichen und deren Permanenz zu bewahren sowie umgekehrt Zustände, die dies nicht ermöglichen, zu kritisieren und zu verändern. Im positiven Fall sind dies Zustände gegenseitigen Respekts der Andersartigkeit und Individualität, gegenseitiger Transparenz der Motive, gegenseitiger Solidarität zur Überwindung von Nachteilen – basierend auf gegenseitiger, strikt reziproker Rechtfertigung und Ernsthaftigkeit. Verantwortung zu übernehmen bedeutet dann, dass ich für eine Person, Sache, Situation etc. Verantwortung in der Form *dreistelliger reziproker intersubjektiver Mitverantwortung und dies für Vergangenheit, Gegenwart und Zukunft* trage."[57]

Freilich potenzieren sich die Probleme auf der Praxisebene einer auf Reziprozität basierenden Konsenssuche gewissermaßen, je größer die Zahl derer ist, die an Entscheidungsverfahren partizipieren, wiewohl dies gleich bedeutend ist mit einer stärkeren Inklusion von Betroffenen. Dies wird vor allem in der Debatte um die Europäische Verfassung virulent, die ich im Folgenden an den von mir bislang ausgearbeiteten Grundsätzen spiegeln werde, indem ich danach frage, inwiefern durch Integrationsmechanismen, d.h. durch Vorgänge politischer Partizipation und demokratisch ausgerichteter Inklusion zugleich Prozesse der Exklusion stattfinden, die gewissermaßen auf einer höheren Stufe kritisch-reflexiver Analyse bewusst gemacht werden müssen. Freilich wäre hiermit bereits eine zweite Stufe pädagogischer Reflexionskompetenz aufgezeigt...

2. Die politischen Leitbilder der Nachkriegszeit im Spiegel des Vertrags über eine Verfassung für Europa. Politische Verantwortung zwischen Inklusion und Exklusion, dargestellt am Beispiel »Minderheiten«

Bereits in der Krise von 1965 und 1966 wurde eine Fusion der Verträge ins Auge gefasst: „Am 23. September 1963 beschloß der Ministerrat die Fusion der drei supranationalen Exekutivorgane als ersten Schritt zur Fusion der Verträge. Am 8. April 1965 wurde nach längeren Verhandlungen in Brüssel der Fusionsvertrag unterzeichnet, der die Bildung einer gemeinsamen Kommission und eines einzigen Ministerrats vorsah – nachdem Versammlung und Gerichtshof ja schon mit den Römischen Verträgen als gemeinsame Or-

---

57 Siehe H. Burckhart in diesem Band.

gane der drei Gemeinschaften konstituiert worden waren."[58] Dennoch kam
die Fusion der Verträge nicht zustande, vor allem, weil man durch die anste-
hende erste Erweiterungsrunde sich zusehends neuen und anderen politischen Aufgabenfeldern widmete und nicht gewillt war, „die gemeinschafts-
rechtlichen Grundlagen zu verändern."[59]

Es dauerte schließlich bis zum Oktober 2004. Nach den Vertragsänderungen von Maastricht 1992,[60] Amsterdam 1998 und Nizza 2000[61] unterzeichne-
ten die Staats- und Regierungschefs der EU-Mitgliedstaaten und der Kandidatenländer den *Vertrag über eine Verfassung für Europa (VVE)*. Juristisch
betrachtet handelt es sich dabei um einen völkerrechtlichen Vertrag, inhaltlich ähnelt der Text – zumindest in Teil I und II – klassischen Verfassungen.[62]

Verfassungen begründen im Allgemeinen die Einheit der Rechtsordnung
als Recht erzeugendes Organ und stehen damit wie auch der Verfassungsvertrag im Spannungsverhältnis von Partikularinteressen (der Unionsbürger)
und dem Anspruch, universalistische Prinzipien auszubuchstabieren. Dies
wirft die Frage auf, ob die Europäische Union durch den Verfassungsvertrag
solche Recht erzeugenden Kommunikationsformen institutionalisiert, die einen Interessenausgleich zwischen demokratischer Legitimität, Wirtschafts-
und Identitätspolitik herzustellen vermögen, die das, was Etienne Balibar eine *europäische Apartheid* genannt hat, vermeiden können. Oder anders formuliert: Verursacht die Blindheit des (europäischen) Rechts, das heißt die
formale Gleichheit vor dem Gesetz, nicht auch eine Farbenblindheit gegenüber den Differenzen von Abstammung, Geschlecht und Religion vor allem
dann, wenn es um die Berücksichtigung besonderer Identitäten und damit
spezifischer Interessen bestimmter Volksgruppen geht? Bleiben also nicht
Narben der europäischen Rechtsgemeinschaft zurück, die sich im Ausschluss
bestimmter Gruppen zeigen? Enthält also die Sprache des europäischen Verfassungsrechts nicht auch eine potenzielle Gewalt, die darauf hinausläuft all
jene außen vor zu lassen, die – obwohl sie in Europa leben, nicht mit europä-

---

58   Knipping, a.a.O., 142.
59   Ebd., 143.
60   H. Hahn, Der Vertrag von Maastricht als völkerrechtliche Übereinkunft und Verfassung.
     Baden-Baden (1992).
61   C. Dorau, Die Verfassungsfrage der Europäischen Union. Möglichkeiten und Grenzen
     der europäischen Verfassungsentwicklung nach Nizza. Baden-Baden (2001).
62   Zum Begriff vgl. U.K. Preuß (Hg.), Zum Begriff der Verfassung. Die Ordnung des
     Politischen, Frankfurt a.M. (1994).

ischen Bürgerrechten ausgestattet sind und somit – keinen Zugang zu den Verfahren der Urteils- und Willensbildung im unionsinternen Kontext haben, auch wenn die Rechtsetzungsinstanz den Anspruch erhebt, für die Allgemeinheit zu sprechen? Dieses Problem ist gewiss nicht neu und betrifft grundsätzlich die Frage der Qualität der Legislative. Ganz gravierend aber betraf es die Römischen Verträge, da diese gewissermaßen bloß einen kleinen Kreis, die Sechsergemeinschaft, inkludierten und insofern einen stark exklusiven Charakter besaßen. Durch die Erweiterung der ursprünglichen EWG auf die EU der 25 bleibt das Problem dennoch bestehen, auch wenn quantitativ weitaus mehr »Betroffene« inkludiert sind. Denn nun richtet sich der Blick insbesondere auf die Qualität der Inklusion im Inneren der EU selbst.

Deshalb fragen wir hier insbesondere vor der Folie einer legitimationsfähigen politisch-pädagogischen Prämisse, wie es möglich ist, „eine allgemeine Sprache zu finden, die die Stimmen der Differenz nicht zum Schweigen bringt?"[63] Kann die Idee der Gemeinschaft, die sich friedenssichernde und demokratische Rechtsstaatlichkeit auf ihre Fahnen geschrieben hat und dies, wie wir gesehen haben, insbesondere in den ersten Jahren der Nachkriegszeit vehement durch den Zusammenschluss verschiedener Wirtschafts- und Politikzweige betrieb, heute überhaupt noch jene auf einer reziproken Verantwortungskultur aufruhenden Prämissen durch legitimationsfähige Steuerungsinstrumente der Politik aufrecht erhalten? Oder kommt es durch den vorangeschrittenen Zusammenschluss der Völker in Europa nicht zu so etwas wie einer neuen Qualität der Exklusion? Schließlich: Wenn ja, welche Konsequenzen ließen sich hieraus wiederum für die politische Bildung der Zukunft gewinnen?

Dieser Frage spüre ich in fünf Schritten nach. Der erste Schritt fragt nach dem Design des VVE, der zweite nach den Anforderungen an einen VVE (als zukunftsoffene deliberative Demokratie), der dritte Schritt beleuchtet die Probleme einer europäischen Verfassung und der vierte Schritt befasst sich mit der Wirklichkeit des VVE. Abschließend resümiere ich die gewonnenen Ergebnisse und appliziere sie auf ein neu zu fassendes Verständnis politischer Bildung, das ich anknüpfend an meine Überlegungen aus 1.4 entfalten werde.

---

63   R. Forst, Kontexte der Gerechtigkeit. Politische Philosophie jenseits von Liberalismus und Kommunitarismus, Frankfurt a.M. (1996), 199.

Allgemein werde ich argumentieren, dass die Arbeit des Konvents den Anforderungen deliberativer Demokratie, wie sie bereits zu Beginn des Integrationsprozesses betrieben wurde, durchaus gerecht wird, dass aber das Produkt – der VVE – auf Grund historisch gewachsener systemischer Zwänge – vor allem der Binnenmarktpolitik – gar keine Plattform für ein auf dem Prinzip der Reziprozität basierenden Demokratieverständnis bietet, weil er insbesondere den doppelt verankerten Minderheitenschutz in praxi nicht realisieren kann, bzw. dass der Hiat zwischen der in Teil 1 (Werte der Union) und Teil 2 (Charta der Grundrechte) gewollten Inklusion (von Minderheiten) und den internen Politikbereichen und Maßnahmen nur durch Leerformeln zu kitten ist. Dies aber bringt die Union in ihrer Genese insgesamt in einen neuen Rechtfertigungsdruck, dem sie sich aus der Perspektive einer normativ-reflexiven Politik nicht entziehen darf, will sie denn ihren implizit pädagogischen Auftrag, ein »Europa der Bürger« zu schaffen, nicht grundsätzlich – sprich: sich selbst – gefährden.

2.1 Das Design der Europäischen Verfassung

Mit der Unterzeichnung des *Vertrags über eine Verfassung für Europa* sollte Ende 2004 eine institutionelle Reform der Union vor dem Hintergrund der Erweiterung vorangetrieben und die im Dezember 2001 in Laeken angenommene »Erklärung zur Zukunft der Europäischen Union« politisch verankert werden.

Der Europäische Rat verpflichtete sich damals zu mehr Transparenz, Effizienz und – als Antwort auf das bereits in 1.3 angesprochene Defizit – zu mehr Demokratie, was vor allem eine weitere Stärkung des Parlamentarismus bedeutete. Zu diesem Zwecke wurde ein Konvent[64] unter Federführung des ehemaligen französischen Staatspräsidenten Giscard d'Estaing[65] einberufen. Mehr als 100 Konventsmitglieder – gedacht als Forum des demokratischen Dialogs und der politischen Deliberation[66] – erarbeiteten in der Folgezeit den Entwurf eines VVE.

---

64   Dazu: M. Reichinger, Der Europäische Verfassungskonvent – Dimensionen der Konstitutionalisierung einer supranationalen Organisation, Frankfurt a.M. (2004).
65   Walter Hallstein-Institut für Europäisches Verfassungsrecht (Hg.) (2005), Forum Constitutionis Europae Band 6. Ein Verfassungsentwurf für die EU: Vom Konvent zur Regierungskonferenz.
66   Vgl. B. Lösch, Deliberative Politik, Münster (2005).

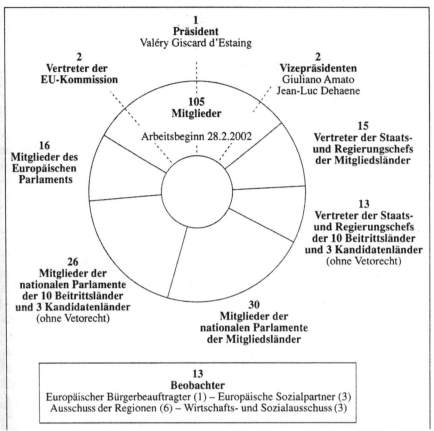

1
Präsident
Valéry Giscard d'Estaing

2
Vertreter der
EU-Kommission

2
Vizepräsidenten
Giuliano Amato
Jean-Luc Dehaene

105
Mitglieder

Arbeitsbeginn 28.2.2002

16
Mitglieder des
Europäischen
Parlaments

15
Vertreter der Staats-
und Regierungschefs
der Mitgliedsländer

13
Vertreter der Staats-
und Regierungschefs
der 10 Beitrittsländer
und 3 Kandidatenländer
(ohne Vetorecht)

26
Mitglieder der
nationalen Parlamente
der 10 Beitrittsländer
und 3 Kandidatenländer
(ohne Vetorecht)

30
Mitglieder der
nationalen Parlamente
der Mitgliedsländer

13
Beobachter
Europäischer Bürgerbeauftragter (1) – Europäische Sozialpartner (3)
Ausschuss der Regionen (6) – Wirtschafts- und Sozialausschuss (3)

© Austria Presse-Agentur, Grafik aus: M. Gehler: Europa, München 2005, S. 285.

Mit dem Verfassungsvertrag[67] soll die noch im Vertrag von Nizza angelegte Trennung von EUV und EGV aufgehoben und die ehemalige Säulenstruktur zu einem einzigen Gesetzestext verschmelzen,[68] um die bislang verstreuten

---

67 Dazu auch: A. Schäfer, Die Verfassungsdebatte in der Europäischen Union – wann begann sie, welchen Weg geht sie?, Dornbirn (2003); Schäfer, A.: Die Verfassungsentwürfe zur Gründung einer europäischen Union. Dokumente 1930-2000. Dornbirn (2001).
68 Dazu: K.-H. Fischer, Die Entwicklung des europäischen Vertragsrechts. Von den Römischen Verträgen bis zur EU-verfassung. Baden-Baden (2004); R. Herzog/S. Hobe, Die Europäische Union auf dem Weg zum verfassten Staatenverbund. Köln (2004).

Ziele, Zuständigkeiten und die Politikinstrumente (die das eigentliche Normierungsmodell der Union darstellen) zu bündeln: Die seit dem Vertrag von Maastricht geltende Einteilung der EU in drei Säulen – die Europäische Gemeinschaft, die GASP und die damalige ZJI, spätere: PJZ – sollte zudem neu überdacht und somit die Kluft zwischen supranational organisierter EG und der intergouvernemental operierenden EU ohne eigene Rechtspersönlichkeit überwunden werden.

Darüber hinaus war die auf die Initiative Joschka Fischers zurückgehende Charta der Grundrechte,[69] die nun Rechtsverbindlichkeit erhalten soll, Diskussionsgegenstand von Laeken. Es galt, neben den Zielen und Werten der Union Aspekte wie die der Menschenwürde und der Bürgerrechte in den Verfassungsvertrag aufzunehmen. „Nach Auffassung des Europäischen Rats soll diese Charta die Freiheits- und Gleichheitsrechte sowie die Verfahrensgrundrechte umfassen, wie sie in der Europäischen Konvention zum Schutz der Menschenrechte und Grundfreiheiten gewährleistet sind und wie sie sich aus den gemeinsamen Verfassungsüberlieferungen der Mitgliedstaaten als allgemeine Grundsätze des Gemeinschaftsrechts ergeben."[70] Dieser Anspruch erklärt auch den Umfang des Verfassungsentwurfs mit mehr als 400 Artikeln (Zum Vergleich: das GG der BRD umfasst 146 Artikel), wobei Rechtsprechung und „Wahrung des Rechts bei der Auslegung und Anwendung der Verfassung" (Art I-29 Abs. 1) dem EuGH obliegt.[71]

Neben der Einheitlichkeit des Vertragstextes war es Ziel des Konvents, grundlegende Elemente der bisherigen Verträge im dritten Teil, der sich mit den Politikbereichen der Union befasst, zu übernehmen. Die Schlussbestimmungen runden das Vertragswerk ab. Unter anderem definieren sie Verfahren zur Annahme und Überarbeitung des Verfassungsvertrags.[72]

---

69 T. Schmitz, Die Grundrechtecharta als Teil der Verfassung der Europäischen Union, EuR (2004), 691.

70 Anhang IV, Schlussfolgerungen des ER, Köln Juni 1999. Siehe auch: R. Bieber, Über das Verhältnis von europäischer und deutscher Verfassungsentwicklung. Die Entwicklung der Europäischen Politischen Union in ihren Auswirkungen auf die deutsche Verfassung. Bonn (1991); Bieber, R./ Schwarze, J., Verfassungsentwicklung in der Europäischen Gemeinschaft. Mit einem Text des Vertragsentwurfs des Europäischen Parlaments zur Gründung einer Europäischen Union. Baden-Baden (1984).

71 Ende, M.: Entwicklungslinien des Europäischen Verfassungsrechts in der Rechtsprechung des Europäischen Gerichtshofs. Herzogenrath (1999).

72 Vgl. W. Wessels, Die institutionelle Architektur der EU nach der Europäischen Verfassung: Höhere Entscheidungsdynamik – neue Koalitionen?, Integration (2004), 161; W. Weidenfeld (Hg.): Die Europäische Verfassung in der Analyse. Gütersloh (2005).

Bemerkenswert an dieser Stelle: Für den EuGH ist bereits der EG-Vertrag gleich bedeutend mit einer Verfassung der Gemeinschaft ist.[73] Zumindest legen dies die systembildende Rechtsprechung des EuGH sowie die Entscheidung Les Verts 1986 (die EWG als *Rechtsgemeinschaft)*, und das 1. Gutachten zum EWR-Abkommen von 1991 nahe (EWG-Vertrag als „Verfassungsurkunde einer Rechtsgemeinschaft").[74] Kritiker dagegen meinen, dass gerade die für eine Verfassung typische Frage nach der Selbstkonstituierung der Gesellschaft offen bliebe, weil weiterhin die Mitgliedstaaten die „Herren der Verträge"[75] seien. Damit wird das prekäre Verhältnis zwischen der Legitimität staatlicher bzw. transnationaler Macht und Autonomie der Bürger – mithin zwischen Universalismus und Partikularismus – berührt.

2.2 Anforderungen an eine Europäische Verfassung. Zukunftsoffene und deliberative Demokratie

Grundsätzlich steht eine Verfassung für die Rationalisierung des Rechtswesens zwecks Aufrechterhaltung einer politischen Grundordnung des Gemeinwesens und formuliert einen Grundrechtskatalog aus. Verfassungsentwürfe sind seit der Herausbildung des modernen Staates und seiner Souveränität im 17. Jahrhundert Thema rechtsphilosophischer Diskurse, die sich in der Praxis der Politik niederschlagen. Diese Diskurse avisieren im Medium der Gesetzgebung eine Rechtsverbindlichkeit gegenüber den Gliedern des Staates.

Idealiter artikuliert sich in Verfassungen das Selbstverständnis einer ganzen Gesellschaft. Aber auch moralisch-politische Vorstellungen kommen darin mit dem Anspruch rechtsverbindlichen Daseins zum Ausdruck. Verfassungen sind somit mehr als bloße „Urkunden erfolgreicher Revolutio-

---

73 EuGH Entscheidung in der Rechtssache 294/83 Entscheidungssammlung (1986), 1339ff. Vgl. auch die Feststellung von 1994, die Gemeinschaft sei eine autonome Rechtsordnung, „die im Konfliktfall vorrangig vor nationalem Recht gilt." (EuGH 1994, 1251); M. Ende, Entwicklungslinien des Europäischen Verfassungsrechts in der Rechtsprechung des Europäischen gerichtshofs. Herogenrath (1999).

74 Dazu ausführlich: T. Schmitz, Integration in der Supranationalen Union. Das europäische Organisationsmodell einer prozeßhaften geo-regionalen Integration und seine rechtlichen und staatstheoretischen Implikationen, Baden-Baden (2001).

75 Vgl. dazu: A. Puttler, Sind die Mitgliedstaaten noch „Herren" der EU? – Stellung und Einfluss der Mitgliedstaaten nach dem Entwurf des Verfassungsvertrages der Regierungskonferenz, EuR (2004), 669; Vgl. zu „Herren der Verträge" BVerfG 89, 155, NJW 1993, 3047, HSV, 117.

nen", auch mehr als „Kodifikationen revolutionärer Kämpfe und ihrer Errungenschaften", wie Norman Paech meint.[76] Freiheitseinschränkende Rechtsakte, zu denen eine Verfassung gehört, bedürfen *de iure* seit jeher der Legitimation und stellen somit eine Herausforderung »legaler Herrschaft« (Max Weber), sprich: der Rechtsrationalität dar, für die es unabdingbar ist, „dass die Bewegung der Verfassung, dass der Fortschritt zum Prinzip der Verfassung gemacht wird, dass also der wirkliche Träger der Verfassung, das Volk, zum Prinzip der Verfassung gemacht wird."[77]

Legitimierende Kraft haben politische Entscheidungsverfahren genau dann, wenn sie „Begründungsforderungen und den Weg zu ihrer argumentativen Einlösung institutionalisieren (...) Legalität kann nur in dem Maße Legitimität erzeugen, wie die Rechtsordnung reflexiv auf den mit dem Positivwerden des Rechts entstandenen Begründungsbedarf reagiert, und zwar in der Weise, dass juristische Entscheidungsverfahren institutionalisiert werden, die für moralische Diskurse *durchlässig* sind."[78]

Verfassungen sind *eine* mögliche Rechtsform, eine zuverlässige Grammatik solcher moraldurchlässigen Diskurse auszubuchstabieren.[79] Das Procedere, das mit der Ausformulierung einer Verfassung einhergeht, obliegt zunächst Ansprüchen, die moralphilosophisch als legitim auszuweisen sind. Die in einer Verfassung niedergelegten Rechtsnormen sind, insofern sie demokratisch legitimierbaren Ansprüchen genügen, Gegenstand moralisch getränkter rechtsphilosophischer Diskurse.

Sie gehen von einer Grundnorm aus, die die Einheit der Rechtsordnung als Recht erzeugendes Organ begründet und darüber hinaus als Normsetzungsinstanz die Gesetzgebung selbst regelt, wobei die Rechterzeugungsfunktion von Verfassungen im Prozess einer stufenweisen Normsetzung vollzogen wird und sich so als Einheit stiftende Instanz gegen andere äußere Formen und rechtspolitische Zusammenschlüsse verhält. Auch der Konvent war gewillt, einen einheitlichen, sämtliche Vertragsgrundlagen in sich bündelnden

---

76   N. Paech, Revolution, Verfassung, Republik, Rede, gehalten am 18. April im Nationaltheater zu Weimar auf einer Veranstaltung „80 Jahre Weimarer Verfassung" der PDS, abgedruckt in: /www.hwp-hamburg.de/fach/fg_jura/dozentinnen/paech/Weimarer-RVBl%E4tter.htm. Stand: März 2005.
77   K. Marx, Kritik des Hegelschen Staatsrechts, MEW (1976), 1, 259.
78   J. Habermas, Faktizität und Geltung. Beiträge zur Diskurstheorie des Rechts und des demokratischen Rechtsstaats, Frankfurt a.M. (1992), 563 et passim.
79   Vgl. O. Höffe, Wirtschaftsbürger, Staatsbürger, Weltbürger. Politische Ethik im Zeitalter der Globalisierung. München (2004), 154.

Text, auszuarbeiten, der der Kraft normativ gehaltvoller Rechtsargumentation entspringt. Schon Hegel notierte bezüglich der Einheit stiftenden Funktion einer Verfassung in seinen *Grundlinien einer Philosophie des Rechts*: „Die politische Verfassung ist *fürs erste*: die Organisation des Staates und der Prozess seines organischen Lebens *in Beziehung auf sich selbst*, in welcher er seine Momente innerhalb seiner selbst unterscheidet und sie zum *Bestehen* entfaltet. *Zweitens* ist er als eine Individualität *ausschließendes* Eins, welches sich damit zu *anderen* verhält, seine Unterscheidung also *nach außen* kehrt und nach dieser Bestimmung seine bestehenden Unterschiede innerhalb seiner selbst in ihrer *Idealität* setzt." (§ 271). Hegel macht darin die einer Verfassung innewohnende Differenz von Recht und Moral deutlich: Auf der einen Seite Staatsorganisation durch Rechtsprechung, auf der anderen Seite Abgrenzung zu Anderen/Anderem durch moralischen Impetus der sich selbst auferlegten Gesetze,[80] und damit das Spannungsverhältnis von Inklusion und Exklusion.

Seit Beginn des europäischen Einigungsprozesses wird versucht, die ursprüngliche Idee einer Staatsverfassung und die von Hegel benannten Pole Staatsorganisation versus Idealität als das Unterscheidungsmerkmal und Einheit stiftende Moment einer verfassungsrechtlichen Gemeinschaft, auf die Stufe supranationaler Kooperation zu heben und dabei sämtliche institutionellen Organe und deren Funktions- und Verfahrensweisen inklusive möglicher Vertragsänderungen mit zu berücksichtigen, um die nationalstaatlichen Verfassungen eingeschriebene Demokratie auf die Ebene transnationaler Kooperation zu heben. Denn nur insoweit der normativen Regelung von Prozessen transnationaler politischer Machtbildung zeitgleich demokratische und zukunftsoffene Strukturen eingeschrieben sind,[81] kann supranational operierende Politik eine ernsthafte Alternative zum Nationalstaatsmodell darstellen und somit, wie Hermann Heller 1929 feststellte, „den geschichtlich unausweichlichen Kampf" der Kulturen „in kuturermöglichende Formen" bringen und zugleich „den schöpferischen Kräften aber die Freiheit zur Gestaltung einer schöneren Zukunft" lassen.[82]

---

80 Siehe dazu auch: J. Seifert, Verfassungspatriotismus im Licht der Hegelschen Verfassungstheorie, in: ders., Politik zwischen Destruktion und Gestaltung. Studien zur Veränderung von Politik, Hannover (1997), 67ff. Vgl. auch ders., Kampf um Verfassungspositionen, Frankfurt a.M. (1974).

81 Vgl. A. Fisahn, Die europäische Verfassung – ein zukunftsoffener Entwurf?, in: Kritische Justiz, Jg. 37, Heft 7, 381ff.

82 Zit. nach N. Paech, a.a.O.

Dies wird nur insofern garantiert, als wir an einem normativen, universal gültigen Begriff von politischer Kultur als »Öffentlichkeit« festhalten; eine Öffentlichkeit, die von interessefreien und vernunftgeleiteten Argumenten getragen wird. Für die Politik und ihre Entscheidungsprozeduren bedeutet das, dass nur solche Regelungen Legitimität beanspruchen dürfen, denen alle möglicherweise betroffenen Teilnehmer an rationalen Diskursen zustimmen können. Denn keine besondere Sicht der Dinge, keine Heilslehre und keine Ideologie kann legitimerweise den Anspruch erheben, die Wahrheit zu wissen und zu vertreten. Öffentlichkeit heißt also: (Zukunfts-)Offenheit für die Ansichten der Betroffenen und Offenheit der gleichberechtigten und freien Rede aller Beteiligten. Das erfordert eine rechtliche Institutionalisierung des öffentlichen Gebrauchs kommunikativer Freiheit als Menschenrecht, verwirklicht in einer beratschlagenden demokratischen Gesellschaftsordnung, die von einer Verfassung gefestigt wird. Und dies bedeutet: Öffentliche Kommunikation über politische Fragen durch Versammlung, Gremien und Institutionen der Medienöffentlichkeit. Vom Medium des Gesprächs wird erwartet, dass es zu einem rationalen Umgang miteinander beiträgt. Die politischen Überzeugungen von Bürgern werden hierbei nicht nur als aufklärungsbedürftig, sondern auch als aufklärungsfähig angesehen. Insgesamt bezieht sich dieses durch Jürgen Habermas inaugurierte Modell allein auf einen gemeinsamen, universalen politischen Kern des Zusammenlebens, den es jenseits von Kulturdifferenzen und Religionszugehörigkeiten zu verteidigen gilt.[83] In solch einer deliberativ gestalteten Politik ist davon auszugehen, dass

---

83   S. Rushdie schrieb in der Zeit 14/2005 treffend: „Gleichwohl behaupten die Religionen nach wie vor, einen besonderen Zugang zu ethischen Wahrheiten zu haben und folglich eine besondere Behandlung und besonderen Schutz zu verdienen. Sie verlassen den Bereich des Privaten, in den sie gehören (wie viele andere Dinge, die akzeptabel sind, wenn sie im Privaten und im gegenseitigen Einvernehmen zwischen Erwachsenen passieren, nicht jedoch, wenn sie in der Öffentlichkeit passieren), und streben nach Macht. Das Heraufkommen des radikalen Islams braucht hier nicht beschrieben zu werden, viel bedeutsamer ist das Wiedererstarken von Religiosität. (...) Jacques Delors, der ehemalige EU-Kommissionspräsident, glaubt, dass der Gegensatz zwischen Religiösen und Nicht-Religiösen die transatlantischen Beziehungen in den nächsten Jahren wesentlich prägen wird. (...) Victor Hugo schrieb: »In jedem Dorf gibt es eine Fackel, den Lehrer, und jemanden, der dieses Licht löscht, den Pfarrer.« Wir brauchen mehr Lehrer und weniger Pfarrer, denn, wie James Joyce einmal sagte: »Für die Kirche gibt es keine schlimmere Häresie oder Philosophie als den Menschen.« Aber das beste Argument für säkulares Denken stammt vielleicht von der großen amerikanischen Anwältin Clarence Darrow: »Ich glaube nicht an Gott, weil ich nicht an Kindergeschichten glaube.«"

die Qualität einer Demokratie auf einer liberalen Öffentlichkeit und einer lebendigen Zivilgesellschaft beruht, wobei Habermas betont, die Politik müsse
insbesondere für integrationsgefährdende Gesellschaftsprobleme eine Art
Ausfallbürgschaft übernehmen, in der nicht die Mehrheitskultur politisch be-
stimmend sei. Moderne Verfassungen ruhen dementsprechend auf der ver-
nunftrechtlichen Idee, dass sich die Bürger aus eigenem Entschluss zu einer
von freien und gleichen Menschen getragenen Gemeinschaft zusammenfin-
den. Eine Verfassung ist somit die Inkraftsetzung von Rechten, die sich die
Bürger gegenseitig zugestehen müssen, wollen sie denn ihren Zusammenschluss mit Hilfe rechtlicher Konstruktionen legitimieren und dauerhaft sichern. Habermas vertritt dabei eine prozeduralistische Rechtsauffassung,
denn die Demokratie muss sowohl die private als auch die öffentliche Autonomie sichern; dies ist nur dann gewährleistet, wenn die Betroffenen zuvor
in öffentlichen Diskussionen mögliche Ungleichbehandlungen artikulieren
und begründen können. Autonom sind die Bürger also nur dann, wenn sie
sich als Adressaten des Rechts und der Verfassung zugleich auch als Autoren verstehen können, und als frei können sie nur dann gelten, wenn Gesetz-
gebungsprozesse so geregelt sind, dass alle daran Beteiligten unterstellen
dürfen, alle beschlossenen Regelungen verdienten eine allgemeine und rational abgesicherte Zustimmung. Denn ohne eine so radikal gedachte demokratische Form von politisch-rechtlichen Kommunikationsprozessen funktio-
niert kein moderner Rechtsstaat und erst recht keine supranationale Union.
Politisches Handeln ist also nur dann legitim, wenn es über die bloße
Zweckmäßigkeit und kratische Klugheit hinaus auch moralisch vertretbar ist
und dem Wohl aller Betroffenen dient.[84] Nur die Interessen, die verallgemeinerungsfähig sind, dürfen damit Eingang in den geschriebenen und letztlich
moralisch verpflichtenden Gesetzestext finden. Verallgemeinerungsfähig
sind Interessen genau dann, wenn sie übergeordnete, dem Interessenkonflikt
enthobene, rechtfertigbare Gründe anführen und auf das Niveau diskursiv
einklagbarer Sinn- und Geltungsansprüche heben können. Die Anforderung,
die eine Verfassung erfüllen sollte, lautet, dass rechtlich verankerte Politikinstrumente dem Wohl aller Menschen auf der Grundlage demokratischer

---

84 Vgl. J. Sikora, Communitas perfecta. »Europäisches Gemeinwohl« als politisches
Leitbild unter besonderer Berücksichtigung der Zeit zwischen Marshall-Plan und
Römischen Verträgen. In: Brunn, G./Ambrosius, G. /Schmittt-Egner, P. (Hg.):
Europäisches Gemeinwohl: Historische Dimension und aktuelle Bedeutung. Baden-
Baden, im Erscheinen.; J. Sikora, Verfassungspatriotismus in der EU?, in: H. Heit (Hg.):
Die Werte Europas, im Erscheinen.

Verfahren dienen, um so etwas wie einen »Verfassungspatriotismus« in Gang zu setzen.

Der Ausdruck stammt aus der Feder des Politikwissenschaftlers und Journalisten Dolf Sternberger. Sein gleichnamiger Aufsatz erschien anlässlich des 30jährigen Bestehens des Bonner Grundgesetzes 1979. Angesichts des damals noch geteilten Deutschlands konstatierte er, wir lebten zwar nicht in einem ganzen Deutschland, aber zumindest in einer ganzen Verfassung.[85] Tatsächlich bezieht sich Sternbergers Versuch einer Definition auf die Verfassung des Staates, dessen Bürger er war. Seine Ausgangsfrage ist, ob die Verfassung des Staates selbst so etwas wie „eine Art von Vaterland" sein könne, und er gibt folgende, bemerkenswerte Antwort: „Wir brauchen uns nicht zu scheuen, das Grundgesetz zu rühmen. Wir mögen im gegebenen Augenblick die Regierung tadeln, der Opposition Schwäche vorhalten, dem Parlament die Flut der Gesetze übel nehmen, bei den Parteien insgesamt Geist und Phantasie vermissen, von der Bürokratie uns beschwert fühlen, die Gewerkschaften für allzu anspruchsvoll, die Reporter für zudringlich halten – die Verfassung ist von der Art, daß sie dies alles zu bessern erlaubt, zu bessern uns ermuntert. Eine gewisse maßvolle Unzufriedenheit ist dem Staat förderlich. Sie mindert nicht die Treue, die der Verfassung geschuldet wird. Gegen erklärte Feinde jedoch muß die Verfassung verteidigt werden, das ist patriotische Pflicht."[86] Bemerkenswert daran ist, dass es Sternberger für möglich hält, dass die Verfassung so konzipiert ist, mögliche Unzufriedenheiten mit den verfassungsrechtlich eingesetzten Organen, selbst zu beheben, ja, dass Kritik am Staat Teil seiner Verfassung sein muss, um demokratisches Leben im Gang zu halten. Denn die Demokratie sei „ein Element der Verfassung, ein fundamentales sogar, denn es ist das Volk, vor allem als Wählerschaft, welches allein die handelnden Staatsorgane zu legitimieren vermag, und in Wahlen vor allem aktualisiert sich das demokratische Verfassungselement. Das ist eine vergleichsweise stille und unscheinbare Tätigkeit, aber eine bedeutende, wenn sie verantwortlich geübt wird (...)."[87] Hierbei möchte er Verfassung jedoch nicht bloß auf ein juristisches Dokument wie das Grundgesetz beschränkt wissen. So gilt es vielmehr auch, sich zu den Grundlagen, auf denen die Verfassung beruht, zu bekennen, Grundlagen, die wiederum selbst implizites Moment einer Verfassung sein müssen, will

---

85 D. Sternberger, Verfassungspatriotismus, Schriften X, Frankfurt a.M. (1990), 13.
86 A.a.O., 15f.
87 A.a.O., 27.

die Verfassung keine »Despotie« sein. Dazu gehören u.a. die Achtung und Bewahrung persönlicher und kollektiver Freiheiten, bürgerliche Wählerschaften, eine kontrollierte Regierung, eine gesetzliche Verwaltung, eine unabhängige Gerichtsbarkeit, eine kritische Öffentlichkeit und Opposition sowie die bürgerliche Teilhabe am Regierungsprozess.[88] Schließt die Verfassung diese Grundlagen mit ein, ist es gerechtfertigt, sich zur Verfassung öffentlich zu bekennen, das heißt patriotisch zur Verfassung zu stehen. Denn der Patriotismus, so Sternberger weiter, habe „in seinen Ursprüngen und in seiner Geschichte, in seiner modernen Geschichte, durchaus etwas mit Staat und Verfassung zu tun."[89] Ja, der Patriotismus sei ursprünglich und hauptsächlich: Verfassungspatriotismus. Zweifelsfrei sieht Sternberger in der Bonner Verfassung und ihren Implikaten eine politische Errungenschaft, die es zu verteidigen gilt, und er hegt den Wunsch, dass die Bürger an dieser Verfassung festhalten, sich als Verfassungsfreunde zeigen in einer Zeit („Deutscher Herbst"), in der man immer nur von den Verfassungsfeinden spräche. Gerade in solchen Zeiten bedürfe es einer Bürgerschaft, die so etwas wie Verfassungsloyalität überhaupt erst sichtbar mache. Hierunter fällt wohl so etwas wie eine aufgeklärte Öffentlichkeit, die es ermöglicht, eine demokratische Meinungs- und Willensbildung anzuregen. Idealiter greift eine solche Meinungs- und Willensbildung auch auf die politische Institution des damals erstmals direkt gewählten Europäischen Parlaments über. Für das Parlament sieht er einen Wahlspruch aus der Trauerrede des Perikles in neuem Glanz erscheinen: „Wir glauben nicht, dass die Sachen darunter leiden, wenn man sich erst öffentlich darüber ausspricht."[90] Mit »Wir« sind hierbei die Bürger Europas gemeint, die sich auch von der europäischen Politik wünschen, sie möge zu einer demokratischen Meinungs- und Willensbildung in einem geeinten Europa beitragen, so dass Europa aus staatlichen, gemeinschaftlichen und bürgerlichen Wesen, die Aristoteles als *zoon politikon* bezeichnete, bestehe. Was könnte dann wohl als europäisch gelten? Sternberger gibt hierauf eine Antwort unter Zuhilfenahme des deutschen Historikers Jacob Burckhardt. Europäisch sei „das Sichaussprechen aller Kräfte, in Denkmal, Bild und Wort, Institution und Partei, bis zum Individuum – das Durchleben des Geistigen nach allen Seiten und Richtungen."[91] Eine Verfassung, die dieses Sichaussprechen als Leitbild in sich trägt, die also nach heu-

88 A.a.O., 29, paraphrasiert.
89 A.a.O., 20.
90 A.a.O., 41.
91 A.a.O., 45.

tigem Verständnis basisdemokratisch konzipiert ist, verdiene es allemal, dass
man sich patriotisch zu ihr bekennt.

Zweifellos ist Sternberger in seinen Aufsätzen kein systematischer Den-
ker. Er will es auch gar nicht sein, zumal er über einen Aspekt schreibt, der
ohnehin emotional besetzt ist. Dennoch verdient seine Grundannahme, dass
ein legitim verfasstes Gebilde, ein Staat oder eine Gemeinschaft, ja, dass die
Verfassung dieser Gemeinschaft, gehorcht sie demokratischen Prinzipien,
gewissermaßen der einzige gemeinsame Rückzugsort aufgeklärter Bürger
sein könne, Beachtung und Anerkennung. Hierbei schälen sich meines Erachtens insbesondere zwei entscheidende Kriterien einer geltungsfähigen
Verfassung heraus. Erstens ihre Zukunftsoffenheit und gestalterische Flexi-
bilität, die es nachfolgenden Generationen erlaubt, Teile des Vertrags kritisch zu durchleuchten und ggf. zu revidieren bzw. zu modifizieren. Zweitens die einer Verfassung eingeschriebene radikale Demokratie, die auf der
Inklusion aller möglicherweise Betroffenen aufruht und zugleich universal
gültige Prinzipien einer *politischen* Wertegemeinschaft bereithält. Im ersten
Teil der Verfassung für Europa heißt es dementsprechend in Artikel I-2 zu
den Werten der Union: „Die Werte auf die sich die Union gründet, sind die
Achtung der Menschenwürde, Freiheit, Demokratie, Gleichheit, Rechtsstaatlichkeit und die Wahrung der Menschenrechte einschließlich der Rechte der
Personen, die Minderheiten angehören. Diese Werte sind allen Mitgliedstaaten in einer Gesellschaft gemeinsam, die sich durch Pluralismus, Nichtdiskriminierung, Toleranz, Gerechtigkeit, Solidarität und die Gleichheit von
Frauen und Männern auszeichnet." Wenngleich die Begriffe nicht näher erläutert und präzisiert werden, so steht bereits hiermit fest, dass eine solche
Stellungnahme allein politisch motiviert ist und jenseits kultureller Differenzen und Gepflogenheiten steht, so dass einige Aspekte einer (europäischen)
Verfassung obsolet werden. Dazu gehören religiös motivierte Inhalte und
historisch-kulturelle Referenzen einer Schicksalsgemeinschaft. Kritisch bemerkt Hegel in seiner Rechtsphilosophie zum Thema Religion: „Es ist über
Verfassung wie über Vernunft selbst in neueren Zeiten unendlich viel Geschwätze, und zwar in Deutschland das schalste durch diejenigen in die Welt
gekommen, welche sich überredeten, es am besten und selbst mit Ausschluß
aller anderen und am ersten der Regierungen zu verstehen, was Verfassung
sei, und die unabweisliche Berechtigung darin zu haben meinten, dass die
Religion und die Frömmigkeit die Grundlage aller dieser ihrer Seichtigkeiten
sein sollte. Es ist kein Wunder, wenn dieses Geschwätze die Folge gehabt
hat, dass vernünftigen Männern die Worte Vernunft, Aufklärung, Recht u.s.f.

wie Verfassung und Freiheit ekelhaft geworden sind, und man sich schämen möchte, noch über politische Verfassung auch mitzusprechen (...)"[92].

2.3 Probleme einer Europäischen Verfassung

Die Prozedur einer demokratischen Meinungs- und Willensbildung scheint jedoch nicht erst nach den Negativvoten in Frankreich und den Niederlanden kaum von der Politik als Teilsystem der gesamtgesellschaftlichen Wirklichkeit allein zu bewältigen zu sein, weil wir es – wie bereits erwähnt – mit einem Komplex nebeneinander bestehender Teilsysteme zu tun haben, sprich: die Komplexität funktional differenzierter Gesellschaften sowie die Struktur marktgesteuerter Verwaltungssysteme verunmöglichen nahezu die Verwirklichung einer deliberativen Anforderungen entsprechenden Demokratie sowie einer *constitutio libertatis*. Habermas setzt dementsprechend auf das Gleichgewicht von Geld/Macht auf der einen und Kommunikation auf der anderen Seite sowie auf das Zusammenspiel von institutionell verfassten politischen Willensbildungen und einer problemlösungsorientierten nicht organisierten Öffentlichkeit, die es versteht, Interessenkonflikte so zu artikulieren, dass sie Eingang in die diskursive Auseinandersetzung von Politik und Rechtsprechung finden.[93] Zwecks dessen verfolgt er die normative Idee des Rechts, „dass eine Person als freie und gleiche Rechtsperson respektiert und anerkannt ist, welche konkrete Identität[94] sie als ethische Person auch haben mag."[95] Damit wird vor allem das Problem der Exklusion berührt, das Personen und Minderheiten betrifft, die nicht in der Lage sind, durch die Verfassung gewährte Rechte und Freiheiten wahrzunehmen, wie es in unserem Fall die Personen mit Unionsbürgerstatus können: „Rechte und Freiheiten sind nicht in der gleichen Weise für alle Personen nutzbar: Soziale Ungleichheiten verhindern dies."[96] Martha Minow beschreibt dies als »Dilemma der Differenz«.[97] „Das Dilemma besteht in der Frage, wie das Recht besonderen I-

92 Hegel, a.a.O., § 272; siehe auch: Böckenförde, E.-W. Staat, Nation, Europa. Studien zur Staatslehre, Verfassungstheorie und Rechtsphilosophie. Frankfurt a.M. (1999).
93 Vgl. B. Lösch, Deliberative Politik, a.a.O., 94.
94 Dazu: A. von Bogdandy, Europäische Verfassung und europäische Identität, JZ (2004), 53ff.
95 R. Forst, Kontexte der Gerechtigkeit, a.a.O., 113.
96 Ebd., 119.
97 M. Minow, Making all the difference. Inclusion, Exclusion and American Law, Cornell University Press (1990).

dentitäten gerecht werden kann, ohne sie einerseits in traditionellen Rollen-
mustern festzuschreiben oder sie andererseits als »anders« zu brandmarken.
Wie kann »Differenz« zugleich bewahrt werden und sich nicht nachteilig
auswirken, das heißt, wie kann sie *anerkannt* werden?"[98] Zugestanden sei,
dass das Recht dazu wiederum unabdingbar ist, weil sich Minderheiten und
ausgeschlossene Gruppen in der Sprache des Rechts artikulieren müssen, um
anerkannt zu werden.[99] Das Recht, hier die Verfassung, muss also einen
Wert politischer Freiheit verteidigen, der es ermöglicht, „dass Minderheiten
zuallererst ihre Interessen artikulieren können, bevor eine politische Gemeinschaft darüber berät, welche Maßnahmen gerechtfertigt sind (...) Der
Grundsatz reziproker und allgemeiner Rechtfertigung bedarf eines Ortes, eines Forums, an dem das zu Rechtfertigende konkret bestimmt wird. Ethische
Personen, die als Rechtsperson in ihrer Integrität und Identität unter allgemeinen Normen zu schützen sind, müssen auch Bürger, das heißt nicht nur
Adressaten, sondern auch *Autoren* des Rechts sein."[100]

2.4 Wirklichkeit der Europäischen Verfassung

In den Verfassungsvertragstext ist entgegen dem Konventsvorschlag auch
ausdrücklich aufgenommen worden, dass Werte wie Menschenwürde, Freiheit, Demokratie, Gleichheit und Rechtsstaatlichkeit auch für Angehörige
von (nationalen) Minderheiten gelten. Der Begriff „Minderheit" wird im europäischen Recht durch den Verfassungsvertrag erstmals eingeführt, nachdem sich die Union durch den Vertrag von Nizza einen Grundrechtskatalog
erarbeitet hat, wenngleich der EuGH betont hat, dass die Europäische Menschenrechtskonvention zu den allgemeinen ungeschriebenen Grundsätzen
des Gemeinschaftsrechts zählt. Die Union war allerdings laut EuGH nicht
befugt, der Konvention beizutreten.[101] Auch dies sollte sich durch den Verfassungsvertrag ändern (Art. I-9 Abs. 2). Das Problem besteht darin, dass einige europäische Staaten den Standpunkt vertreten, in ihrem Land gebe es
gar keine Minderheiten und aus diesem Grund gebe es auch keinen Bedarf
eines Schutzes von Minderheiten. Darauf lässt zumindest die Schlusserklä-

---

98 R. Forst, a.a.O., 120.
99 Vgl. ebd., 121 sowie Minow (1990), 307.
100 R. Forst, a.a.O., 125.
101 EuGH Slg. (1996), I-1759ff; vgl. auch: M. Möstl, Die Verfassung Europas. Einführung
     und Kommentierung mit vollständigem Verfassungstext, München (2005).

rung des KSZE-Expertentreffens in Genf 1991 schließen. Somit könnte der *effet utile* der Schutzkonstruktion ohnehin verpuffen.

Dennoch ist der aufgeführte Minderheitenschutz als primärrechtlich verankertes Moment der Verfassung eine kleine politische Sensation – immer vorausgesetzt, die Verfassung tritt tatsächlich in Kraft – was derzeit zumindest nach den ersten Abstimmungen über die Verfassung zweifelhaft ist. Allerdings wurde der Minderheitenschutz durch die Kopenhagener Kriterien politisch bereits praktiziert – hier insbesondere durch das *politische* Kriterium, das explizit von Menschenrechten und Minderheitenschutz handelt.[102] Das ist umso erstaunlicher, als dies ein Beitrittskriterium ist, das die EU seit 1993 als Maßstab für die Kandidatenländer nimmt, ohne bislang sich jedoch selbst auf dieses Kriterium intern zu beziehen.

So ausdrücklich wie im Verfassungsvertrag formuliert, finden wir den Minderheitenschutz vertraglich verankert weder in den Römischen Verträgen, und auch nicht in den darauf folgenden Verträgen der Union, obwohl durch Gemeinschaftsrechtsakte in die Grundrechte der Bürger eingegriffen wird. Hier hat der Konvent samt seinen Kritikern, die es ermöglicht haben, den Minderheitenschutz gleich doppelt zu verankern, gewiss gute Arbeit geleistet: Durch die Rechtsverbindlichkeit der Charta „auf primärrechtlicher Ebene (kann) in Zukunft das gesamte Sekundärrecht (also vor allem Verordnungen, Richtlinien und Entscheidungen) an den Rechten der Charta gemessen werden, wobei dem EuGH aufgrund seiner Zuständigkeiten (...) überragende Bedeutung zukäme."[103]

Angetrieben durch die italienische Präsidentschaft 2001 und das durch Kohl und Mitterand 1994 initiierte „Komitee der Weisen" der Kommission – die so genannte Kahn-Kommission –, die 2000 in einem Bericht eine professionelle Menschenrechtspolitik von der Union forderte, wurde der Minderheitenschutz auf einer Regierungskonferenz 2002/2003 thematisch eingeführt. Im VVE ist er einerseits im Wertekanon verankert. Artikel I-2 lautet: „Die Werte, auf die sich die Union gründet, sind (...) die Wahrung der Menschenrechte einschließlich der Rechte der Personen, die Minderheiten ange-

---

102 Zum Folgenden stütze ich mich auf: W. Hummer, Neuerungen im Minderheitenschutz in der Verfassung für Europa, Vortrag, gehalten am 4. November 2004 in der EA Bozen („Wissenschaftliche Tagung: Minderheitenschutz in der Europäischen Union"); ders./E. Busek, Der Europäische Konvent und sein Ergebnis – Eine Verfassung für Europa, Wien (2004).

103 H. Tretter, Die Charta der Grundrechte der Europäischen Union – vergebene Chance oder Hoffnung?, in: Die Union 1/2001, 59. 53.

hören." Hier haben wir es wieder mit einem Novum zu tun: Minderheitenschutz wird als ein Teilaspekt von Menschenrechten interpretiert. Denn es
geht in der Formulierung um einschließende Rechte, und zwar von Individu-
en ("Rechte der Personen"), nicht von ethnischen Kollektiven. Der ursprünglich völkerrechtliche Begriff "Minderheitenschutz", der sich nur auf ethni-
sche und nationale Minderheiten bezog, wird nun ausgedehnt auf Aspekte
der Menschenrechte. Denn in der Charta lautet Artikel II-81: "Diskrimini-
rungen insbesondere wegen des Geschlechts, der Rasse (!), der Hautfarbe,
der ethnischen oder sozialen Herkunft, der genetischen Merkmale, der Sprache, der Religion oder der Weltanschauung, der politischen oder sonstigen
Anschauung, der Zugehörigkeit zu einer nationalen Minderheit, des Vermögens, der Geburt, einer Behinderung, des Alters oder der sexuellen Ausrichtung sind verboten. Unbeschadet besonderer Bestimmungen der Verfassung
ist in ihrem Anwendungsbereich jede Diskriminierung aus Gründen der
Staatsangehörigkeit verboten." Es kommt also zu einem Mix aus Völker-
recht und Menschenrecht.

Bis zum Amsterdamer Vertrag gab es nur ein Diskriminierungsverbot aufgrund der Staatsangehörigkeit sowie ein Diskriminierungsverbot, das Aus-
ländern aufgrund ihrer Arbeitnehmereigenschaft durch das Kooperationsab-
kommen der Gemeinschaft mit einigen südeuropäischen und nordafrikani-
schen Staaten zugute kam.

Wir sehen also, dass der Minderheitschutz durch den Verfassungsvertrag verbessert worden ist. An dieser Stelle könnte man also leichthin den
Eindruck gewinnen, dass nicht nur das Verfahren der Konsenssuche innerhalb des Konvents sowie die an einzelnen Formulierungen in den Verfassungsvertrag eingegangene Kritik den Anforderungen deliberativer Politik
entspricht, die auf den Grundsatz reziproker und allgemeiner Rechtfertigung
baut, um den Stimmen der Differenz Gehör zu verschaffen. Dennoch bleibt
unklar, worin die Rechte der Person, die einer Minderheit angehört, denn
genau bestehen sollen, wenn diese Person nicht mit der Unionsbürgerschaft
ausgestattet ist und somit nicht in den Genuss der Grundrechte und Grundfreiheiten der Unionsbürgerschaft bis hin zu Partizipationsmöglichkeiten an
EU-Programmen gelangt. Zwar hat die Kommission 2000 festgestellt, dass
"den zugelassenen Personen im großen und ganzen dieselben Rechte und
Pflichten wie EU-Bürgern gewährt werden, dass dies jedoch fortschreitend
und abhängig von der in den auf sie anwendbaren Aufnahmebedingungen
vorgesehenen Aufenthaltsdauer erfolgen kann (...) Maßnahmen zur Integration von Migranten in unsere Gesellschaften sind daher als wesentliche Er-

gänzung (sic!) der Zulassungspolitik zu sehen."[104] Neben diesem so genannten »Denizenship«, einem Mix aus Staatsbürgerstatus und Fremdem,
herrscht jedoch große Konfusion – entweder in den Rechtszuständigkeiten
oder in der Terminologie des Verfassungsvertrags, da die Menschen einmal
Rechte „haben", ein anderes Mal diese seitens der Union anerkannt oder
bloß geachtet werden.[105] In der Charta geht dahingehend – vielleicht bewusst? – einiges durcheinander: Bürgerrechte, Individualrechte, Menschenrechte, Völkerrechte etc.

Die Verfassung kann in diesem Bereich wohl letztlich nur semantische
Leerformeln produzieren oder aber ihren eigenen Kompetenzbereich, nämlich Rechte außerhalb ihrer eigenen Zuständigkeiten definieren, also einen
fördernden Minderheitenschutz betreiben. Dies aber würde wiederum einen
strukturellen Widerspruch zum Prinzip des – wirtschaftspolitisch diskrimi-
nierenden – europäischen Binnenmarktes mit seinen vier Grundfreiheiten
bedeuten. Die Diskrepanz zwischen der militaristisch-neoliberalen Ausrichtung der Politikinstrumente, die im dritten Teil offensichtlich verankert sind
und die im Rahmen der Debatte über den »Bolkestein-Hammer« virulent
werden, ist kaum in Einklang zu bringen mit den Ansprüchen der Werte der
Union und der Charta. Denn in Teil 1 (Werte) und 2 (Charta) des VVE steht
nicht über die Privatisierung von Staatsunternehmen und auch nichts über
die Deregulierung der Märkte für Kapital und Arbeit. Die Politik gibt damit
aber einen Teil ihrer Steuerungsfunktion des gesamtgesellschaftlichen Lebens in die Hand ökonomisch ausgerichteter Handlungswelten, indem sie
nur noch grobe Rahmenbedingungen des freien Handels definiert. Angelegt
war dies freilich bereits in den Römischen Verträgen; in Zuge des umgreifenden Globalisierungsprozesses mindestens seit der 1970er Jahren auf
Grund des Zusammenbruchs des Bretton-Woods-Systems und der Neuorien-
tierung am freien Floaten der Kurse und Märktepolitik der 1980er Jahre (der
so genannte Washingtoner Konsens) vor allem von IWF und Weltbank, hat
dieser Prozess jedoch teils dramatische Züge angenommen, auf die ich hier
nicht näher eingehen kann, die jedoch wesentlichen Einfluss eben auch auf
die Binnenmarktpolitik der EU gehabt haben und ihren Niederschlag insbesondere im Vertrag von Maastricht gefunden haben.[106]

---

104 KOM (2000), 757.
105 Vgl. H. Tretter, a.a.O., 49.
106 Hier wären die Initiativen Schmidts und d'Estaings zu nenen, ihr Vorschlag von 1975,
     ein europäisches Währungssystem einzuführen, die Inflation zu senken und die
     währungspolitische Einheit Europas voranzutreiben – aber auch die Genscher-Colombo-

Kommen wir deshalb noch einmal zurück auf das Problem von Minderheitenschutz und Diskriminierung, das eine weitere Kehrseite in sich trägt, denn
auch gegenüber der Mehrheit der Unionsbürger bedeutete ein fördernder
Minderheitenschutz eine Diskriminierung nach innen, gegenüber Drittstaa-
tenangehörigen eine Diskriminierung nach außen. So müsste man Nicht-
Unionsbürger gewissermaßen vor den eigenen Politikinstrumenten schützen,
dies umso mehr, je größer ein direkter Rechtszug von Individualpersonen an
den EuGH eröffnet wird.

Zudem beinhalten die Grundfreiheiten – Arbeitnehmer-, Niederlassungs-,
Warenverkehrs- und Kapitalverkehrsfreiheit – eine doppelte Diskriminierung im Inneren der Union, einmal durch die Gleichsetzung des auf Unions-
ebene unbekannten deutschen Föderalismusprinzips durch die Gleichsetzung
mit den Kommunen und zweitens durch die Freistellung von EU-Ausländern
mit Blick auf bestimmte innerstaatlich geforderte Qualifizierungsmaßnah-
men.

Es kann im Rahmen des Verfassungsvertrags darüber hinaus nicht wirklich geklärt werden, wie eventuell kollidierende Rechte von Personen, die
einer Minderheit angehören – einerseits gegeneinander, andererseits gegenüber den Rechten der Unionsbürger – abzugleichen, und damit aufzulösen
wären, da es keinerlei Umsetzungsbestimmungen gibt, auf die sich eine Person, die einer Minderheit angehört, berufen könnte. Der Verfassungsvertrag
verlangt somit einen Minderheitenschutz, den sie auch als Anerkennungskri-
terium für die Aufnahme weiterer Länder hochhält, also in ihre auswärtigen
Beziehungen implementiert, den sie im Inneren jedoch nicht mit den gelten-
den Rechten und Freiheiten des Binnenmarktes und der Unionsbürgerschaft
in Einklang bringen *kann*. Sie definiert damit ein moralisch ehrbares, aber
politisch nicht zu verwirklichendes Ziel. Die Praxis der Deliberation hat ihre
strukturellen Grenzen inmitten des neuen Europas! Wir sehen, dass wir es
also nicht mit geschichtslosen Wesen und ihren ebenso geschichtslosen institutionellen Gebilden zu tun haben. Aus diesem Dilemma des Bemühens um

Initiative, die auf die Einheitliche Europäische Akte von 1986 hinauslief und der
Wegbereiter für den Masstrichter Vertrag war. Ausgangspunkt war wiederum der
Versuch der politischen Einigung Europas, der Begriff EU sollte mit Inhalt gefüllt und
der Ausbau des Führungsanspruchs des Europäischen Rates vorangetrieben werden. Die
GASP sowie die Zusammenarbeit der Rechts- und Kulturpolitik, die Kriminalitäts- und
Terrorbekämpfung, die Verwirklichung des Binnenmarktes, aber auch die Stärkung des
Parlaments (bei Entscheidungen über Binnenmarkt, Forschung, Bildung, Kultur,
Verbraucherschutz, Zusammensetzung der Kommission etc.), sowie eine gemeinsame
Umweltpolitik waren Inhalte der Initiative.

Anerkennung des Anderen, um Gehör für die Stimmen der Differenz auf der einen und die Logik von Wirtschaft und Politik, die Partikularinteressen verfolgen und verfolgen müssen, führen auch die semantischen Leerformeln „Minderheitenschutz" und „Nichtdiskriminierung" nicht. Und dennoch würde, wie ich glaube, ein Scheitern des Ratifizierungsprozesses einen erheblichen Rückschritt für das Projekt Europa bedeuten, weil wir auf den Vertrag von Nizza zurückfielen!

Resümierend: Für die Bürger Europas wird Europa mehr und mehr zum „Haus Europa", für die Minderheiten, auch wenn ihr Status eine erhebliche Aufwertung durch den VVE erfährt, wird Europa auf absehbare Zeit eine Festung bleiben, die nur durch eine konsequente – und freilich utopische – Erweiterung hin zur Weltbürgergesellschaft, zur grenzenlosen Gesellschaft mit gleichen Partizipationsrechten, aufgebrochen werden kann. Die Politik der Union ist jedoch derzeit nicht auf eine deliberative Praxis im Wirtschafts- und Finanzsektor angelegt. Wie Julia Kristeva einmal gesagt hat: „Zwischen dem Menschen und dem Bürger klafft eine Wunde: Der Fremde".[107]

2.5 Pädagogische Implikate des Verfassungsvertrags

So sehr also insbesondere durch den VVE versucht worden ist, das Fremde/den Fremden als integralen Bestandteil des europäischen Integrationsprozesses zu definieren und damit einer Politik der Nichtdiskriminierung Rechnung zu tragen, so offensichtlich scheint, dass systemische Zwänge und demokratische Fehlentwicklungen genau das verhindert haben.

Kritik am Ergebnis der Arbeit des Konvents kommt deshalb vor allem seitens vieler Nichtregierungsorganisationen, die die prekären Paragrafen zur militärischen Aufrüstung und zum neoliberalen Wirtschaftskurs der EU kritisieren. Insofern ist Janis Emmanouilidis Einschätzung richtig, dass man erst hier im dritten Teil wirklich erfährt, „wer künftig für was in der EU zuständig ist." Emmanouilidis kommt zu dem Schluss, „die Kategorien im ersten Teil" wirkten „daher eher wie Potemkinsche Dörfer denn wie justiziables Verfassungsrecht."[108]

---

107 J. Kristeva, Der Fremde sind wir uns selbst, Frankfurt a.M. (1990), 106.
108 J.A. Emmanouilidis, Historisch einzigartig, im Detail unvollendet – eine Bilanz der Europäischen Verfassung, in: EU Reform-Spotlight 03/2004 (www.cap.lmu.de/download/spotlight/Reformspotlight_03-04_d.pdf), Stand: März 2005.

Der bildungspolitische Auftrag wird aus diesem Grund heute mehr denn je von NGOs wahrgenommen, die derzeit die einzige machtpolitische (wenn auch nicht demokratisch gewählte) Alternative zu den oftmals starren Strukturen klassischer Politiken zu sein scheinen, zumal die ursprünglichen und ehrgeizigen Ziele der Nachkriegszeit bei den entscheidungsbefugten »Kindern Europas« kaum noch Gehör finden. Europa ist somit derzeit wieder ein ganzes Stück weit weg davon, eine allgemeine Sprache im Sinne demokratischer Rechtsstaatlichkeit auch auf transnationaler Ebene zu finden. Darin liegt aber zugleich die pädagogische Aufgabe zukünftiger Europapolitik. Denn auch legitimationsfähige Steuerungsinstrumente scheint es unter dem momentan vorherrschenden Diktat ökonomischer Interessen kaum zu geben.

Mehr denn je muss deshalb ein Europa der Bürger in der Tat auch von den Bürgern Europas verwirklicht werden. Gerade darin liegt der bildungspolitische Auftrag der Schulen und Hochschulen, sowie der Ministerien: Die Politik wieder an den Anforderungen der Deliberation zu messen und sie an das Prinzip reziproker Demokratie zu verweisen.

In der Praxis ist es somit nicht allein damit getan, dass man verlangt, etwa über die Annahme des VVE bevölkerungsweit mitentscheiden zu dürfen. Es muss vielmehr verlangt werden, sich mit den Inhalten und Problemen, mit den Strukturen und Verfahren, mit den Prozessen und Argumenten der betreffenden Sachen kritisch auseinanderzusetzen, sie in die Öffentlichkeit ebenso wie in die Mikrosphäre des Privaten zu tragen. Ich plädiere somit für die Politisierung des Alltags, weil es hier um Entscheidungen freiheitseinschränkender Rechtsakte geht, die jeden Einzelnen in seiner Person betreffen.

Karl Marx hat deshalb seinerzeit gefordert, das Volk selbst zum Träger der Verfassung, zum Prinzip der Verfassung zu machen. Dabei scheint es gerade heute – aus gutem Grund – eine Müdigkeit des politischen Engagements zu geben, das auf systembildende Entscheidungsprozesse zurückzuführen ist, die am Volk vorbei stattgefunden haben. Für eine Kultur der Verantwortung, die auch auf pädagogischem und bildungspolitischem Terrain fruchtbar sein will, gilt, jenen brach liegenden Acker der Politisierung der Gesellschaft neu zu bestellen, um Politik nicht allein in die Hand der Eliten und Interessenverbände zu geben. Aus pädagogischer Sicht kann nur eine radikale Politisierung des Volkes die (zu Recht) vorherrschende Politikverdrossenheit wieder in ihr Gegenteil kehren. Es gilt, die besondere, von Hans Jonas argumentativ herausgeschälte, Verantwortung des Politikers als neue Dimension politischen Handelns wieder zu reklamieren, um so eine Verantwortungskultur allererst entstehen zu lassen. Das klingt gerade so, als habe es zuletzt nur Rückschritte gegeben!?

Nun muss zugestanden werden, dass die Union zumindest dem Worte nach in ihrer Verfassung darum bemüht ist, das ihr vielfach vorgeworfene demokratische Defizit weiter abzubauen. Dies dürfte angesichts der Kumulation vorausgegangener politischer Entscheidungen seit den 1980er Jahren auf europäischer Ebene jedoch äußerst schwierig sein. Dennoch stand der Entwurf der Verfassung für Europa unter dem Leitbild einer voranschreitenden Demokratisierung der EU. Positiv muss hervorgehoben werden, dass sich ein Abschnitt der Verfassung mit dem demokratischen Leben in der U-nion befasst, der auf den Dialog der Union mit der Zivilgesellschaft zielt. Unionsbürger selbst, sind es nur genügend an der Zahl und stammen sie nur aus „einer erheblichen Anzahl von Mitgliedstaaten" können initiativ werden und „im Rahmen ihrer Befugnisse geeignete Vorschläge zu Themen (…) unterbreiten, zu denen es nach Ansicht jener Bürgerinnen und Bürger eines Rechtsakts der Union bedarf, um die Verfassung umzusetzen." Zugleich heißt es jedoch z.B. in Artikel IV-443 (2), der das Verfahren zur Änderung des Vertrags über die Verfassung betrifft, der Präsident des Europäischen Rates beruft „einen Konvent von Vertretern der nationalen Parlamente, der Staats- und Regierungschefs der Mitgliedstaaten, des Europäischen Parlaments und der Kommission ein. (…) Der Konvent prüft die Änderungsentwürfe und nimmt im Konsensverfahren eine Empfehlung an, die an eine Konferenz der Vertreter der Regierungen der Mitgliedstaaten nach Absatz 3 gerichtet ist. (…) (3) Die Änderungen treten in Kraft, nachdem sie von allen Mitgliedstaaten nach Maßgabe ihrer verfassungsrechtlichen Vorschriften ratifiziert worden sind. (4) Haben nach Ablauf von zwei Jahren nach der Unterzeichnung des Vertrags zur Änderung des Vertrags über die Verfassung vier Fünftel der Mitgliedstaaten den genannten Vertrag ratifiziert und sind in einem Mitgliedstaat oder mehreren Mitgliedstaaten Schwierigkeiten bei der Ratifikation aufgetreten, so befasst sich der Europäische Rat mit der Frage." Allein die Einberufung eines neuen Konvents zwecks Änderung des Vertrags über eine Verfassung lässt jedoch weiterhin die Bürokratie und Bürgerferne des Entwurfs erahnen, wenngleich dem Parlament mindestens seit Maastricht eine erhebliche Aufwertung zuteil geworden ist. Um einen in jeder Hinsicht auch Erfolg versprechenden »Verfassungspatriotismus«, um Dolf Sternbergers Begrifflichkeit zu benutzen, ist es dennoch eher schlecht bestellt in Europa. Denn zieht man in Betracht, dass es in Titel VI Artikel 45 heißt, die Arbeitsweise der Union beruhe auf einer *repräsentativen Demo-*

kratie, in der die Bürger der Union durch das Parlament, die Mitgliedstaaten durch den Rat vertreten werden, und Entscheidungen würden so bürgernah wie möglich getroffen, ist zu vermuten, dass die Umschreibung »so bürgernah wie möglich« durchaus ernst genommen werden muss. Denn die Frage bleibt offen, ob die Grenzen des Möglichen in dieser Verfassung bereits erreicht sind oder ob die Verfassung für Europa nicht einer noch radikaleren Demokratie bedarf. Aus pädagogischer Sicht bedarf es m.E. hier nicht nur der Aufklärung über die Inhalte und Ziele der zuletzt ausgehandelten Verträge, sondern allem voran dem Selbstverständnis politischer Entscheidungsträger, alle Bürger Europas auch als Autoren des Rechts zu verstehen, wie auch, eben diese Bürger mehr und mehr in den Dialog über das gemeinsame Europa einzubeziehen.

Dazu möchte ich, meinen Beitrag abschließend, einige Bemerkungen machen, die wiederum auf den Bildungsauftrag politischer Entscheidungsprozesse und die Kultur der Verantwortung abheben.

3. Die Stimme Europas. Politische Verantwortung und pädagogischer Auftrag heute, dargestellt am Beispiel der Türkeidebatte[109]

Im zweiten Teil haben wir bereits das Problem einer Anhörung der Stimmen der Differenz angesprochen. Betrachtet man die Wirklichkeit der Europäischen Union heute, ist diese „Stimmendifferenz" unüberhörbar, spricht man doch inzwischen innerhalb der Union allein 20 Amtssprachen. Aber das sprachlich-kommunikative ist nicht das eigentliche Problem. Denn neben der sprachlichen Vielfalt, mit der das geeinte Europa zu kämpfen hat, bilden vor allem politisch-kulturelle Gepflogenheiten ein Feld konfliktreicher Diskussionen, die darum kreisen, mit welcher gemeinsamen politischen Stimme Europa eigentlich spricht bzw. sprechen sollte – und das heißt nichts anderes als die Frage nach der Identität Europas[110] und der Identität der Bürger dieses

---

109 Ausführlich dazu: J. Sikora, Welche Sprache spricht Europa, in: Die Junge Akademie (Hg.), Welche Sprache spricht Europa?, Berlin (2005).
110 Siehe zum Thema: T. Meyer, Die Identität Europas, Frankfurt (2004); M. Delgado/M. Lutz-Bachmann (Hg.), Herausforderung Europa. Wege zu einer europäischen Identität, München 1995. Insbesondere die GASP rückt hierbei in den Fokus der Diskussion; Heit, Helmut (2004): Europäische Identitätspolitik in der EU-Verfassungspräambel. Zur ursprungsmythischen Begründung eines universalistischen europäischen Selbstverständnisses. In: Archiv für Rechts- und Sozialphilosophie Nr. (4/2004), S. 461-477.

Europas zu stellen. Gibt es so etwas wie einen politischen Kern in Europa, der für alle Beteiligten als verbindliches Moment des Zusammenlebens ausweisbar ist? Wie steht es also konkret mit einer Kultur der Verantwortung, die dem Anderen nicht schon im Vorfeld die Defizite der jeweiligen kulturellen Gepflogenheiten als mögliches Ausschlusskriterium vorhält. Leider war dies die politische Praxis vor allem dann als es um mögliche Beitrittsverhandlungen mit der Türkei ging. Ich greife diese Debatte hier noch einmal auf, um die bislang herausgearbeiteten Dimensionen politisch-pädagogischer Verantwortung im Rahmen des Integrationsprozesses noch einmal zu verdeutlichen. Denn insbesondere mit Blick auf die Türkei wird virulent,[111] das sich bislang nicht inkludierte „Kulturen" derzeit mit einem Europa auseinander zu setzen haben, „das seinerseits vor der heiklen Aufgabe steht, sich selbst neu zu definieren: ein Europa, das zwar wirtschaftlich und sozial stark, aber inhomogen ist, politisch noch keinen klaren Weg gefunden hat und bezüglich seiner kulturellen Identität unsicher ist."[112] Der Sprachenreichtum der EU trägt gewiss zu dieser Unsicherheit bei. Dennoch ist in den letzten Jahren ein großes Bemühen um die Herausbildung einer gemeinsamen europäischen Identität zu erkennen. Freilich wirft dieses Bemühen Fragen nach einem neu zu definierenden Selbstverständnis in Europas auf. Ich glaube, dass wir momentan an einem Scheideweg in Europa stehen, an einem Scheideweg, der die Frage stellt, ob wir gewillt sind, in Europa tatsächlich so etwas wie eine Kultur der Verantwortung zu institutionalisieren oder aber ob wir uns von dem durch die frühen Verträge der EGKS und der EWG eingeschlagenen Weg mehr und mehr entfernen und eine europäische Verantwortungskultur zugunsten einer an bloß ökonomischen Kriterien orientierten und damit materialistisch-technokratischen Kultur aufgeben.

Ich werde diesem Versuch der kulturellen Neudefinition Europas nachspüren, indem ich zunächst auf historische Wegmarken der jüngsten Geschichte der Türkei zurückgreife, weil insbesondere die Debatte um die Aufnahme

---

111 Siehe dazu: H. Kramer, EU-kompatibel oder nicht? Zur Debatte um die Mitgliedschaft der Türkei in der Europäischen Union, Berlin (2003); Zur Kultur der Türkei siehe: J. Kalter/I. Schönberger (Hg.), Der lange Weg der Türken, Stuttgart (2003); Y. Thoraval, Lexikon der islamischen Kultur, Darmstadt (1999); A. Miquel, Der Islam – eine Kulturgeschichte. Religion, Gesellschaft und Politik, Heidelberg (2004); W. Ende/U. Steinbach (Hg.), Der Islam in der Gegenwart, München (1996).

112 F. Cardini, Europa und der Islam. Geschichte eines Mißverständnisses, München (2004), S. 280.

der Türkei einen reflexiven Zugriff auf so etwas wie eine „europäische Identität" im Sinne einer Kultur der Verantwortung gegenüber sich und dem Anderen provoziert, um abschließend ein kritisches Resümee zu ziehen, was die
Kultur der (politischen) Verantwortung in Europa heute betrifft, denn nur so
ist eine politische Verantwortung als Kulturdialog nicht nur denk-, sondern
auch durchführbar.

3.1 Politische Verantwortung als Kulturdialog

Im Oktober 2004 hat die Europäische Kommission die Empfehlung ausgesprochen, Beitrittsverhandlungen mit der Türkei aufzunehmen.[113] Dieser
Empfehlung hat der Europäische Rat mit seinem Beschluss vom 17. Dezember 2004 Folge geleistet, so dass Türkisch als weitere Amtssprache der EU
folgen könnte.

Die in Deutschland, aber auch in Frankreich, hitzig geführte Debatte im
Vorfeld des Ratsbeschlusses geht noch über die Diskussionen der 60er-Jahre
bezüglich der Anträge Großbritanniens als auch die Auseinandersetzungen
über die Beitritte der jungen Demokratien in Portugal und Spanien hinaus.
Denn die Türkei,[114] die seit 1963 assoziiertes Mitglied der EWG/WEU ist,
und bereits 1987 unter Ministerpräsident Turgut Özal einen ersten Beitrittsgesuch stellte, scheint politisch, wirtschaftlich und kulturell einen Sonderfall
darzustellen,[115] dessen potenzielle Mitgliedschaft nicht nur die normativen
Bestandsvoraussetzungen der EU einer kritischen Prüfung unterzieht, sondern zugleich auch zu einem Selbstvergewisserungsdiskurs europäischer Identität auffordert. Anders ist nicht zu erklären, weshalb etwa die Führungsspitze der CDU sich einer von deutschen Historikern ins Spiel gebrachten
semantischen Grenzziehung bedient, obwohl bereits seit der Assoziation eine

---

113 In:http://www.eiz-niedersachsen.de/ewb/themeninfo/fb/2004-10-tuerkei-empf.pdf,
      Stand: 10.11.2004; Zur Einstellung in Deutschland vgl. Stiftung Zentrum für
      Türkeistudien, Die Einstellung der deutschen Bevölkerung zum EU-Beitritt der Türkei,
      in: http://www.zft-online.de/daten_fakten/studien/Bericht_EU-Beitritt-2.pdf,   Stand
      15.11.2004; U. Witzens, Aufnahme oder Entgrenzung? Gehört die Türkei zu Europa?,
      Köln (2004).
114 Zur Geschichte der Türkei siehe: G. Seufert/C. Kubaseck, Die Türkei. Politik,
      Geschichte, Kultur, München (2004); J. Gottschlich, Die Türkei auf dem Weg nach
      Europa. Ein Land im Aufbruch. Berlin (2004); U. Steinbach, Geschichte der Türkei,
      München (2003).
115 Vgl. H.-G. Wehling (Hg.), Türkei: Politik, Gesellschaft, Wirtschaft, Opladen (2002).

„privilegierte Partnerschaft" besteht und nicht zu sehen ist, inwieweit diese im 21. Jahrhundert politisch weiter aufgestockt werden könnte als durch eine Vollmitgliedschaft. Auch deuten die immer wieder vorgebrachten Argumente der politisch-wirtschaftlichen Instabilität, der drohenden Migrationswelle, der Armut des Südostens, der Demokratie- und Menschenrechtsverletzungen[116] und der rückständigen Religion[117] auf einen Mangel an historischer Bildung hin. Wie anders ist sonst zu erklären, dass sich einer der renommiertesten deutschen Historiker, Hans Ulrich Wehler, als Anwalt der Interessenpolitik der Europäischen Union ereifert, und fragt, ob Europa „das faszinierende Projekt der europäischen Einheit gegen das verwässerte Linsengericht einer unmäßig aufgeblähten Freihandelszone von der Atlantikküste bis Wladiwostok" eintauschen wolle? Wehler kommt zu dem Schluss, dass „der herannahende Overstretch bis zur Zerreißprobe dramatisch gesteigert" werde und sieht in einem „genuin europäischen (sic!) Staatenverein einen nichteuropäischen muslimischen Staat als größtes Mitglied"[118] wie einen Fremdkörper hereinbrechen.

Dieser „nichteuropäische" Staat, der das Spannungsfeld von Inklusion und Exklusion erneut offen legt und auf den Namen „T´u-küe" für „stark" oder „mächtig" zurückgeht,[119] hat bereits 1923 unter Mustafa Kemal (seit 1934: Atatürk)[120] begonnen, sich zu modernisieren, sagen wir: zu europäisieren. Die Proklamation der Republik, die Abschaffung des Sultanats sowie des Kalifats mit dem Ziel einer säkularisierten Zivilgesellschaft gehen auf Atatürk zurück. Durch den Frieden von Lausanne im gleichen Jahr wird in den Artikeln 37 bis 45 zudem der Schutz nichtmuslimischer Minderheiten zugesichert, der bereits in der „Heilsamen Neuordnung" des osmanischen Reichs

---

116 Siehe den Beitrag von Amnesty International in: C. Leggewie (Hg.), Die Türkei und Europa, Frankfurt a.M. (2004). Darin sind alle wesentlichen Positionen der Debatte enthalten. Die Internationale Liga für Menschenrechte verlieh den so genannten „Samstags-Frauen", die in Istanbul gegen Menschenrechtsverletzungen protestierten, die Carl-von-Ossietzky-Medaille.

117 Zur Rezeption der Türkei in Westeuropa kritisch: Gazi Çağlar, Die Türkei zwischen Orient und Okzident. Eine politische Analyse ihrer Geschichte und Gegenwart, Münster (2003). Zur Religion siehe: G. Seufert, Café Istanbul. Alltag, Religion und Politik in der modernen Türkei, München (1999).

118 H. U. Wehler, Die türkische Frage. Europas Bürger müssen entscheiden, in: C. Leggewie (Hg.), op. cit., hier S. 58.

119 Vgl. U. Steinbach: Türkei. Information zur politischen Bildung, hg. von der Bundeszentrale für politische Bildung Bonn, (2002), hier S. 4.

120 Siehe dazu: D. Gronau, Mustafa Kemal Atatürk oder die Geburt der Republik, Frankfurt (1995).

von 1839 eine große Rolle spielte. Die Türkei eignete sich in den folgenden Jahren das Zivilgesetzbuch der Schweiz, das italienische Strafrecht und das deutsche Handelsrecht an, und Frauen erhielten das Stimmrecht. Und dennoch bleiben – unbestritten – bis heute der Völkermord an den Armeniern, die Anerkennung Zyperns und die Unterdrückung der Frau Desiderate der innenpolitischen Vergangenheitsbewältigung in der Türkei.[121]

1949 wurde die Türkei Mitglied des Europarats und trat im Jahre 1951, ein Jahr nach dem Sieg der Demokratischen Partei unter Adnan Menderes und der politischen Schwächung kemalistischer Eliten, der NATO (für die sie aus geostrategischer Sicht bis zum Ende des Kalten Krieges von herausragender Bedeutung war) bei. Über das 1963 assoziierte Mitglied der damaligen EWG bemerkt Walter Hallstein (CDU), erster Präsident der europäischen Kommission, die Türkei gehöre zu Europa. Und er fügt hinzu, dies sei mehr als nur „ein abgekürzter Ausdruck einer geografischen Aussage oder einer geschichtlichen Feststellung. (…) Wir fühlen hier eine Wesensverwandschaft mit dem modernsten europäischen Geschehen." Schließlich fragt Hallstein, was daher natürlicher sei, „als dass sich Europa und die Türkei in ihren Aktionen und Reaktionen identifizieren: militärisch, politisch und wirtschaftlich."[122] Genau dies tut die Türkei nach Überwindung der (zweiten) Militärherrschaft[123] während der KSZE und seit den 90er-Jahren durch eine weitere Liberalisierung des Strafrechts, durch die Annäherung an die Kopenhagener Kriterien[124], die Verfassungsreform von 2001 und die Abschaffung der Todesstrafe im gleichen Jahr.

Unter Erdoğan, dem ehemaligen Istanbuler Oberbürgermeister, der im Oktober 2004 im Berliner Konzerthaus am Gendarmenmarkt die „Quadriga" für sein Engagement und seine Politik des Aufbruchs erhielt, hat sich der visio-

---

121 Zur Unterdrückung der Armenier heute vgl. O. Luchterhandt, Der türkisch-armenische Konflikt und die Europafähigkeit der Türkei, in: H. König/M. Sicking, Gehört die Türkei zu Europa? Wegweisungen für ein Europa am Scheideweg, Bielefeld (2005), hier S. 101ff.

122 W. Hallstein, in: EEC Information Memo No. 8667/X/62-E. Ankara, 12.9. 1963.

123 Trotz „der langen Dauer direkter Militärregierung, trotz neuer Verfassung, restriktiver Gesetze und trotz eines bis zu den letzten Reformen übermächtigen Nationalen Sicherheitsrates: auch dieser Staatsstreich (von 1980, J.S.) hielt die Entwicklung zu einer zivilen Türkei nur auf, umkehren konnte er sie nicht. Die Putschisten sind lange pensioniert, und im Jahr 2003 sollte der heutige Chef des Generalstabs Hilmi Özkök gegen erneute Putschgerüchte ohne Wenn und Aber sagen: »Ich bin Demokrat.«", G. Seufert, Die Türkei. Politik, Geschichte, Kultur, München (2004), S. 105.

124 Dazu: H. Kramer, Die Türkei und die Kopenhagener Kriterien, Berlin (2002).

när-demokratische Prozess weiter fortgesetzt und der Einfluss des Militärs ist im Zuge des siebten Reformpakets zwecks Anpassung an die Richtlinien der EU bedeutend geringer geworden. „Diese Entscheidung ist eine halbe Revolution. Sie stellt erstmals die militärische Vormundschaft über die Politik in Frage, die nach dem Putsch von 1980 errichtet worden war und in den Jahren des Krieges gegen die PKK nicht kritisiert werden konnte."[125] Zu diesem Befund kam letztlich auch die Kommission in ihrer Empfehlung an den Rat. Wie Spanien und Portugal hat auch die Türkei einen Wandel von einem autoritären System (mit mehreren Militärputschen) in eine zusehends offenere Gesellschaft vollzogen. Wer in Erdoğan nur einen modernen Sulaiman II. oder einen Kara Mustafa Pascha sieht, ist blind gegenüber den Entwicklungen der jüngsten Zeit wie auch blind gegenüber den scheinbar genuin europäischen Werten, die das Problem einer starken (Barber) und radikalen Demokratie (Dewey) bislang nicht lösen konnte und dennoch eine treibende Kraft darstellt, die Entwicklung der Türkei, die keinesfalls endgültig abgeschlossen ist, durch unterstützende politische Maßnahmen weiter fortzusetzen und damit zu einer Annäherung politisch-demokratischer Grundsätze beizutragen, denn noch einmal: nur so ist eine politische Verantwortung als Kulturdialog nicht nur denk-, sondern auch realisierbar.

3.2 Pädagogische Implikate des Kulturdialogs

Damit spreche ich mich für die Fortsetzung und Intensivierung diskursiven Handelns, wie es uns Holger Burckhart in seinem Beitrag offengelegt hat, aus. Ich betrachte somit Europa „lediglich" als Partner in einem interkulturellen Diskurs, den es zu vertiefen gilt. Insbesondere hierin sehe ich Europas politisch-pädagogischen Auftrag. Dieser Diskurs betrifft sowohl die Strukturen im Inneren der EU als auch Europas Beziehungen nach außen, zum »Fremden«. Der anhaltende Dialog in Europa, die Konsenssuche der Europäer bei der Gestaltung »ihres« Europas ist dazu das geeignete Instrument. Diese Stärke des europäischen Dialogs gilt es, trotz aller Widrigkeiten im Detail, auch in der Öffentlichkeit (und den Schulen und Hochschulen) fortzusetzen und so zu einer Emanzipation der europäischen Bürgergesellschaft ebenso wie zur Idee einer auf Vernunft und Demokratie aufruhenden »Gemeinschaft« beizusteuern. Nur so ist eine vorsichtige Revision vorangegan-

125 G. Seufert, Die Türkei, S. 178.

gener Entwicklungen, die Europa in systemische Zwänge gepresst hat, zu leisten und eine Kultur der Verantwortung Realität werden zu lassen. Robert Schuman erklärte am 9. Mai 1950: „Europa lässt sich nicht mit einem Schlage herstellen und auch nicht durch eine einfache Zusammenfassung: es wird durch konkrete Tatsachen entstehen, die zunächst eine Solidarität der Tat schaffen." Das gilt wohl heute mehr denn je. Für den Moment ist es nicht viel, aber im Zuge des Integrationsprozesses ist Europa trotz Schwierigkeiten bei der Verwirklichung radikaler Demokratie sicherlich auf einem guten Weg der Herausbildung einer europäischen Sprach- bzw. Kommunikationsgemeinschaft. Dazu ist schließlich das normativ geleitete und teleologisch auf die Verwirklichung der Gemeinschaftsidee verpflichtete Zusammenspiel „der institutionalisierten Meinungs- und Willensbildung einerseits und den informellen öffentlichen Kommunikationen andererseits" (Habermas) vonnöten. Nur dann kann der europäische Kulturdialog dem Verdacht der begrifflichen Leere entrinnen und auch heute noch mehr bedeuten als die Aggregierung vorpolitischer und propositional gehaltloser Einzelinteressen. Aus diesem Grund möchte ich zum Schluss mit Franz Kafka ausrufen: „Hast du also einen Weg begonnen, setze ihn fort, unter allen Umständen, du kannst nur gewinnen (…) Findest du (…) nichts (…), öffne die Türen, findest du nichts hinter diesen Türen, gibt es neue Stockwerke, findest du oben nichts, es ist keine Not, schwinge dich neue Treppen hinauf. Solange du nicht zu steigen aufhörst, hören die Stufen nicht auf, unter deinen steigenden Füßen wachsen sie aufwärts."[126] Damit plädiere ich für die Fortsetzung eines kulturübergreifenden reflexiv-politischen Dialogs, der in die Arenen der Wahrnehmung, Identifizierung und Behandlung gesamtgesellschaftlicher Probleme eintritt und somit auch eine pädagogische Rückstrahlkraft erzeugt. Die Form der Beiträge im Mikro- und Makrobereich, in den Sphären von Familie und Staat, mag dabei durchaus verschieden sein, seiner konkreten Ausgestaltung und diskursiven Thematisierung sind aber keine Grenzen gesetzt. Angelehnt an einen Beschluss der KMK[127] zählen dazu aber zweifelsohne die Bereitschaft zur Verständigung, der Abbau von Vorurteilen, die Bereitschaft, Kompromisse bei unterschiedlicher Interessenlage einzugehen, sowie der Wille zur Wahrung des Friedens und der Demokratie in Europa.

---

126 Zitat aus: F. Kafka, Fürsprecher, diverse Ausgaben.
127 Vgl. den KMK Beschluss „Europa im Unterricht" von 1991, in: Sammlung der Beschlüsse der Ständigen Konferenz der Kultusminister in der BRD. Neuwied, hier paraphrasiert nach: W. Mickel, Europabezogenes Lernen, in: W. Sander (Hg.), Handbuch politische Bildung. Schwalbach/Ts. (1997), hier S. 418f.

Zu dieser Form der Lebenspraxis nötigt uns gewissermaßen das von Holger Burckhart im ersten Teil avisierte Moment der Verantwortlichkeit unseres Zeitlichseins. Setzen wir den anfangs begonnenen europäischen Weg also fort und stellen uns dem Anforderungsstress einer diskursiv erarbeiteten Grammatik über »unsere« europäische Identität als eine Kultur der Verantwortung, die den Stimmen der Differenz nicht taub gegenübersteht. Beziehen wir unsere Freunde jenseits der Grenzen der EU in diesen Dialog mit ein – nicht bloß als „privilegierte Partner", sondern als reziproke Diskursteilnehmer! Denn das ist die Sprache, mit der Europa zu sprechen versteht und eine Kultur der Verantwortung zur politisch-pädagogischen Realität werden lässt.

Resümierender Ausblick

Mit Hans Jonas habe ich eine zweite Sphäre der Verantwortung aufzuzeigen versucht: Die Sphäre politischen Handelns, die jedoch nicht losgelöst von pädagogischen Implikationen sinnvoll gedacht werden kann, wie uns das Beispiel des europäischen Integrationsprozesses veranschaulicht hat. Dennoch muss kritisch betrachtet festgestellt werden, dass die aufklärende Funktion der politischen (räsonierenden) Öffentlichkeit einen gravierenden »Strukturwandel« (Habermas) hinter sich hat: Elektronisch vernetzte und massenmedial geprägte Formationen von Öffentlichkeit, denen eine täuschende Funktion von Sprache selbst innewohnt, sind das Charakteristikum unserer Zeit. Die feste Bindung der Gesellschaft an staatliche wie politische Institutionen und Organisationen der sozialen Gemeinschaft ist weitestgehend in Auflösung begriffen, und Politik wird allenthalben zu einem Spezialfall gesellschaftlicher Beziehungen. Damit aber gehen auch neue Arten von Weltproblemen einher (Armut, Umweltzerstörung und Migration), die bei zeitgleichem Voranschreiten von Demokratisierungsprozessen neue Formen der Auseinandersetzung provozieren: Innerhalb der Weltgesellschaft treten neue Formen der Gewalt gegen diese Gesellschaftsform selbst auf – entweder als grundsätzlicher Protest oder als Mahnung hinsichtlich gravierender gesellschaftlicher Fehlentwicklungen. Gerade das zusammenwachsende Europa scheint kaum noch in der Lage, auf die Frage, was letztlich die angestrebte Ordnung einer Europäischen Gemeinschaft auszeichnet, antworten zu können. Dennoch hat man sich im Verlauf des europäischen Integrationsprozesses immer wieder dieser Frage gestellt und versucht, Grundsteine zur Herausbildung einer »europäischen« Identität zu legen Spätestens seit der

Kopenhagener Gipfelkonferenz 1973 wird die Frage nach einer europäischen Identität auch in breiter Öffentlichkeit diskutiert. Der Wunsch, der auch der Feierlichen Erklärung zur Europäischen Union von Stuttgart (1983) zu Grunde liegt, nämlich ein gemeinsames Europabewusstsein zu schaffen und Europa zu einem »Europa der Bürger« werden zu lassen, das auf intersubjektiv und transnational anerkannten sowie frei verfassten Institutionen aufruht, äußerte auch Jean Monnet in seinen „Erinnerungen eines Europäers". Monnet spricht dort von einem Umwandlungsprozess in Europa, der nicht bloß Staaten einige, sondern Menschen durch gemeinsam erarbeitete Regeln des Zusammenlebens einander näher bringe. Zugleich bedeutet dies für Monnet jedoch auch die Idee des Bürgers als eines aufgeklärten, demokratisch verfassten, zur Demokratie verpflichteten und aktiv an der Demokratie mitwirkenden »Zivilbürgers«, der damit mehr als bloßes Mitglied einer Gemeinschaft ist. Mit der Gestaltung eines neuen Europa als eines »Europa der Bürger« geht somit zugleich die Idee eines »europäischen Bürgers« einher. Zwar scheint ein Rückgriff auf die Kulturvielfalt des politisch-historischen Europas, auf die Wissenschaftlichkeit und die Aufklärung insbesondere, unbestritten für die Spezifizierung einer europäischen Identität maßgebend zu sein. Dennoch kann eine solche Identität nicht starr und fest, sie muss vielmehr flexibel interpretiert und reflexiv verstanden werden. Eine politisch-aufgeklärte Identität der Bürger Europas lässt sich nur im Sinne einer europäischen Staats- und Zivilbürgerschaft – zwecks Überwindung von Nationalismus[128] und Rassismus und gegen einen bloßen Konsumismus und Institutionalismus – denken und politisch-pädagogisch voranbringen, um neben der Überwindung des Schrebergartensystems der Volkswirtschaften auch und vor allem ein sozial zusammengewachsenes Europa zu etablieren. Denn das „Modell der Staatsbürgerschaft erinnert daran, dass die verfassungsrechtlich gesicherten Institutionen der Freiheit nur soviel wert sind, wie eine an politi-

---

128 Das verstärkte Auftreten von Nationalbewusstsein ist nach Jürgen Habermas „eine spezifisch moderne Erscheinung der kulturellen Integration. Das politische Bewusstsein nationaler Zusammengehörigkeit entsteht aus einer Dynamik, die die Bevölkerung erst ergreifen konnte, als diese durch Prozesse der wirtschaftlichen und gesellschaftlichen Modernisierung schon aus ihren ständischen Sozialverbänden herausgerissen, also zugleich mobilisiert und vereinzelt wurde. Der Nationalismus ist eine Bewusstseinsformation, die eine durch Geschichtsschreibung und Reflexion hindurch gefilterte Aneignung kultureller Überlieferungen voraussetzt. Zugleich verbreitet er sich über die Kanäle der modernen Massenkommunikation. Beides verleiht dem Nationalismus künstliche Züge; das gewissermaßen Konstruierte macht ihn von Haus aus für den manipulativen Missbrauch durch politische Eliten anfällig."

sche Freiheit gewöhnte, in die Wir-Perspektive der Selbstbestimmungspraxis eingewöhnte Bevölkerung aus ihnen macht. Die rechtlich institutionalisierte Staatsbürgerrolle muss in den Kontext einer freiheitlichen politischen Kultur eingebettet sein"[129]. Dazu ist, wie Habermas erläutert,[130] das Zusammenspiel „der institutionalisierten Meinungs- und Willensbildung einerseits und den informellen öffentlichen Kommunikationen andererseits" vonnöten. Nur dann kann „Staatsbürgerschaft auch heute noch mehr bedeuten als die Aggregierung vorpolitischer Einzelinteressen und den passiven Genuss paternalistisch verliehener Rechte."[131]

Seitens einer kritisch-reflexiven Philosophie hat sich somit in den letzten Jahrzehnten die Annahme herausgebildet, Menschen seien nicht lediglich Teilhaber einer Weltgesellschaft, sondern – grundlegender – einer Kommunikationsgemeinschaft bzw. eines Diskursuniversums, das einem neuen Verständnis des »Weltbürgers« wieder mehr Raum einräumt, und zwar dadurch, dass es jedem von uns Rationalitätsverpflichtungen unterstellt, deren Erfüllung es uns ermögliche, nach universal gültigen und nationenunabhängigen Normen der Moral und des Rechts zu leben. Hier ist es wiederum Habermas, der mit seinem Papier einige Voraussetzungen benennt, die erfüllt sein müssen, sollen sich diese Ideen verwirklichen:

Erstens ist mit Blick auf eine gelingende politisch-moralische Kultur in Europa eine entpolitisierte Religion unabdingbar: Der Glaube muss Privatsache des Einzelnen bleiben. Weitestgehend hat sich diese Forderung im Zuge des langen Säkularisierungsprozesses in Europa bereits realisiert.

Zweitens spricht Habermas die notwendige »Emanzipation« der »Bürgergesellschaft« an. Das wahrscheinlich prominenteste Beispiel einer solchen Bürgergesellschaft mit Blick auf Europa ist wohl die von Graf Coudenhove-Kalergi inaugurierte Paneuropa-Bewegung der 20er-Jahre, die sich jenseits religiöser Prinzipien, jenseits nationalstaatlicher Prämissen wie auch jenseits staatlicher Regierungsgeschäfte zunächst als ehrgeiziges privates Unternehmen in Europa etablierte. Wenngleich Coudenhove-Kalergi stets eine supra-

---

129 J. Habermas, Staatsbürgerschaft und nationale Identität. Überlegungen zur europäischen Zukunft, St. Gallen (1991), S. 23.
130 Zum Folgenden siehe auch Habermasens „Unsere Erneuerung" in der FAZ vom 31. Mai 2003.
131 J. Habermas, a.a.O. (1991), S. 23.

nationale politische wie wirtschaftliche Ebene im Visier hatte und mit Aristide Briand und Engelbert Dollfuß auch durchaus prominente Fürsprecher auf internationaler Ebene fand, so zeigt gerade »Paneuropa« die Bedeutung von Bürgerengagement im Hinblick auf die emanzipatorische Fortentwicklung des »europäischen Hauses«. Coudenhove schreibt dazu: „»Unpolitisch« zu sein, ist ein bequemes Schlagwort; wer dieses Schlagwort dazu verwendet, sich vor der Verantwortung, die ihm die Zeit auferlegt, zu drücken, macht sich mitschuldig an allen Katastrophen, die er nicht versucht aufzuhalten. Napoleons Wort an Goethe: »Die Politik ist unser Schicksal« ist – leider – das Leitwort unserer Zeit (...) Die einzige Kraft, die Paneuropa verwirklichen kann, ist: der Wille der Europäer; die einzige Kraft, die Paneuropa aufhalten kann, ist: der Wille der Europäer.“[132]

Drittens und daran anschließend verweist Habermas auf die Politik als ein Medium der Freiheitssicherung und Organisationsmacht. Dieses politische Prinzip erscheint in einer Demokratie fast selbstredend und bedarf kaum der weiteren Rechtfertigung. Dennoch droht angesichts der Politikmüdigkeit auf parlamentarischer wie auch auf Bürgerebene die Gefahr, dass Politik ihre Kraft einer solchen Orientierungsmacht zusehends verliert. Diese Gefahr zu bannen, muss selbst eine der herausragendsten Aufgaben politischen Handelns werden.

Viertens macht Habermas auf die Notwendigkeit einer Korrektur von Marktversagen aufmerksam. Hier ist wiederum an eine aktive, emanzipatorische Bürgerschaft zu erinnern: Initiativen wie ATTAC haben unlängst die Bedeutung von Gegensteuerungsmaßnahmen des freien Marktes erkannt. Ihr Problem besteht jedoch weiterhin darin, dass sie streng genommen nicht durch demokratische Instanzen gewählt worden sind und damit auch keine repräsentative Kraft einer Demokratie bilden können – so sehr auch ihr Bestreben für mehr Gerechtigkeit und Gleichheit in einer hochkapitalistischen Welt nicht hoch genug geschätzt werden kann. Letztlich mangelt es den NROs an der legitimen Basis ihres Handelns, zumal dieses überregionale, globale Ausmaße hat.

---

132 R. Coudenhove-Kalergi, Kampf um Europa. Aus meinem Leben, Zürich (1949), S. 81 et passim.

Die drei nächsten von Habermas angeführten Punkte ergeben sich aus den vorangegangenen: *Fünftens* nennt er ein plurales, demokratisches Parteiensystem,

sechstens die Sensibilität für die Paradoxien des Fortschritts, die uns spätestens seit Hans Jonas und Ulrich Beck offensichtlich sein sollten, und

siebtens die Unabdingbarkeit kollektiven Handelns, das sich gegen soziale Ungleichheiten stark macht.

Darüber hinaus sieht Habermas *achtens* eine grundlegende Voraussetzung für eine Neufassung des europäischen Gedankens in der selbstkritischen Auseinandersetzung mit der Vergangenheit, hier vor allem in der Sensibilität für die Verletzungen der persönlichen Integrität. So hebt er bewusst den – verfassungsrechtlich gesicherten – Verzicht auf die Todesstrafe als Grundlage eines Beitritts zur EU hervor.

Dahin geht auch sein *neunter Punkt*: Die supranationale Kooperation zur Verhinderung von Willkür und Gewaltausübung sowie die gegenseitige Einschränkung souveräner Handlungsspielräume.

Habermas schließt *zehntens* mit der Forderung, eine reflexive Distanz zu sich selbst zu gewinnen. Darauf ist noch einmal näher einzugehen, denn es betrifft die aktive Bürgerrolle. Bürgerschaft wird dabei als Interpretations- und Interaktionsgemeinschaft gefasst, die in ihrer diskursiven Strukturiertheit eine Reflexion auf die Bedingungen der Möglichkeit all ihres Tuns leisten muss. In einer solchen Reflexion stößt sie zwangsläufig auf die Präsuppositionen, die zumindest jeder ernsthaft Argumentierende, also jeder, der etwas als etwas mit Sinn und Geltung behauptet, notwendig anerkannt hat. Solche Präsuppositionen können allerdings nur formal-prozeduraler Couleur sein, um das mannigfaltige Nebeneinander verschiedenster Kulturen zu ermöglichen. Ausschlaggebendes Moment dabei ist die Selbstreflexion auf den argumentativen Diskurs und dessen essenzielles Kriterium des zu vermeidenden Selbstwiderspruchs. Hierin offenbart sich die Normativität des dialogischen Sich-Rechtfertigens, das davon ausgeht, keine Überprüfung von Argumenten sei möglich, ohne das »Faktum« des Argumentationsvollzugs selbst schon vorauszusetzen. Dieser Vollzug ist gebunden an die Gemeinschaft von zur intersubjektiven Verständigung und Konsensbildung willigen, denkenden Individuen, zu der auch der einsam Denkende angesichts seiner notwendigen Voraussetzung einer – kosmopolitischen bzw. weltbürgerlichen – Intersubjektgemeinschaft gehört, weil er unentrinnbar drei grundlegenden Dimensionen des Dialogs verhaftet bleibt: Der Sache, über die er etwas aussagt; dem Appell resp. dem kommunikativen Akt, den er dabei ausführt und dessen, was er durch das Ausgesagte ausdrückt – seine Subjektivität. Damit ist der Diskurs das „Boot", in dem der Mensch mit seinen Mitmenschen sitzt. In diesem „Boot" geht es darum, die Rechtfertigung von Meinungen zur Pflicht zu machen. Diese Pflicht soll mit dem Hinweis nachgewiesen werden, dass jeder sinnvoll Handelnde sowohl die logische als auch die moralische Bedingung einer kritischen Kommunikation anerkannt hat. Mit Anerkennung dieser Instanz einer intersubjektiv-kritischen Prüfung von Ausgesagtem anerkennt der Sprecher zugleich die nichthintergehbaren moralischen Grundnormen der Gerechtigkeit als Gleichberechtigung aller Diskurspartner, der Solidarität hinsichtlich der Verbundenheit seiner selbst im Hinblick auf Andere, auf die er angewiesen ist, und die Grundnorm der Mit-Verantwortung mit Blick auf seine solidarischen Bemühungen um das Lösen von Problemen. Diese Grundnormen des Diskurses legt der Mensch in autonomer Selbstgesetzgebung (Kant) sich und Anderen auf. Es ist meines Erachtens genau diese Form unhintergehbaren – transnationalen – Denkens, das es – nicht zuletzt im Hinblick auf fortschreitende Integration und Demokratisierung und jenseits aller schicksalhaft miteinander verbundenen, global vernetzten Gemeinschaften – wieder zu stärken gilt, um die Verwirklichung der Kantschen Hoffnung auf eine Weltinnenpolitik tatsächlich Wirklichkeit werden zu lassen und damit das zu Ende zu bringen, was Richard Coudenhove-Kalergi bereits in den 20er-Jahren des 20. Jahrhunderts mit großem persönlichen Ehrgeiz begann: Die Gründung der Vereinigten Staaten von Europa und die aktive politische Rolle europäischer Staatsbürger.

EPILOG

Neuer und alter Begriff der Regierung. – Zwischen Regierung und Volk so zu scheiden, als ob hier zwei getrennte Machtsphären, eine stärkere, höhere mit einer schwächeren, niederen, verhandelten und sich vereinbarten, ist ein Stück vererbter politischer Empfindung, welches der historischen Feststellung der Machtverhältnisse in den meisten Staaten noch jetzt genau entspricht. (...) Dagegen soll man nun lernen – gemäß einem Prinzip, welches rein aus dem Kopfe entsprungen ist und erst Geschichte machen soll –, daß Regierung nichts als ein Organ des Volkes sei, nicht ein vorsorgliches, verehrungswürdiges »Oben« im Verhältnis zu einem an Bescheidenheit gewöhnten »Unten«. Bevor man diese bis jetzt unhistorische und willkürliche, wenn auch logischere Aufstellung des Begriffs Regierung annimmt, möge man doch ja die Folgen erwägen: denn das Verhältnis, nach dessen Muster sich unwillkürlich der Verkehr zwischen Lehrer und Schüler, Hausherrn und Dienerschaft, Vater und Familie, Heerführer und Soldat, Meister und Lehrling bildet. Alle diese Verhältnisse gestalten sich jetzt, unter dem Einflusse der herrschenden konstitutionellen Regierungsform, ein wenig um: sie werden Kompromisse. Aber wie müssen sie sich verkehren und verschieben, Namen und Wesen wechseln, wenn jener allerneueste Begriff überall sich der Köpfe bemeistert hat! – wozu es aber ein Jahrhundert noch brauchen dürfte. Hierbei ist nichts zu mehr zu wünschen als Vorsicht und langsame Entwicklung.
(F. Nietzsche, Menschliches, Allzumenschliches. Erster Band: Ein Blick auf den Staat, Nizza 1886)

Timo Hoyer

Pädagogische Verantwortung für ein glückliches Leben oder: Vom „Glück" in der Pädagogik

Inhalt

Einleitung

Hans Jonas hat in *Das Prinzip Verantwortung* (1984, S. 189) zwei funda-
mentale „Arten der Verantwortung" unterschieden, die allen übrigen Ver-
antwortungstypen, wie er schreibt, „gewisse Eigenschaften voraus und miteinander gemein haben, worin sich das Wesen der Verantwortung am voll-
ständigsten darstellt." Beide Verantwortungssphären erstrecken sich nach
Jonas auf die „*Totalität*" der je betroffenen Personen oder Personenkreise:
„Damit meinen wir, daß diese Verantwortungen das totale Sein ihrer Objekte
umspannen, das heißt alle Aspekte desselben, von der nackten Existenz zu
den höchsten Interessen." Die erste dieser miteinander verschränkten Sphären der Verantwortung nennt er die „politische" oder „staatliche Verantwortung". Ihr Gegenstand ist das Gemeinwesen, sie hat die Herstellung, die Sicherung und Förderung des öffentlichen Wohls vor Augen. Jürgen Sikora hat
im vorliegenden Band, anknüpfend an Hans Jonas, den Bereich der politischen Verantwortung analysiert und im Sinne einer europäischen Verantwortungskultur konkretisiert.

Die zweite Sphäre der Verantwortung bezeichnet Jonas als „die elterliche
Verantwortung". Ihr primäres Bezugsfeld ist der Privatraum. „Das Kind als
ganzes und in allen seinen Möglichkeiten, nicht nur den unmittelbaren Bedürfnissen, ist ihr Gegenstand" (S. 189). Im Mittelpunkt dieses Verantwor-
tungssektors steht für Jonas „all das, was unter ‚Erziehung' in jedem Sinn
fällt". In Analogie zur politischen Verantwortung bietet es sich an, diesen
Bereich die *pädagogische Verantwortung* zu nennen. Holger Burckhart geht
im Anwendungsteil seines hier abgedruckten Beitrags auf einen bedeutsamen pädagogischen Aspekt der Verantwortung ein. Indem er die Möglichkeiten ihrer Lehr- und Lernbarkeit diskutiert, werden Verantwortung und
Verantwortungskompetenz als herausragende *Ziele* der Erziehung transpa-
rent gemacht.

Die nachfolgenden Ausführungen nehmen die pädagogische Dimension der
Verantwortung von einer weiteren Seite in den Blick. Das Phänomen der
Verantwortung ist innerhalb der „Erziehungssphäre" (S. 191) nicht allein im
Sinne einer Zielbestimmung von Bedeutung. Das Geschäft der Erziehung
insgesamt ist von Haus aus ein hochgradig verantwortungsvolles. Wer er-
zieht, hat Martin Buber (1986, S. 34) gesagt, trägt „Verantwortung für einen

uns anvertrauten Lebensbereich". In der Diktion von Hans Jonas (1984, S. 197) umfasst der Verantwortungsradius der Erziehung das ‚totale Sein ihrer Objekte'. Damit spielt er auf den Sachverhalt an, dass die Erziehenden „das individuelle Werden des Kindes", also den Gesamtkomplex der leiblichen, geistigen und sozialen Entwicklung, kontinuierlich behüten, lenken und fördern. Nähere Angaben zu den *inhaltlichen* Aspekten pädagogischer Verantwortung macht Jonas in diesem Zusammenhang nicht. Er belässt es bei der Feststellung, die elterliche Verantwortung erstrecke sich auf die Ausbildung von „Fähigkeiten, Verhalten, Beziehung, Charakter, Wissen" (S. 189). Diese formale Bestimmung scheint ihm im Großen und Ganzen auszureichen, um das pädagogische Verantwortungsphänomen zu charakterisieren. In der unmittelbaren Weiterführung seines Gedankens (S. 190) kommt es allerdings zu einer bemerkenswerten Wendung, die aufgrund ihrer Beiläufigkeit leicht zu überlesen ist. Die „elterliche Fürsorge", heißt es dort, habe nicht nur „das pure Sein" zu berücksichtigen, sie trage vielmehr Verantwortung dafür, dass sich „das beste Sein" des Kindes entwickle. Die Erziehung habe, gemeinsam mit dem politischen System, alles dafür zu tun, „damit gutes Leben möglich" werde. Als Synonym für „gutes Leben" verwendet Jonas in diesem Kontext einen schillernden Begriff – „Glück". Mit Glück bezeichnet er das oberste, alle pädagogischen Bestrebungen umspannende Erziehungsziel, welches zusammen mit sämtlichen Einzelbemühungen „wenn möglich" erhalten bzw. „gefördert werden müsse[ ]".

Der Zusammenhang von Glück und pädagogischer Verantwortung wird von Jonas in den Raum gestellt, aber nicht systematisch entfaltet. Seine Bemerkungen werfen eine Reihe von grundsätzlichen Fragen auf. Was ist das überhaupt, das Glück, und in welcher Beziehung steht es zum guten Leben? Wie haben wir uns ein am Glück orientiertes, verantwortungsbewusstes pädagogisches Handeln vorzustellen, und welche Angaben sind dazu in der pädagogischen Literatur zu finden? Auf diese Fragen versucht der vorliegende Beitrag Antworten zu geben. Im Zentrum der Ausführungen steht somit nicht die Verantwortung als solche, sondern das von Hans Jonas en passant ins Spiel gebrachte Glück im Sinne einer Leitkategorie pädagogischer Verantwortung.

Zunächst (Kapitel 1) werde ich kurz Schwierigkeiten ansprechen, auf die eine wissenschaftliche Beschäftigung mit dem Glück stößt. Ich werde zu begründen versuchen, warum es mir sinnvoll erscheint, sich über diese Hürden hinwegzusetzen. Im zweiten Kapitel soll geklärt werden, was es mit der Kategorie Glück auf sich hat. Was versteht man darunter, wie wird der Begriff verwendet? Anschließend (Kapitel 3) möchte ich das Verhältnis zwischen dem Glück und der Pädagogik problemgeschichtlich ins Auge fassen. Erklärungsbedürftig ist insbesondere, warum die einst sehr enge Beziehung zwischen dem Glück und der Pädagogik im 19. und 20. Jahrhundert aufgekündigt worden ist, und was wir von den pädagogischen Einwänden gegen das Glück zu halten haben. Im letzten Kapitel schließlich werde ich eine Glücksvorstellung akzentuieren, die ich für pädagogisch äußerst relevant halte, auch wenn sie mit dem heutigen Alltagsverständnis nicht übereinstimmen mag: Glück als die euphorische Bejahung eines guten und gelungenen Lebens. Was sonst sollten Bildungs- und Erziehungsveranstaltungen in letzter Instanz bezwecken als dies: dass den Menschen ihr Leben gelingt?

1. Das schwierige Thema Glück

Hans W. Nicklas (1969, S. 151) hat vor Jahren bemerkt, „daß in deutschen pädagogischen Lexika das Stichwort ‚Glück'" fehle: „Es ist in Deutschland kein pädagogischer Begriff." Die Feststellung trifft nach wie vor zu. In Winfried Böhms vielfach aufgelegtem *Wörterbuch der Pädagogik* (1988) gibt es unter dem Schlagwort „Glück" lediglich einen knappen Hinweis auf die Glücksdefinition Rousseaus. Das ist aber bereits mehr, als man in anderen pädagogischen Wörterbüchern und Enzyklopädien findet. Dem unlängst publizierten *Historischen Wörterbuch der Pädagogik* (2004) beispielsweise ist das Glück keinen Eintrag wert. Auch erziehungswissenschaftliche Forschungsarbeiten zur fraglichen Thematik sind rar (vgl. Taschner 2003, Kap. 2). „Am liebsten möchte man von Glück gar nicht reden. An seiner Stelle fungieren [...] andere Begriffe wie Gleichheit der Bildungschancen, soziale Mündigkeit, Personalität, Disponibilität", „‚Organisation', ‚exakte Leistungsmessung und Leistungsvergleich', ‚Effizienz'" (Rülker 1971, S. 161f.). Auch diese Beobachtung hat, obwohl vor über 30 Jahren getroffen, an Gültigkeit nichts eingebüßt. In jüngster Zeit wird viel über *literacy*, über Kompetenzen und Leistungsstandards diskutiert, aber um das Glück macht die Erziehungswissenschaft einen großen Bogen. „In der deutschsprachigen Pädagogik gibt es keine erziehungsphilosophische Forschung über das Glück des Kindes und seine Bedeutung für die Erziehung, auch nicht in Ansätzen" (Fuhr 1998, S. 219).

Nun stand die Pädagogik der Glücksthematik nicht von jeher so fern. „Erziehung ist *Bildung des Menschen zur Glückseligkeit*", hat Ernst Christian Trapp (1977, S. 33) 1780 konstatiert. In der Spätaufklärung ist das Glück eines der favorisierten Themen der Erziehungstheoretiker und der sich gerade konstituierenden pädagogischen Disziplin gewesen. Ich halte es für ein Missverständnis der zeitgenössischen Erziehungswissenschaft, dass dies heute nicht mehr der Fall ist.

Freilich wird jeder, der sich mit dem Glück wissenschaftlich befasst, ein gewisses Unbehagen zu überwinden haben. „Ich fürchte fast, man wird mich für verwegen halten, wenn ich über den Begriff des Glücks schreibe." So hat die Moralphilosophin Philippa Foot (1997b, S. 214) ihren Aufsatz zum Thema *Tugend und Glück* eingeleitet. Warum ist es verwegen, den Glücksbegriff zu thematisieren? Einmal weil er in akademisch-philosophischen Kreisen, wie Dieter Thomä (2003, S. 13) kürzlich beklagt hat, eine erhebliche „Geringschätzung" erfährt. Philippa Foot (a.a.O.) hat ihren Eingangssatz folgendermaßen kommentiert: „Er [der Glücksbegriff] ist ja gewiß einer der schwierigsten Gegenstände der Philosophie, und da mir eine verführerische Stimme einflüsterte, er gehöre in die philosophische Psychologie und nicht in die Moralphilosophie, wollte ich ihm schon aus dem Weg gehen." Die verführerische Stimme, von der Foot hier spricht, liegt nicht völlig verkehrt. In den zurückliegenden Jahrzehnten ist die Glücksthematik vermehrt in psychologischen und psychotherapeutischen Sachzusammenhängen anzutreffen gewesen. Das sind Fachgebiete, für die die Moralphilosophin keine Kompetenz beanspruchen möchte – und das gilt auch für den Autor des vorliegenden Beitrags.

Auf der anderen Seite handelt es sich beim Glück um einen überbeanspruchten Allerweltsbegriff, was die wissenschaftliche Beschäftigung mit ihm nicht erleichtert. In vielerlei Gestalt geistert er durch die Medien, in ganz unterschiedlichen Theorieprogrammen ist er mehr oder weniger explizit anzutreffen. Die damit einhergehenden Verschleißerscheinungen sind Günther Bien (1978, S. XIV) bereits 1978 aufgefallen: „Das Glück ist auf die Gasse geraten, in die für Unterhaltungszwecke bestimmte Literatur und Musik; es taucht gleichzeitig unter anderen Bezeichnungen in der Psychologie und Sozialforschung bzw. politischen Planungstheorie mannigfach wieder auf: unter dem Titel ‚Soziale Indikatoren, Lebensstandard, Lebensqualität, Mental Health, Strukturpsychologischen Wohlbefindens, Höhepunkterfahrungen, Glücksgefühle, Erfüllungserlebnisse' usf.; das statistische Material wächst an, es gibt eigene ‚Reports of Happiness'." An diesem Zustand –

das Glück auf der Gasse – hat sich bis heute nichts geändert. Man denke nur
an die Flut von Wellness-Literatur, an die populäre Flow-Theorie (Csikszentmihalyi 2004), an die ökonomischen Glückslehren (Schaaff 1999; Layard 2005), an die psychologischen Untersuchungen zur Lebenszufrieden-
heitskompetenz oder an die „Happyologie", eine psychologische Disziplin,
die sich mit der Erforschung von Positiverfahrungen befasst. Das Glück und
die damit verwandten Ausdrücke sind in derart unterschiedlichen Bedeu-
tungszusammenhängen omnipräsent, dass der Verdacht Günther Biens
(1978, S. XI) kaum von der Hand zu weisen ist, „unter denselben Titeln"
werde „über jeweils durchaus anderes gesprochen". Mit dieser Vermutung
wird implizit die Theorietauglichkeit des Glücksbegriffs in Frage gestellt.
Wäre er tatsächlich so ausgeprägt multivalent und polyrezerentiell, dass man
sich auf keine inhaltliche Bestimmung mehr einigen könnte, dann würde ihn
das für eine wissenschaftliche Verwendungsweise disqualifizieren.[1] Ich
glaube allerdings nicht, dass wir Grund haben, das Glück aus den Wissen-
schaftsdiskursen zu entfernen. Aber es ist nachvollziehbar, wenn man sich,
wie Philippa Foot (1997a, S. 162), mit großer Behutsamkeit und nicht ohne
Bedenken diesem „äußerst schwierigen Begriff" nähert.

Warum hat sich Foot über ihre Bedenken hinweggesetzt? Weil das Glück,
wie sie provokant bemerkt, ein faszinierender Begriff ist, den alle Menschen
im Munde führen, aber niemand versteht: „Um zu erkennen, daß man ihn
nicht versteht, muß man nur einmal zu erklären versuchen, warum z.B. das
Leben in Zufriedenheit nach einer Ruhigstellung durch Gehirnoperation kein
glückliches Leben ist oder warum wir jemanden als unglücklich betrachten,
der zu der Einbildung gebracht wurde, er verrichte sein Leben lang wichtige
Arbeit, während er in Wirklichkeit nur herumpfuscht" (ebd.). Die Diskrepanz zwischen der Allgegenwart des Glücksbegriffs und der Schwierigkeit,
seine Bedeutung zu erfassen, kann abschrecken, sie kann aber auch ein An-
reiz sein, unser Glücksverständnis genauer zu analysieren. Letzteres scheint
umso gebotener, weil die Behauptung, alle Menschen streben nach Glück,
ein von der griechischen Antike an bis heute weithin unbestrittenes Axiom
ist.

---

1   Das war bekanntlich das Argument, welches Dieter Lenzen (1997) vorgebracht hatte,
    um den *Bildungs*begriff durch die, wie er meinte, sinnvolleren Ausdrücke
    Selbstorganisation, Autopoiesis und Emergenz zu ersetzen – ohne Erfolg, wie wir
    wissen.

Was immer man begehrt, man begehrt es in letzter Instanz des eigenen Glücks wegen. Das Glück ist das höchste Gut, oberstes Strebens- und Handlungsziel aller Menschen, weil das Glück allein um seiner selbst willen gewollt wird, während alle anderen Güter eines Zweckes wegen angestrebt werden. Das ist die bekannte Argumentation von Aristoteles aus der *Nikomachischen Ethik* (1097a–1097b). Die Einsicht hat wenig Widerspruch erfahren, sie gehört seitdem „zu den ausgemachten Selbstverständlichkeiten" (Bien 1998, S. 28). Das kann mit zwei Beispielen illustriert werden. „Das letzte Ziel aller menschlichen Wünsche, Hoffnungen und Bestrebungen muß Glückseligkeit, das ist, ein Zustand angenehmer Empfindungen sein", erklärte Deutschlands erster Professor für Pädagogik Ernst Christian Trapp (1977, S. 35), „denn das Gegenteil läßt sich nicht denken, und ist wider alle Erfahrung. Niemand wünscht etwas, das ihm Unlust, oder Unzufriedenheit bringe." Zu dem gleichen Ergebnis ist jüngst der britische Wirtschaftswissenschaftler Lord Richard Layard (2005) gekommen. Bei seiner Suche nach dem Letztziel aller menschlichen und gesellschaftlichen Bestrebungen scheiden so hochwertige Kandidaten wie Gesundheit, Autonomie, Freiheit und Bildung aus, weil diese Güter einen *instrumentellen* Charakter besäßen, während allein das Glück ein Ziel an sich sei: „Glück ist dieses übergreifende Ziel, denn, anders als alle anderen, ist es ganz offensichtlich gut. Wenn wir beantworten sollten, warum Glück wichtig ist, können wir auf keinen übergeordneten Zweck mehr verweisen: Es ist einfach ganz unbestreitbar wichtig. Aus diesem Grund nennt auch die amerikanische Unabhängigkeitserklärung das Glück ein selbstverständliches Ziel" (S. 128).

Homo naturaliter desiderat beatitudinem. Mit dieser Annahme endet denn allerdings auch die Einhelligkeit in Sachen Glücksauffassungen. In allen anderen das Glück betreffenden Fragen werden in der abendländischen Tradition die denkbar unterschiedlichsten Einschätzungen vertreten (vgl. Tatarkiewicz 1984). Extrem kontrovers wird beispielsweise die aus pädagogischer Sicht besonders klärungsbedürftige Frage diskutiert, ob das universelle Glücksbedürfnis ein *erfüllbares* sei. Oder ist der Wunsch nach Glück ein zwar verständlicher, aber letztendlich niemals zu befriedigender. Der Philanthrop Johann Stuve (1957, S. 55) sei hier repräsentativ für die eine Extremposition angeführt. In seinem Aufsatz über die *Allgemeinsten Grundsätze der Erziehung* von 1785 vertritt er die Überzeugung, die Glückseligkeit sei die natürliche Bestimmung aller mit Gefühl ausgestatteter Lebewesen: „Daß die Glückseligkeit der empfindenden Wesen des Schöpfers Zweck sei,

lehrt uns die Einrichtung der ganzen Natur, lehren uns insbesondere und
ganz unwidersprechlich die Anlagen, Kräfte und Triebe der mit Empfindung
begabten Geschöpfe." Dass aus dem Studium der (menschlichen) Triebnatur
ganz andere, nämlich entgegengesetzte Lehren zu ziehen sind, belegen die
Studien Sigmund Freuds. Auch für ihn war unzweifelhaft, dass alle Menschen danach streben, glücklich zu werden und glücklich zu bleiben. Aber
sein Pessimismus war von nachgerade schopenhauerischen Ausmaßen[2],
wenn es um die Beurteilung ging, ob der vergesellschaftete Mensch zum
Glücklichsein bestimmt sei. Was Freud (1989, S. 208) in *Das Unbehagen in
der Kultur* hierüber schreibt, klingt wie eine direkte Erwiderung auf die Position Stuves: „[...] die Absicht, daß der Mensch ‚glücklich' sei, ist im Plan
der ‚Schöpfung' nicht enthalten. Was man im strengsten Sinne Glück heißt,
entspringt der eher plötzlichen Befriedigung hoch aufgestauter Bedürfnisse
und ist seiner Natur nach nur als episodisches Phänomen möglich".

Aber sprechen Stuve und Freud wirklich vom gleichen, wenn der eine
(Freud) unter Glück eine temporäre Erfahrung intensiver Lustbefriedigung
versteht und der andere (Stuve) unter Glück den einzigen und letzten Zweck
aller Geschöpfe? Und wie steht es mit der semantischen Gemeinsamkeit
zwischen Trapps Ansicht, wonach sich das Glück in erfreulichen Empfindungen äußert, und der Lehre von Aristoteles (1985, 1098b,22), der zufolge
das höchste Gut, die *eudaimonia*, so viel besagt „wie gutes Leben und gutes
Gehaben"? Offenbar werden hier sehr differente Glückskonzepte verwendet.
Hinter der zustimmungsfähigen Behauptung, alle Menschen streben nach
Glück, verbergen sich so konträre Aussagen wie: alle Menschen streben
nach möglichst dauerhafter Befriedigung ihrer Bedürfnisse und Triebe oder
aber: alle Menschen streben nach einem möglichst guten, vortrefflichen Leben, wobei keineswegs ausgemacht ist, dass mit einem guten Leben ein lust-
voll-triebbefriedigtes gemeint ist. Wladyslaw Tatarkiewicz (1984, S. 13) hat
in seiner quellenreichen Studie die vielfältigen Verwendungsweisen des
Glücksbegriffs untersucht und folgende semantische Schnittmenge ausge-

---

2   Die Positionen Freuds und Schopenhauers sind in diesem Punkt fürwahr sehr ähnlich.
     Für Arthur Schopenhauer (1988, §58) war „ein ächtes, bleibendes Glück nicht möglich"
     (S. 417), weil er das Glück auf die Behebung von Mangelerscheinungen zurückführte.
     Der „Genuß" (S. 416) des Glücks währe „bloß Augenblicke" (S. 417) und lasse
     unverzüglich nach, sobald ein „Wunsch" befriedigt, ein „Mangel" (S. 416) beseitigt sei.
     Die „Unerreichbarkeit dauernder Befriedigung" (S. 418) ergab sich für Schopenhauer
     aus der Einsicht in den niemals zur Ruhe kommenden Triebcharakter des Menschen, den
     er metaphysisch überhöhte.

macht: „Die verschiedenen Glücksbegriffe haben soviel gemeinsam, daß sie alle etwas Positives, Wertvolles bezeichnen". Das ist kein besonders umfangreicher gemeinsamer Bedeutungskern. Sinnvoll lässt sich über das Glück nur sprechen, wenn geklärt ist, in welcher Weise man den Ausdruck verwendet.

2. Glücksbegriffe

In der deutschen Sprache kann das Wort Glück zweierlei bedeuten. „Die eine Bedeutung ist das Glück, das man hat, lateinisch ‚fortuna'. Es ist das Glück, dessen Gegenteil wir ‚Pech' nennen. Es meint den Zufall, der dem, was wir wünschen, entgegenkommt" (Spaemann 1994, S. 15). Der Glückspilz trägt seinen Namen, weil sein Leben reich an solchen erfreulichen Ereignissen ist. Er ist ein vom unkalkulierbaren Schicksal und den äußeren Umständen Begünstigter. Ob ihn sein zufällig widerfahrenes Glück glücklich macht, wissen wir nicht. Wir wären zumindest nicht erstaunt, wenn eine in Glücksspielen erfolgreiche Person uns mitteilen würde, sie führe ein durch und durch unglückliches Leben. Augustinus behauptet in *De beata vita* (2,11), dass niemand glücklich sein könne, wenn er sich von *fortuna* abhängig mache.

Damit ist die zweite Grundbedeutung von Glück angesprochen. Glück im Sinne von Glücklichsein, lateinisch: *beatitudo*. Aus pädagogischer und ethischer Sicht ist diese Bedeutungsweise die ausschlaggebende. In den angeführten Aussagen von Aristoteles, Trapp, Freud und Layard wird Glück ausschließlich im Sinne von *beatitudo* verwendet: als Bezeichnung für eine positiv bewertete Erlebnis- oder Seinsweise. In der Moderne hat sich eine Auffassung durchgesetzt, der zufolge *beatitudo* in einem Hochgefühl *intensiven Wohlbehagens* besteht. Tatarkiewicz (1984, S. 14) nennt es das „Glück in *psychologischer Bedeutung*" und streicht damit das subjektive Erlebnismoment heraus: Glück als eine innere Befindlichkeit, die sich zuvorderst in *Freude* äußert. „Freudegefühl", heißt es in diesem Sinne beim Philanthropen Karl Friedrich Bahrdt (1980, S. 61), ist „das Wesen der Glückseligkeit". Glücksvorstellungen, die auf das positive Erlebnismoment verzichten – klassische Modelle liegen im Stoizismus, im Skeptizismus Pyrrhons (vgl. Neschke 1997) und im Frühbuddhismus (vgl. Paul 1998) vor –, sind wenig überzeugend. Es gibt weder ein empfindungsloses noch gibt es ein freudloses Glück.[3] Oftmals wird sogar behauptet, Glück sei im Wesentlichen ein mit *Lust* gepaartes Phänomen. Günther Bien spricht in diesen Fällen vom sensualistisch-hedonistischen Glückskonzept. Damit wird der Aspekt der Bedürfniserfüllung akzentuiert: Glück als *Genuss* befriedigender Umstände und befriedigter Wünsche. Das ist eine besonders weit verbreitete Auffassung. Richard Layards (2005, S. 24) Überlegungen zur glücklichen Gesellschaft etwa basieren auf genau diesem Glückverständnis: „Mit Glück meine ich also einen Zustand des Sich-wohl-Fühlens, das Gefühl, das Leben zu genießen, und den damit verbundenen Wunsch, dieses Gefühl möge nicht aufhören." Nach Günter Biens (1998, S. 33) Einschätzung hat diese Glücksvorstellung in der Neuzeit alle übrigen Konzepte nahezu verdrängt: „Für die Neuzeit und Gegenwart gilt, daß auf weite Strecken eigentlich nur das sensualistisch-hedonistische Glückskonzept [...] gelten gelassen wird".

Diese Einschätzung ist allerdings etwas zu korrigieren. In der Neuzeit konnte sich sehr lange neben der sensualistisch-hedonistischen Vorstellung ein Glückskonzept behaupten, dessen Wurzeln im antiken und mittelalterlichen Denken liegen: Glück als der Besitz bestimmter *Güter*. Güter sind als wertvoll anerkannte Strebens- und Handlungsziele. Aristoteles (1985, 1098b,10–1099b,8) hat als erster systematisch auseinandergelegt, dass zum Glücklichsein diverse äußere und körperliche Güter unentbehrlich sind: eine finanzielle Grundversorgung, gute Freunde, brave Kinder, Gesundheit, ein gutes Herkommen, ein ansehnliches Erscheinungsbild (vgl. Forschner 1993, S. 7f.). Aber mit den *höchsten* Glücksgütern (lateinisch: *beatitudo objectiva*) sind von alters her nicht die äußeren oder körpernahen gemeint, sondern vortreffliche Charaktereigenschaften, Verhaltens- und Verstandestugenden. In diese Richtung zielten bereits die Bemerkungen zur *eudaimonia* von Heraklit (DK22 B4) und Demokrit (B68 B171). Aristoteles (1985, 1098b,14) schließt daran an, wenn er statuiert, dass die „Güter der Seele" „als die wichtigsten, als Güter im vollkommensten Sinne" anzusehen sind. Sie allein qualifizieren

---

3   In der Erziehungswissenschaft wird die Kategorie der Freude – das teilt sie mit dem Glück – nur selten angemessen gewürdigt. Dabei stellt sie eine unentbehrliche Lebens- und Bildungsqualität dar. Zum einen beflügelt sie das Lernen: „When something gives us pleasure, we are inclined to study it more carefully" (Noddings 2003, S. 244). Zum anderen macht sie für neue Erfahrungshorizonte sensibel, was letztendlich auch der Persönlichkeits- und Charakterbildung zugute kommt. „Wirkliche sittliche Bildung kann deshalb ohne den Faktor Freude nicht geschehen" (Lassahn 1975, S. 567). Die enge Allianz zwischen Freude und Bildung hat auch Hartmut von Hentig (1999, S. 76) erkannt, wobei er zugleich den Bogen zum Glück schlägt: „Wo keine Freude ist, ist auch keine Bildung, und Freude ist der alltäglichste Abglanz des Glücks".

den Menschen zum Menschen. Von ihrer Entwicklung hänge es ab, ob jemand glücklich werde oder nicht. Kinder können nach dieser Überzeugung nicht als glücklich bezeichnet werden, weil sie die wesentlichen Tugenden noch nicht *vollständig* ausgebildet haben (1100a).

Die Auffassung, das Glück der Menschen bestehe im Erwerb höchster Güter, wurde auch im Alten Testament (vgl. Otte 1989) und von den christlichen Denkern des Mittelalters vertreten: „Sie waren weit davon entfernt, das Glück im Sinne von Wohlergehen oder Annehmlichkeiten zu begreifen. Sein Wesen liege im Besitz von Gütern, und die Freude (*felicitas*) sei lediglich eine natürliche Folge des Besitzes von Gütern. Der heilige Augustinus schrieb, daß derjenige Mensch glücklich sei, der das besitzt, was er will, und der nichts Böses erstrebt. Noch treffender schreibt der heilige Thomas, wenn er erklärt, warum derjenige, der das Glück erreicht hat, sich nichts mehr wünschen kann: es ist nämlich das höchste Gut, das bereits alle Güter in sich vereint" (Tatarkiewicz 1984, S. 16). Mit dem Christentum setzte sich allmählich ein Glücksgüterkonzept durch, in dem allein die *innerlichen moralischen Güter* den Ton angaben. Bis ins 18. Jahrhundert hinein ist diese Glücksauffassung vertreten worden. So erklärte beispielsweise der Aufklärungspädagoge Joachim Heinrich Campe (1777, S. 119f.) in seinem *Sittenbüchlein für Kinder aus gesitteten Ständen*, dass das Gut der „Glückseligkeit" *eines* vor allem zur Voraussetzung habe: „Das ist ein gutes Gewissen, oder das Bewußtseyn unserer Unschuld." Erst im 19. Jahrhundert ist das Glücksgüterkonzept dem voranschreitenden Prozess der Hedonisierung und „Privatisierung des Glücks" (Hossenfelder 1996, S. XVI) zum Opfer gefallen. Von nun an wurde das Glück nahezu ausschließlich sensualistisch-hedonistisch gefasst: als die individuelle „Befriedigung aller unserer Neigungen" (Kant 1976, S. 729).

Dabei geriet in Vergessenheit, dass das Glück nicht zwangsläufig aus der Erfüllung privater Wünsche und Vorlieben resultiert. Man stelle sich eine Person vor, der sich jeder Wunsch und alle Bedürfnisse unverzüglich erfüllten. Nur Heilige, also Menschen reinsten Herzens, dürfte das auf lange Sicht glücklich und zufrieden machen. Alle übrigen Menschen hingegen würde es früher oder später ins Unglück stürzen. Die Fähigkeit, Triebhandlungen und Wünsche zu prüfen und sich gegebenenfalls zu *versagen*, darf als ein ausgesprochener Glücksfall betrachtet werden. Die hierfür erforderlichen ‚Güter der Seele' sind pädagogisch zu fördern, sie heißen Reflexionskraft, Besonnenheit, „Selbstmächtigkeit" (Schmid 1998, S. 84). Und es sind nicht die einzigen Güter, die eine eudämonistisch angelegte Erziehung zu berücksichtigen hätte. Darauf ist in jüngster Zeit in Anschluss an Überlegungen von John Rawls hingewiesen worden (vgl. Fuhr 1998, S. 249ff.). Rawls (1996) hat soziale und natürliche Grundgüter unterschieden, die allen Menschen fairerweise zustehen, damit sie ein vernünftiges, selbstverantwortliches und glückliches Leben führen können. Zu den „gesellschaftlichen Grundgütern" zählen bestimmte „Rechte, Freiheiten und Chancen sowie Einkommen und Vermögen" (S. 112). Als natürliche Grundgüter werden unter anderem „Gesundheit und Lebenskraft, Intelligenz und Phantasie" (S. 83) genannt. Die Erziehenden sind dafür verantwortlich, dass den Heranwachsenden diese fundamentalen Güter, soweit es in ihrer Macht steht, zuteil werden. „Eltern müssen stellvertretend für das Kind dessen Bedürfnis nach Grundgütern erfüllen, wenn das Kind selbst dazu nicht in der Lage ist" (Fuhr 1998, S. 251).

Kommen wir noch einmal zum sensualistisch-hedonistischen Glückskonzept zurück. Vertreter dieser Auffassung neigen dazu, das Glück als ein *episodisches* Phänomen anzusehen, als eine kurze Periode ungetrübten Wohlbefindens. Damit ist das Glück *erfüllter Gegenwart* gemeint, in dem Wunsch und Wirklichkeit zur Deckung kommen. Solche Glücksmomente sind rar, deshalb kostbar. Goethe hat Eckermann gegenüber gestanden, er habe in seinem Leben nicht einmal vier Wochen wahrhaften Glücks erlebt – und dennoch ein insgesamt glückliches Leben geführt (vgl. Tatarkiewicz 1984, S. 17). Das Glück einer *fortwährenden* Bedürfnisbefriedigung wird von den meisten Anhängern der sensualistisch-hedonistischen Richtung als eine blanke Illusion zurückgewiesen (vgl. z.B. Schopenhauer 1988, §58). Sind die Bedürfnisse einmal befriedigt, erlischt das Glücksgefühl, neue Wünsche tauchen auf, harren auf Befriedigung, Unzufriedenheit setzt ein. Die Spirale der Sehnsucht nach dem Glück vereitelt den andauernden Genuss desselben. Jede Glückserfahrung ist eine Art Droge, die insgeheim dazu beiträgt, das Unglück zu maximieren: „Was aber vor uns bleibt, wird größer und dehnt sich ständig aus. So erschöpfen wir uns, ohne zum Ziel zu kommen. Je mehr wir genießen, desto weiter entfernt sich das Glück", heißt es in Rousseaus *Emile* (1989, S. 57). Nur solchen Wünschen, meinte Rousseau, sei deshalb Raum zu geben, zu deren Erfüllung das Individuum aus eigener Kraft in der Lage sei. Das bedeutet aber auch: Jene Fähigkeiten müssten ausgebildet werden, die zur Befriedigung der Grundbedürfnisse benötigt werden. „Unser Unglück entsteht also aus dem Mißverhältnis zwischen unseren Wünschen und unseren Fähigkeiten. Ein fühlendes Wesen, dessen Fähigkeiten seinen Wünschen entsprächen, wäre absolut glücklich" (ebd.).

Nur wenige moderne Autoren wie Charles Fourier und aus jüngerer Zeit Herbert Marcuse haben versucht, einen hedonistischen, d.h. Genuss affirmierenden Glücksbegriff mit der Vorstellung eines nicht-episodischen Glückszustandes in Einklang zu bringen (vgl. Schwendter 1996).[4] Zu diesen seltenen Autoren gehört auch Claude Adrien Helvétius (1972). Er hielt es für denkbar, dass sich „das Wunder einer universalen Glückseligkeit" (S. 362) realisieren lasse. Voraussetzung hierfür sei, dass eine gemäßigte Sozialutopie Wirklichkeit werde, was auch die Mitarbeit der öffentlichen wie privaten Erziehung erfordere. Alle Menschen, so Helvétius, müssten die sozialen, die materiellen und die individuellen Möglichkeiten erhalten, um sinnvollen Tätigkeiten nachgehen und persönliche Strebensziele entwickeln zu können. So wichtig es für das Glück der Menschen sei, dass sie ihre Ziele erreichten, so wichtig sei es auch, dass sich immer wieder neue (möglichst wirklichkeitsnahe, realisierbare) Wünsche ergäben. Nicht erst das Ziel – die Bedürfnisbefriedigung –, sondern schon der Weg – das Bedürfnis als solches – sei die Quelle des Glück: „Um glücklich zu sein, muß man Wünsche haben und sie nur mit einiger Mühe befriedigen können; aber man muß des Genusses auch sicher sein, wenn man die Mühe aufgewandt hat" (S. 375). In Helvétius' Glücksutopie erscheint das Glück als eine Art Dauerzustand, in dem sich lustvolle Elemente der Wunschgenese und Elemente aktiver Wunscherfüllung ablösen und überlagern. Aus einem Mosaik an episodischen Glückszuständen entsteht somit der Gesamteindruck einer ununterbrochenen Glückseligkeit.

Vom Glück im Sinne einer fortlaufenden Erfüllung elementarer Bedürfnisse ist schließlich ein weiterer Glücksbegriff zu unterscheiden, der ebenfalls den Prozesscharakter des Glücks berücksichtigt. Martin Seel (1995, S. 62ff; 1998, S. 112) – Deutschlands derzeit profiliertester Glückstheoretiker –

---

4   Unter den vormodernen Autoren ragt in dieser Hinsicht Epikur heraus (vgl. Tielsch 1978). Seine Verschmelzung von Glücks- und Lusttheorie gelingt jedoch nur um den Preis einer Verkümmerung der Lust zu einer beinahe genusslosen Angelegenheit. „Die Seelenruhe des ‚Weisen' ist das Ziel: eine Idee, in der sowohl der Begriff der Lust wie der Begriff des Weisen um seinen Sinn gebracht ist. Die Lust wird verkümmert, sofern die vorsichtige, abwägende, zurückhaltende Beziehung des Individuums zu Menschen und Dingen deren Herrschaft über es gerade dort nicht freigeben will, wo sie wirklich glückbringend ist: als genießende Hingabe" (Marcuse 1965b, S. 138).

spricht vom *übergreifenden* oder *prozessualen Glück*. Glück im übergreifenden Verständnis ist eine bedeutungsnahe Abkürzung für das gute oder gelingende Leben; es „übersetzt das griechische Wort ‚eudaimonia'" (S.
65), wie
es in erster Linie von Aristoteles geprägt worden ist.[5] Das übergreifende
Glück eines gelingenden Lebens (bzw. die Kehrseite davon: das Unglück e-
xistentiellen Misslingens) bezieht sich auf die *Gesamtheit* der individuellen
Daseinsweise, es umfasst die Gegenwart, ebenso wie die Vergangenheit,
kurz „die Summe aller Prozesse", an denen die betreffende Person aktiv oder
passiv „teilgenommen hat" (Tatarkiewicz 1984, S. 24). Im übergreifenden
Glück dokumentiert sich eine (wenn auch vorläufige) positive Lebensbilanz.
Das impliziert, in Robert Spaemanns (1989, S. 22) Worten, dass das „Leben
überhaupt so etwas wie ein Ganzes sein kann oder daß es uns zumindest darum geht, es als ein solches Ganzes begreifen zu können." Die Einheit des
menschlichen Lebens – mit Maurice MacIntyre (1995) wäre hier vom „nar-
rativen Selbst" (S. 291) zu sprechen, „dessen Einheit in der Einheit einer Er-
zählung ruht" (S. 275; vgl. auch Brumlik 2002, S. 123ff.) – kann auch dann
als gelungen empfunden werden, wenn es nur wenige episodische oder eks-
tatische Glücksmomente enthalten hat – wie im Falle Goethes. Selbst ausgesprochen schwierige Lebensphasen, die es zu überwinden gilt, sind kein
prinzipielles Glückshindernis; „zu einem guten menschlichen Leben gehört
ein gelingendes Bestehen von erfreulichen und unerfreulichen Situationen
verschiedener Art" (Seel 1995, S. 62).

Ausschlaggebend für die Beurteilung des existentiellen Ge- oder Misslingens ist, ob man den wechselvollen Lebensvollzug insgesamt als *sinnvoll*
einstuft. „Glück setzt Sinngebung voraus" (Hossenfelder 1992, S. 27). Ohne
die Überzeugung, der umfassende Lebenszusammenhang besäße Sinn und
Wert, wofür es sich zu leben und unter Umständen auch zu leiden lohne, ist
kein übergreifendes Glück vorstellbar. „Menschliches *Leben* ist sinnvoll,
soweit es selbstzweckhaft – oder jedenfalls: in der Reichweite selbstzweck-
hafter Situationen – vollzogen werden kann" (Seel 1998, S. 118). Ein
selbstzweckhaft vollzogenes Leben wird um seiner selbst willen als wertvoll

5   Ada Neschke (1997, S. 26) hat die aristotelische Bestimmung von *eudaimonia*
     folgendermaßen zusammengefasst: „Glück ist gelungenes Leben [...] in dem Sinne, dass
     unser unbewusstes, mit allen Lebewesen geteiltes Streben nach Freude verwirklicht
     wird, wenn unser rationales Tun sich in seiner Bestform aktualisiert." Bei Aristoteles
     kommt die Unterscheidung zwischen einem guten, einem gelingenden und einem
     glücklichen Leben nicht vor. Martin Seels (1995, S. 123ff.) Versuch einer
     Differenzierung kann meines Erachtens vernachlässigt werden.

erachtet und vorbehaltlos *bejaht*. Inbegriff dieser Lebensbejahung ist Albert Camus' *Sisyphos* (2003, S. 160). Wir dürfen ihn in der Tat, wie der Autor uns nahelegt, „als einen glücklichen Menschen" ansehen, denn seine Einstellung zur Welt und zum eigenen Tun ist eine vollauf Bejahende. Er ist der Überzeugung, schreibt Camus, „daß alles gut ist". Sisyphos hat seinen Lebenssinn – wenngleich einen absurden – gefunden und ist mit dem Ganzen – und dessen Absurdität – im Reinen. Sein Dasein ist von außen beurteilt ein eher unerquickliches. Aber das tut seinem umfassenden Glück keinen Abbruch. Ein im Ganzen bejahtes und somit gutes und glückliches Leben, um das nochmals zu betonen, darf nicht mit einem unentwegten Wohlbefinden verwechselt werden. Man kann sich phasenweise durchaus körperlich erbärmlich fühlen und dennoch aus anderen Quellen sein Lebensglück beziehen: „Nie habe ich so viel Glück an mir gehabt, als in den kränkesten und schmerzhaftesten Zeiten meines Lebens", hat Friedrich Nietzsche (1988b, S. 326) behauptet und damit sein Leben als Ganzes gerechtfertigt. Von Nietzsche (1988a, S. 199) gibt es auch eine Losung, in der die Lebenshaltung eines im umgreifenden Sinne glücklichen Menschen punktgenau zum Ausdruck kommt: Auf die Frage „War *das* das Leben?" lautet die passende Erwiderung des Glücklichen: „Wohlan! Noch Ein Mal!"

Das in dieser Haltung zum Ausdruck kommende Glück eines gelungenen Lebens wird von einer Emotionalität begleitet, für die das Prädikat *euphorisch* angemessen erscheint. Ich grenze mich damit von Auffassungen ab, in denen das Glück mit Zufriedenheit identifiziert wird (z.B. Tatarkiewiczs 1984, S. 21; Fuhr 1998, S. 205f.). Zufriedenheit ist *keine* adäquate Übersetzung von Glück (vgl. auch Drescher 1991, S. 114ff.; Spaemann 1994, S. 29f.). Das Gefühl der Zufriedenheit besitzt nicht die emotionale Intensität, die für das Glücklichsein typisch ist.[6] Wäre Sisyphos lediglich zufrieden mit seinem Dasein, dann würde er sagen: „So ist nun mal das Leben, es besteht aus lauter Unbehagen, aber ich bin mit meinem Los einverstanden." Ein glücklicher Mensch hingegen würde sich anders äußern, etwa so: „Das Leben ist gut. Ich habe mir mein Schicksal selbst geschaffen. Meine Aufgabe ist schwer, aber sie erfüllt mich vollständig. Ich möchte mit niemanden tau-

---

6   Auch Thomas Fuhr (1998, S. 207) weist darauf hin, dass „das hedonistische Moment", also das Gefühl von „Freude, Lust oder Gefallen [...], notwendig zum Glück" gehört. In seiner Definition von Glück als „Zufriedenheit mit der Tatsache der Geburt und der Erziehung" (S. 206) kommt dieser Gesichtspunkt jedoch zu kurz. Die meisten Menschen werden mit dem bloßen Faktum ihrer Existenz zufrieden sein, aber längst nicht alle blicken auf ihr Leben mit Lust und Befriedigung.

schen." Der oder die vollauf Zufriedene akzeptiert das Leben so, wie es ist. Der oder die vollauf Glückliche wünscht sich die Wiederholung aller Augenblicke, unverändert, ewig. Weder Zufriedenheit noch Glück sind durch pädagogische Bemühungen im technologischen Verständnis produzierbar. Auch die beste Erziehung ist kein Glücksgenerator, weil zu viele unkalkulierbare Faktoren, subjektinterne und subjektexterne, beeinflussbare und unbeeinflussbare, zusammenkommen müssen, damit sich Glück einstellt. Und dennoch trägt die Erziehung Verantwortung für das prozessuale Glück der Heranwachsenden, insofern sie Bedingungen schaffen und auf Umstände Einfluss nehmen kann, die für eine gelungene Lebensführung von Nutzen sind. Auf diesen Aspekt werde ich im Schlusskapitel zurückkommen.

3. Glück und Pädagogik – ein problemgeschichtlicher Abriss

Vom Glück führen viele Wege in die Pädagogik, was anhand einer historisch-systematischen Analyse der pädagogischen Thematisierungsweisen des Glücks im Einzelnen nachzuweisen wäre. Die Geschichte der erziehungstheoretischen Glückskonzepte ist allerdings noch nahezu ungeschrieben. Hier ist nicht der Ort, um dieses Desiderat zu beheben. In den nachfolgenden problemgeschichtlichen Überlegungen wird das Verhältnis zwischen dem Glück und der Pädagogik lediglich skizzenhaft umrissen. Leitend ist die Frage, inwiefern sich das Glück als Bezugspunkt pädagogischer Verantwortung eignet.

3.1 Antike und Mittelalter: Erfüllungsglück und Gnade Gottes

Mit dem Beginn der abendländischen Erziehungsphilosophie im 5. vorchristlichen Jahrhundert setzt auch der pädagogische Glücksdiskurs ein (vgl. Hoyer 2005a). Die das neuzeitliche Denken nachhaltig beeinflussende Philosophie des griechisch-römischen Altertums war in substantieller Weise eine Philosophie des Glücks (vgl. Hossenfelder 1996). Ciceros (1957, V,12) Bemerkung, das glückliche Leben (*beata vita*) sei die entscheidende Frage, der die Philosophie nachzugehen habe, bringt die Sonderstellung dieser Thematik auf den Punkt. Die ersten philosophisch bedeutsamen Thematisierungen des Glücks finden sich unter den überlieferten Fragmenten Heraklits (DK22

B4) und Demokrits (DK68 B170; B171). Beide vertraten die Ansicht, dass das Glück (*eudaimonia*) nicht, wie gemeinhin angenommen, von äußeren oder materiellen Faktoren abhänge, sondern aus einer bestimmten seelischen Verfassung herrühre. Damit wurde ein Standpunkt definiert, an dem sich auch der vertiefte philosophische Glücksdiskurs entlang bewegte. Besonders die Sophisten, Sokrates und Platon haben die Debatte vorangetrieben. Im Mittelpunkt des Interesses stand die Frage nach dem Verhältnis von Glück und Sittlichkeit. Während zahlreiche Sophisten bestritten, dass ein tugend-haftes Leben die hinreichende Voraussetzung für ein glückliches Leben sei, vertraten Sokrates und Platon die Auffassung, eine sittliche Lebensführung sei die notwendige Bedingung der *eudaimonia* (vgl. Seel 1995, S. 14ff.; Horn 1998). Aristoteles schließlich hat der Glücksthematik jene systemati-sche moralphilosophische Bedeutung verliehen, die sich dann auch in den hellenistischen, den spätantiken und scholastischen Theorien wiederfindet (vgl. Forschner 1993). Mit Aristoteles wird das Glück, wie Ada Neschke (1997, S. 9) bemerkt hat, vollends begriffsfähig. Und diese Begriffsfähigkeit „stellt die Bedingung der Möglichkeit dar, dass es gerade und ausschließlich die Philosophie sein soll, die sagen kann, was das Glück ist."

Im Unterschied zum neuzeitlichen Verständnis haben Sokrates, Platon und Aristoteles das Glück nur peripher als eine subjektive Befindlichkeit angese-hen. Sie verstanden darunter vielmehr ein „objektives Verhältnis, das für je-dermann einsehbar ist" (Hossenfelder 1992, S. 16). Für Platon (1969a, 442b ff.) bestand das Glück in einer harmonischen Gesamtverfassung der Persön-lichkeit. Glückliche oder, wie Platon ebenfalls sagt, gerechte Menschen sind vernunftgesteuert, sie haben ihr Temperament besänftigt und ihre Begierden sinnvoll koordiniert. Daraus ergibt sich die erwähnte anti-sophistische The-se: Nur tugendhafte Menschen können glückliche Menschen sein. *Eudaimo-nia*, Tugend (*arete*) und Gerechtigkeit (*dikaiosyne*) sind für Platon aber nur möglich, insofern die *polis* insgesamt eine wohlgeordnete ist. Die rechte Ordnung des Gemeinwesens wird aus seiner Sicht aufrechterhalten, wenn jeder Bürger das Seine tut (*ta hautou prattein*) (433a), also jene gesell-schaftsdienlichen Funktionen erfüllt, für die er, wie Platon annimmt, *von Na-tur aus* prädestiniert ist: „wenn der von Natur zum Schustern Geschickte schustert und nichts anderes tut, und der zum Zimmern Geschickte zimmert, und so weiter" (443e). Platons Gesellschaftsmodell, als Rahmenbedingung privaten Glücks und staatlichen Gelingens konzipiert, ist hierarchisch und pyramidal strukturiert und verträgt sich schlecht mit demokratischen Grund-anschauungen: „The polis becomes by definition an organic whole in its very essence composed of parts that are related to each other according to a natural and hierarchical social devision of labour based on fundamental differences and inequalities among men; and justice is nothing more than the principle of proper and natural subordination of the lower parts to the higher. Plato with great subtlety transforms the traditional notion of justice, *diké*, as ‚to each man his due', which as the democracy progressed had increasingly acquired an implication of equality or *insonomia*, into the dictum ‚to each man his proper function and no other', in accordance with Plato's hierarchical conception of the social division of labour" (Wood/Wood 1978, S. 141f.)

Aristoteles setzt in seinen Ausführungen zur *eudaimonia* etwas andere Akzente als Platon (vgl. Ritter 1974, Sp. 682ff.). Er berücksichtigt stärker als sein philosophischer Lehrer, dass Tugend allein keine *hinreichende* Glücksbedingung ist: „Die aber erklären, ein Mensch, der aufs Rad geflochten werde oder der ins größte Elend gerate, sei glückselig, wenn er tugendhaft sei, stellen absichtlich oder unabsichtlich eine nichtige Behauptung auf" (Aristoteles 1985, 1153b,20). Ohne ein Minimum an leiblichen wie äußeren Glücksgütern, so Aristoteles (1153b,23), gibt es keine *eudaimonia*. Güter wie Gesundheit, Schönheit oder Geld sichern und bestärken das Glück, sie sind Mittel zum Zweck (1096a,7), *Quellen* der *eudaimonia* jedoch sind sie nicht. Als die Glücksbedingung schlechthin hat Aristoteles die Verwirklichung (*energeia*) der den Menschen *wesenseigenen* Merkmale und Anlagen angesehen. Um ein glückliches Leben zu führen, müsse der auf das Leben in einem Gemeinwesen angelegte Mensch (*zoon politikon*) (1981, 1253a,2) zahlreiche Tugenden und Fertigkeiten entwickeln, vor allem aber habe er seine *seelischen Kräfte* (1985, 1102a,16 ff.) und hier vor allem seine Vernunft auszubilden und auszuüben: „Dies ist das Gut, nach dem er streben soll, und wenn er es in *vollkommener* Weise erreicht, verwirklicht er damit sein *höchstes* Gut. Die Verwirklichung des höchsten Gutes ist aber zugleich die Eudämonie. *Eudaimon* ist der Mensch daher, wenn er seine Vernunft zur Vollkommenheit gebracht hat" (Hossenfelder 1992, S. 16).

In den nach-aristotelischen Glückstheorien wurde gegenüber diesen objektiven Bestimmungen des Glücks stärker das Moment der Glücks*empfindung* akzentuiert. Ob es sich dabei tatsächlich um eine „radikale Subjektivierung und Privatisierung des Glücks" handelte, wie Malte Hossenfelder (ebd., S. 23) behauptet hat, halte ich indes für fraglich. Verglichen mit den modernen Vorstellungen eines subjektiven Empfindungsglücks, gehen auch die hellenistischen und spätantiken Schulen im Großen und Ganzen von einem „„Erfüllungsglück'" (Horn 1998, S. 65) aus, dem *objektive* Kriterien zugrunde gelegt werden. Unter Glück wurde in den überwiegenden Fällen die „Erfüllung menschlicher Lebens- und Handlungsmöglichkeiten" (ebd.) verstanden. Diese sind nicht von Subjekt zu Subjekt grundverschieden, sondern von individuumübergreifender Natur. Nehmen wir als Beleg die Stoiker, nehmen wir Seneca.[7] Ein erfülltes Leben bezeugt sich nach seinem Verständnis in einem tugendgemäßen Leben, das zugleich ein der Natur gemäßes ist: „Tugend entspricht unserer Natur" (*virtus secundum naturam est*) (Seneca 1965, 50,8). Zudem signalisiert *virtus* (Tugend) den unverlierbaren Besitz des höchsten Gutes (*summum bonum*). Das Höchste und moralisch Vortrefflichste, was ein Mensch erreichen kann, ist aus stoischer Sicht ein fortgesetzt vernünftiger und affektfreier Lebenswandel, der seinerseits die Bedingung dafür ist, dass sich eine Person im Zustand ungestörter Glückseligkeit (*beatitudo*) befindet (92). Glückliche Personen, *wissen* eher um ihr Glück, als dass sie es empfinden. Es sind nicht so sehr Gefühlsqualitäten, die über das Lebensglück entscheiden, als vielmehr die Bewertung eines als wünschenswert erachteten Lebensstils.

Dass die Antike das Thema Glück zu einer „Philosophensache" (Bien 1998, S. 27) erhoben hat, ist hinlänglich belegt. Weniger bekannt ist, dass das Glück damit zugleich zu einer *Pädagogensache* geworden ist. Zur damaligen Zeit gab es noch nicht jene Ausdifferenzierung der Wissenschaftsdisziplinen, wie wir sie heute kennen; es gab keine separate Theologie, keine Psychologie, und es gab keine eigenständige Erziehungslehre. Die Philosophie *umfasste* vielmehr diese thematischen Bereiche, was für unseren Zusammenhang bedeutet: Das Nachdenken über Fragen der Erziehung und Bildung (*paideia*), das am systematischsten von Platon und Aristoteles betrieben wurde (vgl. Hoyer 2005), fand innerhalb des gleichen Theoriehorizonts statt, wie das Nachdenken über Fragen der Politik und Lebensführung. Cicero hat die gemeinsame Zielperspektive dieser Überlegungen benannt: das glückliche Leben. Bei Aristoteles tritt die Verzahnung der pädagogischen Theorie mit den angrenzenden Theoriefeldern am differenziertesten zu Tage: „Die *Ethik* zeigt uns, welche Lebensform und welcher Lebensstil zum Glück notwendig ist, die *Politik* [...] führt vor, welche bestimmte Verfassung, welche Institutionen notwendig sind, um diese Lebensform zu ermöglichen und

---

7 Zur Glücksauffassung der stoischen Schulgründer Zenon und Chrysipp vgl. Ritter (1974, Sp. 686f.). Zur verwandten teleologischen Glückskonzeption Epikurs vgl. Horn (1998, S. 90ff.).

zu bewahren" (MacIntyre 1984, S. 59). Und die pädagogischen Reflexionen, als integraler Bestandteil der ethischen wie politischen Theorie, versuchen darzulegen, welche Bildungsvorkehrungen im privaten und öffentlichen Sektor zu treffen sind, um allen Staatsbürgern ein gutes und glückliches Leben zu ermöglichen. Die antiken Autoren legen den Grundstein für eine *eudämonistische Pädagogik*, weil sie die Erziehung und Bildung als eine Investition ins Glück der nachwachsenden Generation aufgefasst haben. Das Glück wurde hierbei als „ein in wesentlichen Punkten Machbares" (Neschke 1997, S. 9) angesehen. Es wurde zum höchsten Gut und vorzüglichsten Handlungsziel erklärt, „über das der Mensch Verfügungsgewalt besitzt" (ebd.). Nun ist den antiken Philosophen nicht entgangen, dass sich das Glück nicht unmittelbar intendieren und folglich auch nicht manipulativ erzeugen lässt. Insofern *macht* die Erziehung niemanden glücklich. Aber sie sorgt im günstigsten Fall dafür, dass die Menschen jene vortrefflichen Persönlichkeitsmerkmale ausbilden, denen das Glück eines gelungenen Lebens entspringt.

Die mittelalterliche Theologie und die ihr verpflichtete Erziehungslehre schloss insofern an diesen Diskussionsstand an, als auch sie, namentlich Augustinus und Thomas von Aquin, das Glück (*beatitudo*) als oberstes Gut und höchstes Strebensziel anerkannte (vgl. Holte 1981; Drescher 1991, S. 145ff.). Allerdings ist eine gravierende Abweichung von den antiken Glückseligkeitskonzepten festzuhalten. Sie betrifft den Aspekt der Unverfügbarkeit des Glücks. Die Annahme, das vollkommene Glück sei im Hier und Jetzt realisierbar, wurde aufgegeben. „Was wir unter dem Begriff der Glückseligkeit unvermeidlich antizipieren" – ungetrübtes, unerschütterliches Wohlsein – könne „unter irdischen Bedingungen gar nicht eingelöst werden. Die Einlösung muß als eine solche jenseits der Todesgrenze gedacht werden". So hat Robert Spaemann (1994, S. 18) den Standpunkt von Augustinus zusammengefasst. Mehr oder weniger extensive Glücks*momente* (Seligkeit) gewähre einzig die Anschauung Gottes (*visio beatifica*). Wer in diesem Sinne „Gott hat, ist glücklich", heißt es bei Augustinus (1989, 2,11) in *De beata vita*. Allerdings seien aufgrund „der kreatürlichen Schwäche" (Pleines 1984, S. 127) nur wenige Menschen in der Lage, den kontemplativen Tätigkeitsmodus über längere Zeit aufrechtzuerhalten.

Thomas von Aquin (1985, Prima Secundae, 1.-5. Untersuchung) führte in Anschluss an Wilhelm von Auxerre (vgl. Spaemann 1974, Sp. 693) – aristotelisches mit christlichem Denken verbindend – die Unterscheidung zweier graduell voneinander abweichender Glücksniveaus ein. Er spricht von der *beatitudo imperfecta* (die unvollkommene Glückseligkeit) und der *beatitudo perfecta* (der vollkommenen Glückseligkeit). „Die unvollkommene Gestalt kann aus sittlicher Anstrengung in diesem Leben erreicht werden. Die vollkommene Glückseligkeit übersteigt das dem Menschen aus eigener Kraft Mögliche. Sie kann nur von Gott als Lohn gewährt werden, und zwar im ewigen Leben" (Lang 1992, S. 122f.). Diese Unterscheidung zeitigte auch pädagogische Konsequenzen. Erziehung und Belehrung können einen Beitrag zur *diesseitigen*, aber eben *defizitären* Glückseligkeit leisten, insofern sie jene Tugenden, Verhaltensweisen, und Einstellungen fördern, die ein dem christlichen Ethos entsprechendes gutes Leben kennzeichnen; hierzu gehören an erster Stelle, neben den vier klassischen Kardinaltugenden, die christlichen Tugenden Glaube, Hoffnung und Liebe (Thomas von Aquin 1985, Prima Secundae, 62. Untersuchung). Aber das *ungetrübte*, *vollkommene* Glück entzieht sich dem Wirkungsbereich *erzieherischen* Handelns, weil es sich dem Wirkungskreis *menschlichen* Handelns entzieht – es bedarf der Gnade Gottes (vgl. Drescher 1991, S. 146).[8] Thomas von Aquin, schreibt Maximilian Forschner (1993, S. 86), sprengt „den von Aristoteles gezogenen Rahmen einer praktischen Philosophie" – und Pädagogik, wie zu ergänzen ist – „und verweist den Menschen auf ein Endziel, das weder durch natürliche Kräfte erkennbar noch durch eigenes Tun erreichbar ist. Gott in seinem Wesen zu schauen, darin seine Vollendung und sein Glück zu finden, übersteigt nach seinen eigenen Worten die Natur jedes Geschöpfes, bedarf der geschenkhaften Selbstmitteilung Gottes. Ja, der Versuch, das endgültige Glück aus eigener Kraft und eigenem Recht zu erlangen und zu genießen, kennzeichnet auf der Seite des Geschaffenen für Thomas gerade den Kern der Sünde."

3.2 Aufklärung

Dass jenes Gut, nach dem alle Menschen verlangen, prinzipiell unverfügbar sei, damit wollte sich die neuzeitliche, weltliche Philosophie und Erziehungstheorie des 16. und 17. Jahrhunderts nicht zufrieden geben. Ebenso wenig, wie mit dem frustrierenden Bescheid, wahres Glück sei erst im Jen-

---

8   Die Unverfügbarkeit des höchsten Glücks wird auch in der biblischen Weisheitsliteratur hervorgehoben. Das Buch Kohelet ist in dieser Hinsicht besonders ergiebig. Gott wird darin als die Bedingung der Möglichkeit menschlichen Glückes angesehen. „Glück ist eine unverfügbare Gabe Gottes, in der dieser sich dem Menschen selbst offenbart" (Schwienhorst-Schönberger 1994, S. 302).

seits zu erwarten: „Soll man das Glück noch dem zukünftigen Leben anvertrauen? Allzu blaß, allzu flüchtig erscheinen die Schatten im Jenseits. [...] Laßt uns dafür das Glück auf Erden ergreifen. Rasch, Eile tut not: das Morgen ist nicht mehr ganz gewiß, auf das Heute kommt es an. Unvorsichtig ist der, welcher auf das Zukünftige setzt; sichern wir uns eine ganz menschliche Glückseligkeit. / So dachten die neuen Moralisten, und sie machten sich daran, das Glück in der Gegenwart zu suchen." Mit diesen Worten hat der Historiker Paul Hazard (1939, S. 342) den Zeitgeist der Frühaufklärung beschrieben.[9] Wenn einer ihrer herausragenden Vertreter, Spinoza (1976, S. 260), erklärte, „des Menschen höchstes Glück [*summa hominis felicitas*] oder die Glückseligkeit [*beatitudo*]" sei „nichts anderes als die Seelenruhe, die aus der intuitiven Gotteserkenntnis" resultiere, dann stand er damit dem stoischen Denken näher als dem christlichen, nur dass er von „Gott" redete, wo die Stoiker von „Natur" gesprochen hatten. Wie die Stoiker identifizierte Spinoza das höchste Glück mit einer störungsfreien, affektreduzierten und vernunftgesteuerten *Lebenshaltung*. Die Abmilderung hinderlicher Affekte begriff er als die Folge, nicht als die Ursache der Glückseligkeit, die ihrerseits als das Resultat einer gleichermaßen metaphysischen wie handlungsorientierten Erkenntnisleistung angesehen wurde: „Und weil das Vermögen des Menschen, die Affekte zu hemmen, in der Erkenntnis allein besteht, darum erfreut sich keiner der Glückseligkeit, weil er die Affekte gehemmt hat, sondern umgekehrt, seine Macht, die Affekte zu hemmen, entspringt aus der Glückseligkeit selbst" (S. 304f.).

Der pädagogische Clou dieser Überlegung ist typisch für die vernunftsversessene Epoche, der Spinoza (1632 – 1677) angehörte. Die Bildung zur Glückseligkeit, die man wieder im vollen Umfang als möglich und wünschenswert betrachtete, wurde als *kognitive* Bildung konzipiert: „Es ist daher im Leben vor allem nützlich, den Verstand [*intellectum*] oder die Vernunft

---

9 Der Topos vom *Glück auf Erden* birgt ein kritisches Potential, das auch in späteren Epochen mobilisiert wurde, um Vertröstungen auf Jenseits abzuwehren. Bekannt sind Heinrich Heines (1980, S. 436) Zeilen aus *Deutschland. Ein Wintermärchen*, gedichtet während der politisch heißen Phase des Vormärz: „Ein neues Lied, ein besseres Lied, / O Freunde, will ich euch dichten! / Wir wollen hier auf Erden schon / Das Himmelreich errichten. // Wir wollen auf Erden glücklich sein, / Und wollen nicht mehr darben; / Verschlemmen soll nicht der faule Bauch, / Was fleißige Hände erwarben. // Es wächst hienieden Brot genug / Für alle Menschenkinder, Auch Rosen und Myrten, Schönheit und Lust, / Und Zuckererbsen nicht minder. // Ja, Zuckererbsen für jedermann, / Sobald die Schoten platzen! / Den Himmel überlassen wir / Den Engeln und den Spatzen."

[*rationem*] soviel wir können zu vervollkommnen, und einzig hierin besteht des Menschen höchstes Glück oder die Glückseligkeit" (S. 260).

3.2.1 Das Glück individueller Vervollkommnung

Im Prozess der individuellen Vervollkommnung liegt das Glück des Menschen, welches als höchstes Gut und fester Besitz erworben werden kann, solange man „unverändert fortschreitet von einer Vollkommenheit zur andern und alle Unvollkommenheiten vermeidet" (Wolff 1976, S. 35). Mit dieser Überzeugung befinden wir uns gleichsam im Herzen der Pädagogik der Aufklärungszeit. Ich habe sie hier mit Hilfe einer Aussage von Christian Wolff formuliert. Dessen 1720 publizierte Ethik *Vernünfftige Gedancken von der Menschen Thun und Lassen, zu Beförderung ihrer Glückseligkeit* fand in Deutschland eine breite und nachhaltige Aufnahme; die Pädagogik der Philanthropen ist ohne die systematische Vorarbeit Wolffs nicht denkbar. Vollkommenheit bedeutet seinem Verständnis nach, dass sich die „Gesetze der Natur" (S. 21), die zugleich göttliche und mithin sittliche Gesetze sind, am Individuum erfüllen. „Die Fertigkeit seine Handlungen nach dem Gesetze der Natur einzurichten ist es," – so Wolff – „was wir die *Tugend* zu nennen pflegen" (S. 41). Wer sich erfolgreich darum bemühe, „sich und andere Menschen [...] so vollkommen zu machen als möglich", der habe mit der moralischen Qualifikation, der Tugend, noch etwas Zusätzliches gewonnen: den Zustand „einer beständigen Freude", kurz: „*Glückseligkeit*" (S. 35). „Und demnach kan man niemanden", wie Wolff bekundet, „ohne Tugend glückseelig nennen" (S. 43). Das wahre Glück ist somit alles andere als eine reine Privatsache. Es obliegt nicht der Souveränität der Einzelperson, zu entscheiden, wodurch die eigene Glückseligkeit verursacht wird. Das Glück basiert auf allgemein gültigen, moralischen Anforderungen und Qualifikationen, die es zu *verwirklichen* bzw. zu *erwerben* gilt. Die häufig zu lesende Ansicht, mit Beginn der Neuzeit werde das Glück „nicht mehr als Vollendungszustand der im Menschen liegenden Fähigkeiten konzipiert, sondern als Erlebenskorrelat, als Glücksempfinden oder Lust" (Steinmann 2000, Sp. 1071), ist folglich nicht zutreffend. Über den Begriff der Vollkommenheit haben die Theoretiker der Aufklärung an dem Gedanken festgehalten, das dass individuelle Glück mit der Entwicklung transindividueller Merkmale des Menschlichen zusammenfalle. Die Erziehung sollte hierbei gleichsam Entwicklungshilfe leisten. Wolffs pädagogische Reflexionen – von der His-

torischen Bildungsforschung wenig beachtet – sind im Kern so kogniti-
vistisch wie die Spinozas. Tugend- und Willenserziehung wurden in der
Hauptsache als Verstandeserziehung gefasst: „Derowegen da der Verstand
urtheilen muß, was Gut und Böse ist, und was unter dem Guten das bessere
ist [...]; so wird der Wille vollkommener gemacht, oder gebessert, wenn man
den Menschen zu einer lebendigen Erkänntniß des Guten bringet [...]. Und
also kan der Wille nicht anders als durch den Verstand gebessert werden"
(Wolff 1976, S. 246).

Wolff beklagte sich über die viel zu geringe Aufmerksamkeit, die in Theorie und Praxis der Willens-, der Tugend- und ergo der Glückseligkeitserzie-
hung gewidmet werde (S. 294f.). Die Klage fand zur damaligen Zeit kein
großes Echo. In Deutschland haben erst die Philanthropen in der zweiten
Hälfte des Jahrhunderts für eine Intensivierung der pädagogischen Debatte
gesorgt. Die Glücksthematik stand dabei ganz oben auf der Agenda. Man
kann geradezu von der Geburt der deutschen Reformpädagogik aus dem
Geiste des Eudämonismus sprechen.[10]

3.2.2 Die Philanthropen: Glückseligkeit als Zweck der Erziehung

1768 hat Johann Bernhard Basedow (1965, S. 7) zur Verbesserung des öffentlichen Schulwesens aufgerufen und damit eine Welle an pädagogischen
Reformbestrebungen in Gang gesetzt. Basedow wollte Landesherren und potentielle Geldgeber davon überzeugen, dass die Schule das vorzüglichste
Mittel sei, *„den ganzen Staat* nach seiner besonderen Beschaffenheit glücklich zu machen oder glücklich zu erhalten." Das Wohlergehen des Staates,
führte er aus, sei von der *„Glückseligkeit der Bewohner"* ebenso wenig zu
trennen, wie die individuelle Glückseligkeit von „der öffentlichen Tugend",
die man ihrerseits als das Resultat von „Erziehung und Unterweisung" anzusehen habe (S. 6). Sittlichkeit, Nationalbewusstsein und Glückseligkeit wurden als die drei miteinander verflochtenen Zielkategorien der öffentlichen
wie privaten Bildung behandelt, weshalb Basedow (1880, S. 42) in seinem
Methodenbuch sagen kann: „Der Hauptzweck der Erziehung soll sein, die
Kinder zu einem gemeinnützigen, patriotischen und glückseligen Leben vor-
zubereiten."

---

10 Umso erstaunlicher, dass Thomas Fuhr (1998, Kap. 6 u. 7) in seiner Darstellung des
     Glücksdiskurses, den Standpunkt der Philanthropen mit keinem Wort berücksichtigt hat.

In der ersten systematischen Pädagogik Deutschlands, in Ernst Christian Trapps *Versuch einer Pädagogik* (1977, S. 33) von 1780, wird diese dreigliedrige Zweckbestimmung der Erziehung auf einen einzigen Aspekt reduziert: „Erziehung ist *Bildung des Menschen zur Glückseligkeit*". Trapp betrachtete die Glückseligkeit als das überragende Erziehungsziel, weil sie allein, und nicht etwa die Sittlichkeit oder die Vaterlandsliebe, von allen Menschen um ihrer selbst willen begehrt werde. Könne man bei der Tugend und Moral immer noch nach dem Warum und Wozu fragen, so sei dies bei der Glückseligkeit unsinnig: „Was hab ich von der Tugend mehr, als von dem Laster zu erwarten? Antwort: *Glückseligkeit*. Bei dieser aber kann ich nicht mehr *warum?* fragen, weil es kein *darum* mehr darauf giebt." (S. 38).

Das publizistische Glanzstück der Philanthropen stellt die sechszehn Bände umfassende *Allgemeine Revision des gesamten Schul- und Erziehungswesens* dar – ein einmaliges Kompendium pädagogischen Reformwillens. Für den ersten Band (1785) haben Karl Friedrich Bahrdt und Johann Stuve programmatische Beiträge verfasst. Beide Autoren waren mit Trapp einer Meinung, dass Glückseligkeit als höchster „Zwek der Erziehung" (Bahrdt 1980, S. 49) anerkannt werden müsse. Aber worin besteht sie, die Glückseligkeit? Für Bahrdt in der „Veredlung und Vervollkommnung des Zöglings" (S. 65), die zur Freilegung der dem Menschen von Natur aus innewohnenden „Menschenliebe" führe (S. 64). Glück ist für Bahrdt ein Emotionswert und zugleich eine moralische Kategorie mit normativem Gehalt. Der gut Erzogene, heißt es in dem Revisionsartikel, empfinde ein intensives Gefühl der Freude (Glück), „wenn er andern selbst Vergnügen machen, und durch Wohlthaten, Gefälligkeiten, oder Arbeiten, die ihrem Wunsche gemäß sind, Schöpfer ihres Glüks, ihrer Freude, ihrer Zufriedenheit werden kan" (S. 62). Nur der sozial und moralisch aktiv Agierende kann demnach das Glück in vollem Umfang ausschöpfen. Er allein besitzt die innere Genugtuung über das eigene, moralisch einwandfreie Handeln, und er kann sich zudem an der Gewissheit erfreuen, zum Glück anderer beigetragen zu haben.

Auch Johann Stuve (1957, S. 56) greift in seiner Glücksbestimmung auf den Begriff der Vervollkommnung zurück. Seine Ausgangsfrage lautete: Welche „Beschaffenheit" muss ein Subjekt aufweisen, um glückselig zu sein? Stuve unternimmt also ebenfalls einen Versuch, allgemein gültige, objektive Kriterien der Glückseligkeit aufzuspüren. Ein glückstauglicher Zustand, lautet sein Ergebnis, sei durch „eine verhältnismäßige Ausbildung und Vervollkommnung der Anlagen und Kräfte unserer Natur" (ebd.) gekennzeichnet. Das Glück des Einzelnen wird somit von zwei Faktoren abhängig gemacht: von der *Perfektionierung* und von der *Harmonisierung* der naturgegebenen Vermögen und Begabungen. Beide Elemente betreffen – wie bei Wolff und Spinoza – die kognitiven Eigenschaften des Menschen: die Auffassungsgabe, die Urteilskraft, das Gedächtnis etc. Sie schließen aber auch – stärker als bei Wolff und Spinoza – die elementaren körperlichen und emotionalen Fähigkeiten mit ein. Stuve war nicht der einzige Philanthrop, der auf „die großen Nachteile der einseitigen Geistes- und Charakterbildung" (S. 57) aufmerksam gemacht hat. Je mehr Eigenschaften ein Individuum zu einer gewissen Reife ausbilde, desto vielfältiger, umfangreicher und intensiver falle dessen Daseinsglück aus. In diesem Sinne sprach auch Joachim Heinrich Campe (1832, S. 151) seinem fiktiven Sohn Theophron ins Gewissen: „Du bist nicht Seele allein, du hast auch einen Körper; und deine Seele ist nicht bloß *Verstand*, sie ist auch *Herz*, nicht bloß *Erkenntniskraft*, sondern auch *Empfindungsvermögen*. Dies bedenke, mein Sohn, und wisse, daß die Summe deiner Vollkommenheiten, und also auch die Summe deiner Glückseligkeit, in eben dem Maße verringert wird, in welchem die Uebungen deiner Kräfte einseitig sind, in welchem du den einen Theil von dir, mit Vernachlässigung der übrigen, zu verbessern und zu stärken suchst. So fest und innig ist der Zusammenhang, welcher alle mit einander verknüpft!"[11]

Die Erziehung zur Glückseligkeit ist folglich darauf bedacht, den Heranwachsenden eine möglichst *allseitige, wohlproportionierte Ausbildung* zuteil werden zu lassen. Das geschieht im Interesse der zu Erziehenden. Aber die Erziehung hat, wie die Philanthropen immer wieder betonten, nicht nur den Auftrag, die *individuelle* Vollkommenheit zu befördern, sie hat überdies eine *gesellschaftliche* Aufgabe zu erfüllen. Peter Villaume (1785, S. 576) erläuterte im dritten Band der *Allgemeinen Revision* die polaren Ansprüche, die die Erziehung zu berücksichtigen habe: „1) eigne Veredlung und Glük; und 2) Rechte der Gesellschaft auf eines Jeden Brauchbarkeit." So sehr die Philanthropen die Glücksansprüche der Individuen anerkannten – „Jeder einzelne Mensch soll in seiner Art und nach seiner Individualität selbst glücklich sein und zum Glück und der Vollkommenheit des Ganzen beitragen" (Stuve

---

11 Die Bemerkung von Tobias Rülker (1971, S. 163), der „Glücksbegriff der Aufklärungspädagogik" vernachlässige „den Bereich der Triebe und Gefühle" und erst die Reformpädagogen Anfang des 20. Jahrhunderts hätten „die Erfüllung von Triebbedürfnissen, von Wünschen und Gefühlsregungen der Subjekte" als einen konstitutiven Bestandteil der Glückserfahrung zur Geltung gebracht, geht, wie dieses Zitat Campes illustriert, an den Tatsachen vorbei.

1957, S. 57f.) –, so wenig waren sie dazu bereit, wie man mit Worten Herbert Marcuses (1965a, S. 11) sagen könnte, aus der „Idee des Glücks" eine „politische Praxis" abzuleiten, die auf „qualitativ neue Weisen menschlicher Existenz" hinzielte. Mit anderen Worten: Die Philanthropen bestanden darauf, dass die individuelle Glückseligkeit innerhalb jener sozialen Grenzen zu verwirklichen sei, die von der real existierenden Gesellschaftsordnung – der Ständegesellschaft – gezogen wurden. Peter Villaume (1785, S. 577): „Veredelt die Menschen, so viel als es ihre Verhältnisse *erlauben*." Auch diese Beschränkung der Bildung lag aus Sicht der Philanthropen im Interesse der davon Betroffenen.[12] Das Glück der Einzelnen nämlich wäre gefährdet, wenn man ausschließlich mit Rücksicht auf die ‚natürlichen Veranlagungen', will sagen: konsequent vom Kinde aus, erziehen würde: „Man muß nicht bloß darauf sehen, was aus dem Menschen vermöge seiner Natur *werden kann*, sondern eben so sehr darauf, was aus ihm in Rücksicht auf die Gesellschaft, wofür er bestimmt ist, *werden muß*" (Trapp 1977, S. 45). Stand und Herkommen diktieren der pädagogischen Praxis, was aus dem Einzelnen werden *muss*, damit er sein Glück finden *kann*: „So notwendig die Verschiedenheit der Stände und Geschäfte, des Ansehens und des Vermögens ist, so notwendig ist auch die Verschiedenheit der Ausbildung der Körper- und Geisteskräfte. Der Landmann, der Handwerker, der Soldat, der Künstler, der Gelehrte, der Regent müssen jeder für ihre Verhältnisse und Geschäfte gebildet werden" (Stuve 1957, S. 58).

Nur wenn man von der dezidiert standesspezifischen Ausrichtung dieser Erziehungslehre absieht, kann die gehaltvolle Substanz der philantropischen Glückskonzeption hervortreten. Mit Glück als dem Zweck der Erziehung wird dem *individuellen Wohlergehen* Rechnung getragen, aber ohne einer *individualistischen* Erziehungskonzeption das Wort zu reden. Persönliches Glück bedarf aus philanthropischer Perspektive einer ebenso differenzierten wie ausgewogenen Bildung *allgemeiner menschlicher Grundeigenschaften*: Denken, Empfinden, Wahrnehmen, Bewegen. Eine nach Maßgabe der jeweiligen Subjektkonstitution gut ausgebildete Persönlichkeitsstruktur ist die Grundbedingung für Glückseligkeit. Aber eine eudämonistische Erziehung nach philanthropischem Muster ist zu keinem Zeitpunkt darauf verpflichtet, ausschließlich der Natur der Zöglinge zu willfahren. Für die vergesellschaf-

---

12   Dass die Einschränkung von Bildung im Interesse der davon betroffenen Personen sei, haben die Verfechter von Bildungsbeschränkungen von jeher vertreten. Vgl. zu diesem Argumentationsstereotyp Hoyer (2005b).

teten Individuen findet ein glückliches Leben nur innerhalb einer bestimmten Gesellschaftsordnung statt. Die Philanthropen hatten die vorindustrielle Ständegesellschaft vor Augen (vgl. zu dieser Wehler 1987, S. 133ff.). Überträgt man den Denkansatz auf *heutige* Verhältnisse, so müssten die Heranwachsenden für das Leben in einer demokratisch verfassten, pluralen „Risikogesellschaft" (Ulrich Beck) vorbereitet werden. Eine ihrer gesellschaftlichen Verantwortung gerecht werdende Erziehung hätte dann solche Fähigkeiten und Grundkompetenzen zu fördern, die in der bestehenden Gesellschaftsform vonnöten sind, damit die Menschen ein gutes Leben führen können.

Der Gedanke, das Glück eines guten Lebens sei an die *Entwicklung* und *Harmonisierung* von basalen Fähigkeiten und menschlichen Vermögen geknüpft, scheint zunächst an antike Tugend- und Glückvorstellungen anzuknüpfen. Mit Bezug auf den Plutarch zugeschriebenen Ausspruch, die Tugend sei eine lange Gewohnheit, lesen wir bei Campe (1774, S. 1): „Tugend und Glückseeligkeit" verhielten sich zueinander „wie Quell und Bach", weshalb sich die Pädagogik um nichts intensiver zu bemühen habe, als um die „allgemeine Bekanntmachung der Art und Weise, wie jener Quell am sichersten" zu erschließen sei. Etwas verkürzter, aber inhaltlich übereinstimmend heißt es im *Kinderfreund* von Friedrich Eberhard von Rochow (1776, S. 68), „die Tugend" sei „der sichere Weg zur Glückseligkeit". Aber wird hier tatsächlich eine antike Sichtweise fortgeführt? Bei genauerer Betrachtung muss man dies verneinen. Bei Rochow ist die Differenz besonders offenkundig. Weder sein Begriff von Glückseligkeit noch sein Verständnis von Tugend decken sich mit antiken Vorstellungen. In der Tugend verwirklicht sich nicht, wie man im Altertum dachte, das menschliche Wesen. Tugenden stehen bei Rochow vielmehr für erwünschte Verhaltensweisen und moralische Makellosigkeit, was sich in Fleiß, Rechtschaffenheit, Wohltätigkeit, Mäßigkeit und dergleichen kundtue. Das verheißene Glück ist ein biedermeierlich koloriertes Empfindungsglück: Zufriedenheit mit sich und der Welt, Behaglichkeit, die einem ruhigen Gewissen entspringt, Freude über das Wohlergehen derer, denen man Gutes hat zuteil werden lassen. Das Glück wird zu einem emotionalen Begleitphänomen sittlichen Verhaltens, zur *Vergütung* eines tugendhaften Lebenswandels herabgestuft. Das Glück eines im umgreifenden Sinne guten und sinnvollen Lebens geriet dabei in jenem Maße aus dem Blickfeld, wie die Verinnerlichung des Glücks voranschritt. In Trapps (1977, S. 35) Ausspruch, die Glückseligkeit sei nichts anderes als „ein Zustand angenehmer Empfindungen", ist das Glücksphänomen bereits vollständig auf die Summe reiner Gefühlswerte reduziert. Diese Definition dürfte zur damaligen Zeit kaum auf grundsätzlichen Widerspruch gestoßen sein. Wohl aber die Ansicht, dass Glück, Wohlbefinden, Vergnügen und Freude geeignete Zielkategorien abgäben, um pädagogisches Handeln anzuleiten. – Die eudämonistische Pädagogik der Philanthropen hat in Deutschland keine systematische Fortsetzung gefunden.

3.2.3 Immanuel Kant und die Kantianer: Primat der Sittlichkeit

Mit Ausgang des 18. Jahrhunderts haben sich Ethik und Pädagogik von der Glücksthematik zusehends abgewendet, insbesondere trifft das für den deutschsprachigen Diskurs zu. „Die von der Antike her massgebliche Frage, wie ein gutes Leben aussehen muss, wenn es – im Sinne der *eudaimonia* – gelingendes oder glückliches Leben sein soll, wird abgelöst durch die Frage, welche Pflichten ich gegenüber den andern habe und was ich in bezug auf den andern tun soll" (Hügli 1997, S. 33). Im „asketischen Protestantismus" – wie Max Weber (1993) ihn analysiert hat – und hier namentlich im Calvinismus des 17. Jahrhunderts, ist der Übergang von der eudämonistischen E-thik zur Pflichtenethik bereits angelegt. Der niederländische Calvinist Arnold Geulincx beispielsweise erweiterte 1665 seine Tugendlehre *De virtute et primus ejus proprietatibus* um einen Pflichtenkatalog, der, wie Josef Fellsches (1996, S. 86) bemerkt hat, einen betont anti-eudämonistischen Einschlag aufweist: „nicht an Glückseligkeit, sondern nur an die Pflichten denken. Nicht nach dem Glück jagen, sondern sich rein negativ zu ihm verhalten. Wenn es kommt, annehmen in Bescheidenheit."

Den im 17. Jahrhundert vorgezeichneten, aber erst in der zweiten Hälfte des 18. Jahrhunderts durchgeführten Paradigmenwechsel in der Ethik personifiziert in erster Linie Immanuel Kant. In seinen einschlägigen Schriften diskutiert er die Glückseligkeit ausgiebig und sehr differenziert (vgl. Pleines 1984a). Der vielfach als rigoristisch verschriene Philosoph war weit davon entfernt, den Menschen ihr Recht auf Glückseligkeit abzusprechen. In der *Kritik der praktischen Vernunft* (1985, S. 108) heißt es, niemand werde dazu genötigt, seine „Ansprüche auf Glückseligkeit" aufzugeben. Aber – und dieses Aber ist freilich doppelt zu unterstreichen – wenn es um Fragen der *Mo-*

ral ginge, dann seien die Ansprüche aufs eigene Glück hintanzustellen. Warum?

Dem Zeitgeist folgend verstand Kant unter Glückseligkeit einen inneren Zustand maximaler Trieb- und Wunscherfüllung: „Glückseligkeit ist die Befriedigung aller unserer Neigungen" (Kant 1956, S. 729). Nun sind persönliche Neigungen, individuelle Vorlieben und Triebansprüche vom moralischen Standpunkt aus betrachtet alles andere als besonders zuverlässige Handlungsmotive. Selbst Friedrich Schiller (1992a, S. 365f.), der gegen Kant die „Ansprüche der Sinnlichkeit [...] bei der Ausübung der Sittenpflicht" verteidigen wollte, hat zugestanden, dass „die Neigung" und mithin „der Glückseligkeitstrieb" beim „sittlichen Wahlgeschäfte" Störfaktoren darstellen können. Dennoch wollte er eine versöhnliche „Vermischung" (1992b, S. 650) herstellen zwischen Rationalität und Moralität auf der einen Seite und Sinnlichkeit und Glückseligkeit auf der anderen, während Kant die beiden Bereiche streng voneinander separierte. Wer die Glückseligkeit als oberstes Prinzip betrachte, so Kant, der gebe damit jede Möglichkeit aus der Hand, vernünftige, für alle Menschen gleichermaßen anerkennungswerte Rechts- und Moralgrundsätze aufzustellen. Das „Prinzip der Glückseligkeit", heißt es in *Über den Gemeinspruch* (Kant 1992, S. 35), richte deshalb „im Staatsrecht" wie „in der Moral" auch bei bester Absicht viel „Böses" an. Der an sich verständliche Wunsch und Wille, seine persönlichen Bedürfnisse zu befriedigen, müsse deshalb vor dem höherwertigen Anliegen zurücktreten, sich des Glückes *würdig* zu erweisen. Die „*Würdigkeit, glücklich zu sein*" (1956, S. 729), erlangt man nach Kant, indem man von den subjektiven, mehr oder minder impulsiven Handlungsmotiven Abstand nimmt, um sich von rationalen, universalisierbaren Beweggründen leiten zu lassen: „Ich nehme an, daß es wirklich reine moralische Gesetze gebe, die völlig a priori (ohne Rücksicht auf empirische Beweggründe, d.i. Glückseligkeit,) das Tun und Lassen, d.i. den Gebrauch der Freiheit eines vernünftigen Wesens überhaupt, bestimmen, und daß diese Gesetze *schlechterdings* (nicht bloß hypothetisch unter Voraussetzung anderer empirischer Zwecke) gebieten, und also in aller Absicht notwendig sind" (ebd.).

Kant nahm eine entscheidende Weichenstellung vor, in deren wirkungsgeschichtlicher Konsequenz die Glückseligkeitstheorien alsbald aufs Abstellgleis gerieten. Seine Behauptung ist gewiss nicht einfach von der Hand zu weisen, „daß der Begriff der Glückseligkeit ein so unbestimmter Begriff ist, daß, obgleich jeder Mensch zu dieser zu gelangen wünscht, er doch niemals bestimmt und mit sich selbst einstimmig sagen kann, *was* er eigentlich wünsche und wolle" (1965, S. 38; Hervorhebung T.H.). Folglich musste es abwegig erscheinen, vom Begriff der Glückseligkeit aus moralische Prinzipien ableiten zu wollen, die mehr zu sein beanspruchen, als bloße Handlungsempfehlungen, nämlich unbedingt gültige Sollensforderungen. Der von Kant entwickelte kategorische Imperativ, der „Imperativ der *Sittlichkeit*" (S. 40),[13] gibt sich denn auch betont immunisiert gegenüber den Glücksbedürfnissen der Handelnden, insofern diese Glück mit der Erfüllung ihrer Neigungen gleichsetzen. Solange der Mensch das Glück als höchstes Gut anstrebt, handelt er aus Kants Perspektive lediglich als Naturwesen, aber ohne die Freiheit, die ihm als Vernunftwesen aufgegeben ist. Ein seiner Vernunftnatur gerecht werdendes Wesen hingegen werde die *Sittlichkeit* als das vorzüglichste Gut anerkennen und in ihr sein Glück zu finden suchen (vgl. Geismann 2000, S. 451ff.). Die Glückseligkeit eines moralischen Wesens ist von den als „*lästig*" (Kant 1965, S. 136) angesehenen Neigungen unabhängig. Das, wie Kant es nennt, „moralisch bedingte" (S. 137) Glück wird als eine „notwendige Folge" (ebd.) der Sittlichkeit gedacht. Damit ist die Sittlichkeit (oder Moralität) nicht nur als oberstes Strebens-, sondern auch als oberstes Erziehungsziel inthronisiert. Die Glückseligkeit muss sich demgegenüber mit dem Status einer Subkategorie zufrieden geben. In der Erziehungskonzeption Kants kommt sie lediglich an der Peripherie vor, etwa in der rhetorischen Frage: „wie kann man Menschen glücklich machen, wenn man sie nicht sittlich und weise macht?" (Kant 1984, S. 37). Die Frage impliziert, dass die Erziehung mittelbar durchaus für das Glück verantwortlich ist. Indem sie ihren vier Hauptaufgaben nachkommt und die Heranwachsenden *diszipliniert*, *kultiviert*, *zivilisiert* und schließlich *moralisiert* (S. 35f.), legt sie den Grundstein für ein Leben, das gute Aussichten hat, des Glückes würdig zu werden.

Kants Überlegungen haben der deutschsprachigen Erziehungstheorie starke Impulse versetzt. Die meisten Autoren, die sich im ersten Drittel des 19. Jahrhunderts darum bemühten, die Pädagogik zu einer wissenschaftlichen Disziplin umzugestalten, sind mehr oder weniger nachhaltig von Kant beeinflusst worden: J. Ch. Greiling, J. F. Herbart, J. H. G. Heusinger, W. F. Lehne, V. E. Milde, A. H. Niemeyer, K. C. H. L. Pölitz, C. Ch. E. Schmid, J. Schuderoff, F. H. C. Schwarz, H. Stephani, K. Weiller und andere. Ihnen gemeinsam ist die Ablehnung einer Erziehung, die sich, in den Worten von

---

13 „*[H]andle nur nach derjenigen Maxime, durch die du zugleich wollen kannst, daß sie ein allgemeines Gesetz werde*" (Kant 1965, S. 42).

Friedrich H. C. Schwarz (1968, S. 27), primär an „*eudämonistischen* Zielen"
orientiert. Stattdessen wird nahezu einhellig die Sittlichkeit als vorrangiger
Zweck der Erziehung angegeben (vgl. Ruberg 2002). Lediglich Karl Heinrich Ludwig Pölitz ist in seinen späteren Schriften von der Subordinations-
theorie abgerückt. Für ihn waren „Sittlichkeit und Glückseligkeit [...] *gleichermaßen* erstrebenswert" (ebd., S. 56; Hervorhebung T. H.). Der Zeitgeist
indes war anders gepolt. Johann Gottlieb Fichte erklärte das Streben nach
Glückseligkeit für eine blanke Torheit, ein Hirngespinst (vgl. Bien 1978, S.
X). Für Johann Friedrich Herbart bestand eines der größten Verdienste der
Ethik Kants darin, die Glückseligkeitslehre destruiert zu haben (vgl. Pleines
1984, S. 38). Und dem katholischen Priester und Erziehungstheoretiker Johann Michael Sailer (1913, S. 120) – kein Kantianer – musste die Glückse-
ligkeitsdoktrin nachgerade wie eine Ausgeburt des Teufels vorkommen, so
konträr stand sie zu den von ihm angepriesenen Lern- und Lebenszielen:
„dein Zögling soll leben, d.i. arbeiten, entbehren, leiden, ausdauern, sterben
lernen." Wer unverdrossen am Glück als einem ethisch wertvollen Gut fest-
hielt, der musste darauf gefasst sein, schroffe Ablehnung oder bissigen Spott
zu ernten. Jean Paul (1963, S. 214), Meister des Spotts, hat 1807 in der *Levana* kurzerhand die nach wie vor kursierenden Glückseligkeitstheorien mit
vulgär-hedonistischen Lehren in einen Topf geworfen und beiden vorgehal-
ten, sie erhöben jene animalischen Instinkte, die „in jedem Katzen-, Geier-
und anderem Tier-Herzen" anzutreffen seien, zu theoretischen Ehren und
ehrwürdigen Menschheitszielen. In dieser Art wurde das Glück als eine illu-
sorische, subjektivistische, hedonistische und/oder als eine moralisch indiffe-
rente Kategorie verunglimpft und für anspruchsvolle Erziehungszwecke zunehmend diskreditiert. Parallel dazu erlebte aber nicht nur die Sittlichkeit ihren Aufstieg zu einer überragenden ethischen wie pädagogischen Leitkategorie. Im deutschsprachigen Kulturraum verdrängte noch ein weiterer Begriff
die Glückseligkeit von ihrem Platz an der Spitze der pädagogischen Zielsetzungen – *Bildung*.

3.3 19. Jahrhundert: Bildung statt Glück und Utilitarismus

Georg Bollenbeck hat in seiner Studie *Bildung und Kultur* (1996) eindrücklich den Werdegang dieser „deutschen Deutungsmuster" rekonstruiert. Die
theoretische Etablierung des Bildungsbegriffs wird vom Idealismus und insbesondere vom Neuhumanismus geleistet. Bis dahin bezeichnete der Aus-

druck vornehmlich einen Prozessverlauf. Trapp sprach von der Bildung *zur* Glückseligkeit: Bildung ist der Vorgang, Glückseligkeit das Ziel. Diese Verwendungsweise geriet nicht außer Gebrauch, aber ihr verdankt der Bildungsbegriff nicht seine Schlüsselstellung im deutschsprachigen pädagogischen Diskurs. Mit dem Ausdruck verband sich zusehends die Vorstellung von einem optimalen Persönlichkeitszustand. Bildung wurde zu einem Entwicklungsideal mit normativem Gehalt: „Das höchste Gut und das allein Nützliche ist die Bildung", bemerkte Friedrich Schlegel 1798 (zit. n. Bollenbeck 1996, S. 127), wobei Bildung beides umfasste: den Weg und das Ziel. Die wahre Bildung, so Schlegel (1988, S. 155) an anderer Stelle, „geht auf Entwicklung der einzelnen und auf Harmonie aller Kräfte". Bemerkenswert ist, wie sehr diese Zielsetzung – Herder, Humboldt, Goethe und andere haben Bildung ähnlich definiert – inhaltlich mit den von Stuve und Campe vertretenen Erziehungsidealen übereinstimmt. Diese Gemeinsamkeit zwischen den philanthropischen und den idealistisch-neuhumanistischen Theoriekonzepten wird häufig übersehen. Es ist schlicht ein Zerrbild, wenn man, wie Friedrich Immanuel Niethammer 1808, dem Philanthropismus unterstellt, er habe ausschließlich die Ausbildung der Subjekte zu speziellen Berufsgeschäften anvisiert, während der Neuhumanismus die allseitige „*Menschenbildung*" (Niethammer 1968, S. 166) zu Ehren gebracht habe.[14] Der gravierende Unterschied zwischen den philanthropischen und den neuhumanistischen Theorieprogrammen liegt m.E. auf einer anderen Ebene. Der Neuhumanismus erklärte mit einer bis dahin unbekannten Nachdrücklichkeit die „*allgemeine Bildung des Menschen*" (S. 162) – *aller* Menschen – zu einem *Zweck an sich*. Indem die Bildung zu einem objektiven Kriterium des Humanen erhoben wurde, führten die neuhumanistischen Autoren eine Kategorie ein, mit der sich die faktischen Ungerechtigkeiten im Bildungssystem kritisieren ließen. Jeder Mensch hat ungeachtet seines Standes und seines Herkommens einen Anspruch auf eine allseitige, qualifizierte Bildung. Heinz-Joachim Heydorn (1979, S. 111) hat in dieser Idee mit Recht „die potentiell revolutionäre Bedeutung des Neuhumanismus" gesehen.

---

14 Niethammers (1968, S. 166) Vorstellung von „*Bildung der Humanität*" ist, nebenbei bemerkt, ungleich einseitiger als die vermeintlich einseitigen Erziehungsvorstellungen der Philanthropen. Niethammer erklärte die „*Bildung der Vernunft*" (S. 179) zum alles dominierenden „Hauptzweck" (ebd.) der Humanitätsbildung. Die Philanthropen hingegen haben darauf Wert gelegt, dass die Erziehung immer auf eine verhältnismäßige Ausbildung *sämtlicher* Seelen-, Verstandes- und Körperkräfte achten müsse (vgl. z.B. Campe 1996).

Für den Aufstieg der Bildungskategorie zu einer Leitidee mit universellem Anspruch entrichtete diese jedoch einen nicht unerheblichen Preis. Die Bildungssemantik nahm einen mitunter vollständig entweltlichten Gehalt an: „Jeder gute Mensch wird immer mehr und mehr Gott. Gott werden, Mensch sein, sich bilden, sind Ausdrücke, die einerlei bedeuten" (Schlegel 1988, S. 130). Der Bildungsbegriff erwies sich als geeignet, um die mit theologischen Implikaten aufgeladene Vollkommenheitsrhetorik der Aufklärung zu absorbieren. So konnte F. H. C. Schwarz (1968, S. 90) behaupten, der „Bildungstrieb" bedeute nichts anderes, als „das *Streben* nach Vollkommenheit, nach *Gottähnlichkeit.*"[15] Im Bildungsbegriff dieser Prägung wurden die, wie Bollenbeck (1996, S. 127) schreibt, „bürgerlichen Bewährungsfelder" und der „Bereich des Sinnlich-Empirischen" weitestgehend ausgeblendet. Die Vorstellung von einer zweckentbundenen harmonischen Individualbildung war in doppelter Hinsicht „idealistisch" „imprägniert" (S. 148): einmal gegenüber den konkreten gesellschaftspolitischen Verhältnissen[16] und zum anderen – das kennen wir schon vom Ideal der Sittlichkeit – gegenüber den spezifischen Triebbedürfnissen, Wünschen und Neigungen der Subjekte. Diese beiden tendenziell aus dem Bildungsbegriff ausgeklammerten Bezugsgrößen hatten die Philanthropen mit jenem Begriff erziehungstheoretisch eingeholt, der im Neuhumanismus nur noch am Rande anzutreffen ist: mit dem Begriff der Glückseligkeit. Die Kategorie des Glücks erinnert daran, dass Bildungsvorgänge leibhaftige Einzelpersonen betreffen, die sich in konkreten sozialen Erfahrungsräumen bewegen. In diesem Sinne taucht sie beispielsweise auch bei Johann Gottfried Herder (1971, S. 162f.) auf. Herder kommt in seinen *Humanismusbriefen* nur selten auf das Glück zu sprechen. Aber dort, wo er es tut, transportiert der Begriff Gedankengut von unverkennbar philanthropistischer Provenienz: „Und doch besteht der ganze *Wert* eines Menschen, seine bürgerliche *Nutzbarkeit,* seine menschliche und bürgerliche *Glückseligkeit* darin, daß er von Jugend auf den Kreis *seiner Welt,* seine Geschäfte

15 Der Topos vom Streben nach Gottähnlichkeit hat seine Wurzeln im antiken, genauer: im platonisch-neuplatonischen Denken. Platon (1969b) hat im *Theaitetos* (176a/b) den Werdegang der sittlichen Vervollkommnung als eine allmähliche „Verähnlichung mit Gott" beschrieben, wobei er den Prozess als eine Flucht aus der sinnlichen Welt und eine Überwindung der „sterblichen Natur" ansah. Im Neuplatonismus ist dieses Motiv in vereinfachter Form aufgenommen worden (vgl. Jonas 1964, S. 144). Von dort her hat es auch Eingang ins neuzeitliche Denken gefunden.

16 „Dem Bildungsideal fehlt tatsächlich das Moment des Politischen, was aber nicht ausschließt, daß der Begriff in seiner Verwendungsgeschichte in politische Funktionen einrückt" (Bollenbeck 1996, S. 218).

und Beziehungen, die Mittel und Zwecke derselben, genau und aufs reinste kennenlerne, daß er über sie im eigensten Sinn gesunde Begriffe, herzliche fröhliche Neigungen gewinne und sich in ihnen ungestört, unverrückt, ohne ein unterlegtes fremdes und falsches Ideal, ohne Schielen auf auswärtige Sitten und Beziehungen *übe*. Wem dies Glück nicht zuteil ward, dessen Denkart wird verschraubt, sein Herz bleibt kalt für die Gegenstände, die ihn umgeben; oder vielmehr von einer fremden Buhlerin wird ihm in jugendlichen Zauber auf lebenslang sein Herz *gestohlen*."

Der neuhumanistische Bildungsbegriff hat in der deutschen Pädagogik lange nachgewirkt. Im Laufe des 19. Jahrhunderts nahm er einen zunehmend ideologischen Charakter an. Die anstehenden bildungspolitischen Herausforderungen, die sich aus der rasant voranschreitenden Industrialisierung und der Ausdifferenzierung „der bürgerlichen Sozialstrukturen und Lebensverhältnisse" (Rürup 1984, S. 199) ergaben, konnten mit dem neuhumanistisch geprägten Begriffsinstrumentarium nur ungenügend erfasst und bewältigt werden (vgl. Blankertz 1969). Gleichwohl hielt sich das Deutungsmuster bis zum Ausgang des Jahrhunderts: *„Veraltet und doch zählebig"* (Bollenbeck 1996, S. 225). Nur sporadisch taucht in den bildungspolitischen Verlautbarungen und Erziehungslehren das Glück als eine Bezugsgröße auf. Dabei sind positive Stellungnahmen vor allem gegen Ende des Jahrhunderts durchaus vernehmbar. Wilhelm Dilthey (1971, S. 96) etwa rechnete 1888 das „Glück des Menschen", neben „Bildung, Vollkommenheit" und „Entfaltung", zu den genuinen Zwecken aller (pädagogischen) Institutionen. Ähnlich Theobald Ziegler (1909, S. 10). Nach seinem Dafürhalten sei die Erziehung „für das individuelle Glück des zu Erziehenden" verantwortlich, und zwar „in der Gegenwart für das Glück des Kindes und in der Zukunft, daß aus ihm ein glücklicher, d.h. ein tüchtiger und brauchbarer Mensch, eine Individualität und eine Persönlichkeit werde." Darüber hinaus habe die Erziehung aber auch „für das Glück der Gesellschaft" zu sorgen, an deren „Wohlfahrt" die Erzogenen „mitzuarbeiten" hätten. Dem Wortlaut nach bewegen sich diese Aussagen auf den geistigen Bahnen des Philanthropismus. Aber weder Ziegler noch Dilthey haben sich die Mühe gemacht, näher zu erläutern, was unter Glück zu verstehen ist. Die Verwendung des Begriffs geschah ohne Systematik, sie hatte einen primär rhetorischen Charakter. Nur wenig präziser äußerten sich die erklärten *Gegner* eudämonistischer Erziehungsansätze, z.B. der einflussreiche Herbartianer Tuiskon Ziller (1892, S. 181). Für ihn stand außer Frage, dass eine wahrhaft sittliche Willensbildung frei sein müsse von „eudämonistischen, materialistischen" Inhalten. *„Gedan-*

ken an Wohlbefinden und Genuß", ans persönliche Empfindungsglück, hätten zu verstummen, um jenem „sittlich-religiösen Willen" Gehör zu schenken, der sich an idealen Zwecken und Normen orientiert und an nichts außerdem.

Während das Glück in der Ethik und Pädagogik Deutschlands im 19. Jahrhundert zu einer Marginalie verkam, rückte es in der Philosophie Englands zu einem Leitbegriff auf. Die Hauptvertreter des klassischen *Utilitarismus* – Jeremy Bentham, John Stuart Mill, Henry Sidgwick, Herbert Spencer – erklärten das Glück zum vorrangigen Prinzip und ultimativen Zweck allen Handelns: „The ultilitarian doctrine is, that happiness is desirable, and the only thing desirable, as an end; all other things being only desirable as means to that end" (Mill 1992, S. 144). Der Glücksbegriff des Utilitarismus' war ein hedonistischer. Glück wurde als das Resultat erfüllter Interessen und Neigungen angesehen, was sich positiv in Lust und negativ in Schmerzfreiheit niederschlage (vgl. Forschner 1998). Begründungslogisch betrachtet übertrug der Utilitarismus „ein Rationalitätsmodell persönlichen Handelns auf öffentliches Handeln" (Höffe 1978, S. 163), insofern er davon ausging, dass die Sorge des Einzelnen für das eigene Wohlergehen – „each person [...] desires his own happiness" (Mill 1992, S. 144) – eine Entsprechung habe in der Verantwortung der politischen Institutionen für das Wohlergehen aller, „the general happiness" (ebd.). Nach utilitaristischer Auffassung besitzen alle Menschen den gleichen Anspruch auf ein individuelles Glück. Jeder Person seien deshalb die Möglichkeiten und Mittel zur Verfügung zu stellen, damit sie ein nach eigenen Maßstäben beurteiltes glückliches Leben führen können. Eingeschränkt wurde dieses Recht aufs eigene Glück durch die Rechte und Interessen der Gesamtbevölkerung. Das Kollektivwohl dürfe durch die individuellen Glücksbestrebungen keinen Schaden nehmen: „The equal claim of everybody to happiness in the estimation of the moralist and of the legislator, involves an equal claim to all the means of happiness, except in so far as the inevitable conditions of human life, and the general interest, in which that of every individual is included, set limits to the maxim; and those limits ought to be strictly construed" (S. 170f.).

Die Formeln „general happiness" und „generel interest" bilden den Schwachpunkt in der utilitaristischen Glückstheorie. Sie sind zu abstrakt und unbestimmbar, um als Rechts- und Moralkriterien zu überzeugen. Es lassen sich schlechterdings keine brauchbaren Verfahren denken, mit deren Hilfe das Glück aller zu bestimmen wäre. Das hedonistisch definierte Mehrheitsglück ist als ein Richtwert für politische Entscheidungen auch deshalb wenig geeignet, weil sich politische und rechtliche Maßnahmen nur in Ausnahmefällen unmittelbar auf die Lust/Unlust-Empfindungen der Betroffenen auswirken. Überdies ist keineswegs selbstverständlich, dass allein solche Entscheidungen vernünftig und gerecht sind, die dem von Bentham und Mill vertretenen „Greatest Happiness Principle" (S. 170) gehorchen. Wenn für die Majorität eines Landes das Glück in der rücksichtslosen Ausbeutung knapper Naturressourcen bestünde, dann wäre es politisch und moralisch unverantwortlich, wenn man dieses Glück maximieren statt begrenzen würde. Das öffentliche Handeln kann sich nicht ausschließlich an der Steigerung und Ausbreitung von Lustempfindungen orientieren. Aber es kann vernünftige Rahmenbedingungen herzustellen versuchen, die für die Gestaltung eines glücklichen Lebens hilfreich sind: „Öffentliches Handeln betrifft weniger das Glück selbst als seine limitierenden Grundbedingungen, die den Individuen in ihren verschiedenen Interessen und sozialen Bezügen die Chance zu einer Erfüllung ihrer Bedürfnisse und Wünsche und damit zu einem glücklichen Leben bieten. Öffentliches Handeln betrifft eine Globallage von Nutzenmöglichkeiten, die die Individuen selbst sehen, ergreifen und in persönliche Befriedigung umsetzen müssen" (Höffe 1978, S. 161f.).

Die Utilitaristen haben ihre Überlegungen unterschiedlich konsequent auf pädagogische Problemstellungen ausgedehnt. In Jeremy Benthams pädagogischem Hauptwerk ist vom Glück der Heranwachsenden keine Rede. „Although Bentham also believed that education is an essential part of a democratic society, he generally thought of education in terms of formal schooling. His *Chrestomathia* stressed the teaching of basic skills such as reading and vocational training of various kinds" (Thompson 1976, S. 29). Was bei Bentham fehlt, ist ein umfassendes Verständnis von Erziehung, „encompassing the whole range of experiences that shape human character" (ebd.). Herbert Spencers und John Stuart Mills Überlegungen sind diesbezüglich ungleich komplexer. Spencer (1898) hat sich in seinen pädagogischen Essays zur Verstandes-, Körper- und Moralerziehung ausdrücklich das „happiness-principle" (S. 92) zu eigen gemacht und damit jene Epoche für überholt erklärt, in der die Wünsche und Neigungen der Kinder für unberechtigt und inferior erachtet wurden. Statt die kindliche Spontaneität permanent zu beschneiden und umzulenken, habe sich die Erziehung die Erhaltung und Förderung des Glücks zur Handlungsmaxime zu machen: „the maintenance of youthful happiness must be considered as in itself a worthy aim" (S. 91). Unscharf bleibt bei Spencer allerdings die Differenzierung zwischen dem *gegenwärtigen* und dem *künftigen* Glück der zu Erziehenden. Wenn das emotionale Wohlbefinden als uneingeschränktes Ziel und Maßstab pädagogischer Bemühungen statuiert wird, dann muss hinzugefügt werden, ob damit das momentane oder das zu erwartende Glück der zu Erziehenden gemeint ist. Seit Rousseau (1989, S. 55) setzen sich die eudämonistisch orientierten Erziehungslehren mehrheitlich für die Behütung und Unterstützung des *gegenwärtigen* Wohlbefindens ein: „Was soll man also von jener barbarischen Erziehung denken, die die Gegenwart einer ungewissen Zukunft opfert, die ein Kind mit allen möglichen Fesseln bindet und damit beginnt, es unglücklich zu machen, um ihm für die Zukunft ein angebliches Glück zu bereiten, das es vielleicht nie genießen wird? [...] So vergeht das Alter der Fröhlichkeit unter Tränen, Strafen, Drohungen und Sklaverei. Man quält das unglückliche Kind um seines Wohles willen". Dieses Plädoyer für das Recht auf eine glückliche Gegenwart ist anerkennenswert, verkürzt aber die Problematik. Es lassen sich leicht Situationen denken, die dem Wohlbefinden der Kinder zugute kommen, die aber für die weitere Persönlichkeitsentwicklung nachteilig sind. Umgekehrt sind Erfahrungen denkbar, die das aktuelle Wohlbefinden beeinträchtigen, die aber auf lange Sicht einen großen persönlichen Nutzen versprechen. Die utilitaristische Erziehungslehre bleibt, nicht anders als Rousseau, eine klare Antwort darauf schuldig, nach welchen Gesichtspunkten in solchen Fällen pädagogisch zu verfahren ist.

John Stuart Mills eudämonistische Erziehungslehre ist zu gleichen Teilen individualethisch und gesellschaftspolitisch fundiert. Beherrscht wird sie von der Überzeugung, dass sich individuelles Glück nur in Korrelation mit dem Glück der Gemeinschaft erreichen lasse. Der vergesellschaftete Mensch, der sein Glück egozentrisch gegen die Interessen des Gemeinwesens verfolgt, schade sich in letzter Hinsicht selbst, da er jene soziale Übereinkunft auflöst, die ihm sein Dasein sichert. Das Bewusstsein von der wechselseitigen Abhängigkeit zwischen dem individuellen und dem kollektiven Glück entsteht jedoch, wie Mill betont, nicht naturwüchsig. Hier liegt der Verantwortungsbereich der privaten und öffentlichen Erziehung: „education and opinion, which have so vast a power over human character, should so use that power as to establish in the mind of every individual an indissoluble association between his own happiness and the good of the whole; especially between his own happiness and the practice of such modes of conduct, negative and positive, as regard for the universal happiness prescribes; so that not only he may be unable to conceive the possibility of happiness to himself, consistently with conduct opposed to the general good, but also that a direct impulse to promote the general good may be in every individual one of the habitual motives of action" (Mill 1992, S. 128). Damit aus dem Bewusstsein von der Interdependenz zwischen dem eigenen und dem fremden Glück entsprechende Handlungsimpulse hervorgehen, ist nach Mills Ansicht vor allem eines vonnöten. Die Heranwachsenden müssen von früh an und möglichst kontinuierlich soziale und politische *Partizipationserfahrungen* machen, denn „participation fosters the development of a vigorous, public-spirit ‚national-character'" (Thompson 1976, S. 28). Die aktive Teilnahme an sozialen Entscheidungs- und Gestaltungsprozessen wirke den ichbezogenen Glücksbestrebungen entgegen und trage somit wesentlich zur Verfeinerung und Bildung der glücksrelevanten Bedürfnisse und Interessen bei.

Im deutschsprachigen Kulturraum hat die utilitaristische Sichtweise niemals recht Fuß fassen können. Die Vorbehalte gegenüber dem Nützlichkeitsgedanken und dem hedonistischen Glücksprinzip waren zu groß, die durch den Idealismus geprägte Denkhaltung blieb dominant – auch im 20. Jahrhundert.

3.4 20. Jahrhundert: Zwischen Renaissance und Abwertung des Glücksbegriffs

Im 20. Jahrhundert erlebte die Glückskategorie in der deutschen Pädagogik zweimal eine kurze Renaissance. Beide Male fand das Glück als eine Art Kampfbegriff Verwendung. Abermals geschah dies ohne eine intensive theoretische Auseinandersetzung mit dem Begriff und seiner Problemgeschichte.

Die so genannten Reformpädagoginnen und -pädagogen aus dem ersten Drittel des Jahrhunderts griffen auf die Idee des Glücks zurück, um die herkömmlichen Erziehungs- und Schulverhältnisse anzuprangern (vgl. auch Rülker 1971, S. 166f.). Ihr Angriff galt einer als kinder- und lebensfeindlich eingestuften Praxis, genauer: einer Praxis, die dem Kind das Glück des erfüllen Augenblicks und, damit zusammenhängend, das Glück der Selbstentfaltung verweigerte. Für Ellen Key (1904, S. 272) etwa bestand das Glück in nichts anderem als in der „Entwickelung unserer Fähigkeiten". Von der Schule der Zukunft erhoffte sie sich, dass darin der Raum für die „Selbstbeobachtung und Selbstarbeit des Kindes" (S. 276) ausgeweitet werde, damit sich das Glück einstellen könne: „Die Schule hat nur ein grosses Ziel: sich

selbst entbehrlich zu machen, das Leben und das Glück – das will unter anderem sagen, die Selbstthätigkeit – an Stelle des Systems und des Schemas
herrschen zu lassen" (ebd.). Mit dem gleichen Argumentationsmuster ope-
rierte auch Ludwig Gurlitt (1909, S. 77) in seiner Kritik an der gängigen Er-
ziehungsauffassung: „Künstlich aufgezogene Kinder, deren wahre Natur nie
verstanden und nie berücksichtigt wird, lernen ein reines Glück nie empfinden und werden durch Erziehung systematisch dem Glück entfremdet. Denn
das Glück, das nicht außerhalb des Menschen zu suchen ist, sondern nur im
Menschen wachsen kann, besteht in der inneren Harmonie, in dem Gleich-
klang der Kräfte und im richtigen Ausgleich dieser Kräfte mit der Umwelt.
Dazu gehört Selbständigkeit. Ein anderer kann uns kein Glück geben, kann
es uns auch nicht vorbereiten. Jedes Glück muß selbst errungen werden.
Stets bewachte und stets geleitete Kinder werden vom Glück weggeführt.
Der Mensch muß sich selbst finden lernen und in sich dann auch das Glück.
Um sich selbst zu finden, muß man die eigenen Kräfte selbständig erprobt
haben. Dazu muß man frei sein vom Gängelbande und leisten, was nach
Maßgabe der eigenen Kräfte zu leisten ist. Der erste Erfolg eigenen Willens
und eigener Kraft ist auch der erste Sonnenblick des Glücks, es ist das Ge-
fühl des Sieges."

Für die Reformpädagogik war das Glück ein wertvoller Begriff, weil er
unlöslich auf die Faktoren der Individualität, der Selbstbestimmung und der
inneren wie äußeren Freiheit verweist.[17] Das „Hochgefühl" (S. 78) des
Glücks entzieht sich der manipulativen Außensteuerung, es ist nicht diktier-
bar, es bedarf der ungezwungenen Eigenaktivität des Subjekts. Mit Rekurs
auf das Glück des Kindes konnten „tyrannisch"-autoritative Erziehungs- und
Unterrichtsformen zurückgewiesen und die Freisetzung der in den Kindern
schlummernden Potentiale eingefordert werden: „Wer Kinder zur Tat, zur
Kraft und zum Glück erziehen will, der muß sie möglichst früh ihrem eigenen Schaffenstrieb überlassen" (ebd.).[18]

---

17 „Glück – als die Erfüllung aller Möglichkeiten des Individuums – setzt Freiheit voraus,
    ja ist zutiefst selbst Freiheit" (Marcuse 1965b, S. 149). Aus diesem Grund erscheint
    übrigens auch das *manipulierte* Dauerglück in Aldous Huxleys *Brave New World* wenig
    erstrebenswert. Wir haben Mühe, es überhaupt als Glück anzusehen, weil die
    Vorstellung eines künstlich erzeugten, aufoktroyierten Wohlbefindens der Idee eines
    glücklichen Lebens widerspricht.
18 In gleicher Weise haben Jahrzehnte später auch die Vertreter der so genannten
    Antipädagogik argumentiert. Die in jedem Menschen vorausgesetzte Konstruktivität
    wurde als ausreichend angesehen, „um individuelles Glück" zu ermöglichen „– sofern

Gegen die Auffassung, die Erziehung erschöpfe sich in der „Freisetzung dessen, was der Mensch ‚in' sich" berge (Litt 1929, S. 81), haben in den 20er und 30er Jahren insbesondere die geisteswissenschaftlichen Pädagogen vehement Einspruch eingelegt, jene Theoretiker also, die das Erscheinungsbild der deutschen Erziehungswissenschaft in den zwei Jahrzehnten vor und nach dem Nationalsozialismus maßgeblich bestimmt haben. Die konstruktive Seite ihrer Kritik lief auf eine Kombination von „verantwortungsbewußtem Führen" und „ehrführchtig-geduldigem Wachsenlassen" hinaus, um es im Vokabular Theodor Litts (S. 107) zu sagen. Mit dem Glück als einem Erziehungsziel wurde in diesen Kreisen nicht argumentiert. Vermeintlich objektivere Zielsetzungen traten an dessen Stelle: „Das *Ziel der Lebensbemeisterung, der rechten Stellung im Wirklichen, der Zuordnung zur Wahrheit*" (Flitner 1950, S. 129). Bei Herman Nohl (1949, S. 283) findet sich drei Jahre nach Kriegsende eine Bemerkung, die einen Sinneswandel anzudeuten scheint: „In England hat man den Mut gehabt, das ‚Glück des Kindes' als Forderung in das Erziehungsgesetz mit aufzunehmen; bei seiner starken utilitaristischen Bewegung ist die Anerkennung des Glücksgefühls als eines berechtigten Lebenszieles hier nie so vergessen worden wie in Deutschland, wo der Staat eine ganz andere Gewalt entwickelte. Hier hat der *Pflichtgedanke* alles andere überschattet." Diese überraschende Bezugnahme auf den Utilitarismus geschah vor dem Hintergrund der Erfahrungen mit dem Nationalsozialismus. Die Bereitschaft der Menschen zur „bedingungslose(n) Unterwerfung" (S. 285) unter die verbrecherischen Gebote des NS-Regimes kreidete Nohl in erster Linie einer von Kant und Hegel inaugurierten Gesteshaltung an. Die Überschätzung der „objektiven Mächte" (S. 284) habe zu einer Entwertung des Individuums geführt. Nohls Argumentation besteht aus einfachen, kontrastreichen Gegensätzen. Auf der einen Seite erkennt er eine verheerende „innere Verbindung von Leistungsforderung, Pflichtbewußtsein und Gehorsamshaltung", die „letztlich in eine Entseelung der Individuen" münde und die „dem Menschen den Selbstwert, das Glück und die Freiheit der Selbstbestimmung" nehme (S. 285f.). Im Kontrast dazu erstrahlt das idyllische Bild eines ungezwungenen, frohgemuten Gemeinschaftslebens, in dem die Ideen vom Glück und vom „Eigenwert der einzelnen Seele" (S. 286) Signalcharakter besitzen: „Das gesunde Leben beruht auf dem frohen Tun, auf der Freude des Gelingens, und die Erziehung wird das ganz anders in

diese Konstruktivität nicht durch pädagogische Einflußnahme gestört wird" (Schoenebeck 1992, S. 105).

den Vordergrund ihrer Arbeit stellen müssen, wenn sie ihrem echten Wesen folgt: die freie Bewegung der Seelen in Spiel und Arbeit und in dem Glück der Gemeinschaft" (S. 284).

Nohls Rekurs aufs Glück war von anekdotischer Natur und verhallte ohne Breitenwirkung. Erst Anfang der 70er Jahre erlebte das Glück auf dem pädagogischen Feld eine zweite Renaissance, wenngleich eine schnell vorübergehende. Der Glücksanspruch wurde in einigen schulpolitischen Erlassen aufgenommen (vgl. Koch 1975, S. 662).[19] Zur gleichen Zeit erhoben Autoren aus dem Umfeld der Kritischen Erziehungswissenschaft (vgl. Hoffmann 1978) das Glück zu einem pädagogischen „Randthema" (Koch 1975, S. 664). Die Wiederaufnahme der Thematik speiste sich vorrangig aus der Kritik am schulischen Leistungsprinzip, ein Motiv, das ja bereits bei Nohl angelegt gewesen ist, nun aber verschärft vorgetragen wurde. „Die Leistungsideologie der Schule macht dumm," heißt es exemplarisch bei Hans-Jochen Gamm (1970, S. 117), „weil sie die differenzierten Individuationsprozesse im Schüler nicht fördern kann, die von den gangbaren Schneisen abweichen. Leistungsbereitschaft ohne kritische Sozialtheorie aber trägt immer schon faschistoide Züge." Vorschläge, dem Leistungsprinzip ein ausgleichendes Glücksprinzip zur Seite zu stellen, gingen Gamm nicht weit genug. Die „Ernstnahme der Leitvorstellung ‚Glück'" dürfe sich nicht mit dem „Zusammenfall von Leistung und Glück" zufrieden geben. Anzustreben sei vielmehr der radikale „Umschlag in eine neue Qualität gegenwärtiger Erfüllung, deren Horizont in der Artikulierfähigkeit aller Bedürfnisse, wenn auch nicht immer ihrer Praktikabilität besteht. Dadurch würde aber die Leistungskomponente grundsätzlich an Eigenständigkeit verlieren und lediglich eine Modalität schulischen Lebens sein." Von einer Schule, deren erstes Anliegen das Glück und Wohlbefinden der Schüler wäre[20], wurde demnach zweierlei erwartet. Zum einen, dass die SchülerInnen lernen, ihre wahren Bedürfnisse besser als bisher zu kommunizieren („Artikulierfähigkeit"), was voraussetzt, dass sie sich ihrer Bedürfnisse *bewusst* geworden sind. Und zum anderen

19 In den bundesrepublikanischen Bestimmungen des elterlichen Erziehungsrechts (im Grundgesetz und dem Bürgerlichen Gesetzbuch), ebenso wie in der internationalen Bestimmung des Kinderrechts (der Konvention über die Rechte der Kinder) fehlt übrigens die Kategorie des Glücks. Leitend ist hier die Formel vom *Wohl* des Kindes (vgl. Fuhr 1998, S. 84ff.).
20 Das Glück der *Lehrerinnen* und *Lehrer* wird in diesen Diskussionszusammenhängen zumeist vernachlässigt.

sollte die Schulzeit, so weit als eben möglich, die *Befriedigung* dieser Bedürfnisse begünstigen („gegenwärtige Erfüllung").

Auch diese positive Bezugnahme auf das Glück ist, wie gesagt, eine theo-
riegeschichtliche Episode geblieben. In der deutschen Gegenwartspädagogik
überwiegt, ebenso wie in der angelsächsischen (vgl. Noddings 2003, S. 2f.),
die Skepsis gegenüber eudämonistischen Zielsetzungen (vgl. auch Taschner
2003, Kap. 2). Lothar Wigger (1987, S. 468) spricht für viele, wenn er zum
Abschluss seiner „Analyse des Glücks und seiner Paradoxien" zu dem
Schluss kommt, „daß der Glücksbegriff der Pädagogik *keine Orientierung*"
zu geben vermag. Die Einwände, die von der Erziehungswissenschaft gegen
das Glück vorgebracht werden, ähneln sich seit den Tagen Kants; vier scheinen mir im zeitgenössischen Diskurs zentral.

3.5 Einwände gegen das Glück

Der *erste Einwand* geht von der Prämisse aus, dass „die Vorstellung vom
Glück bloß subjektiv und keiner objektiven Verallgemeinerung fähig" sei
(Koch 1975, S. 668). Als eine erziehungswissenschaftlich begründbare
„Zielbestimmung" (S. 671) komme das Glück deshalb nicht in Frage.

Der *zweite Einwand* setzt das Glück zur Lust in Beziehung. Entweder werde
Glück „bloß negativ als Vermeidung von Unlust bestimmt", dann ließe sich
in einer an konstruktiven und allgemein gültigen Aussagen interessierten
„Erziehungswissenschaft wenig mit ihr anfangen" (S. 670). Oder aber Glück
werde mit schrankenloser Triebbefriedigung identifiziert, dann, so H. Em-
dens (1977, S. 129) polemische Kritik an der eudämonistischen Pädagogik
A. S. Neills,[21] stünde „die Austilgung der Moral" ins Haus.

In diesem Zusammenhang wird gelegentlich die Frage aufgeworfen, ob das
Glück zumindest als ein „pädagogisches *Regulativ*" (Datler 1987, S. 516)
brauchbar sei? Auch das wird zumeist verneint. Glücksgefühle, lautet der
dritte Einwand, seien kein triftiges Kriterium, um pädagogisch relevante

---

21 Für Alexander S. Neill (1969, S. 20) war das Glück ein Erziehungswert schlechthin. In
    der von ihm geleiteten Alternativschule *Summerhill* sollten die „Kinder von ihrem
    Unglücklichsein geheilt und – noch wichtiger – zu glücklichen Menschen erzogen
    werden". Mit seiner starken Betonung des psychischen und physischen Wohlbefindens
    der Kinder hatte Neill von Beginn an heftige Kritik provoziert (vgl. Hart 1971).

Handlungssituationen anzuleiten oder zu beurteilen: „wenn man z.B. an eine Gruppe betrunkener Jugendlicher denke: diese mögen vielleicht durchaus Gefühle des Glücks verspüren, doch mag dies aus pädagogischer Sicht keineswegs zufriedenstellend sein" (ebd.). Der eudämonistischen Verabsolutierung des Kinderwohls wird die Vorrangstellung von moral- bzw. bildungstheoretischen Gesichtspunkten entgegengehalten.

Der *vierte Einwand* schließlich betrifft die Herstellbarkeit von Glück. Nach einer verbreiteten Ansicht, scheidet das Glück aus dem Kreis der Erziehungsziele aus, weil es ebenso unbestimmbar wie unverfügbar sei. Glücksempfindungen seien weder lehr- noch lernbar. Das Glück, so Jürgen Oelkers (1985, S. 270), „kann nicht wie Wissen und Verstehen durch pädagogische Handlungen befördert werden" und sei deshalb „kein Erziehungsziel".

Diesen Einwänden liegt ein gemeinsames Glücksverständnis zugrunde. Unter Glück wird ein subjektives Wohlgefühl verstanden, das aus der Befriedigung momentaner Bedürfnisse resultiert und von episodischem Charakter ist. Gemäß den eingangs angeführten Definitionen haben wir es also mit dem psychologischen oder sinnlich-hedonistischen Glücksbegriff zu tun. Dieser Begriff beherrscht die pädagogische Glücksdebatte seit über 200 Jahren. Auch die meisten *Advokaten* des Glücks bedienen sich seiner, aus, wie ich finde, durchaus einsichtigen Gründen. Er vertritt wie kein anderer Begriff das Recht der Heranwachsenden auf eine individuelle Entwicklung, auf Bedürfnis- und Triebbefriedigung, auf erfüllte Gegenwart, auf ein Selbst- und Weltverhältnis, in dem positive Empfindungen (Freude, Wohlsein, Schmerzfreiheit, Lebensbejahung) den Ton angeben. Das sind Werte und Qualitäten, an denen sich die Pädagogik nach meiner Auffassung orientieren kann und sollte, und zwar nicht nur in der Familienerziehung, sondern auch in der Schule: „The atmosphere of classrooms should reflect the universal desire for happiness. There should be a minimum of pain (and none deliberately inflicted), many opportunities for pleasure, and overt recognition of the connection between the development of desirable dispositions and happiness" (Noddings 2003, S. 246). Eine reflektierte Erziehung wird das Glück des Kindes zu erhalten und zu fördern suchen, wohl wissend darum, dass sich verantwortungsbewusstes pädagogisches Handeln darin nicht erschöpft.

Glück ist eine wichtige, aber nicht die einzige Leitidee, die in der Erziehung zu berücksichtigen ist. Thomas Fuhr (1998, S. 292) hat auseinandergelegt,

„daß Eltern zwei Maßgaben zu beachten haben. Sie haben das Glück des Kindes zu befördern, und sie müssen das Kind zur Moral erziehen." Fuhr begründet diese Zweiteilung mit den Ansprüchen des Kindes und den Ansprüchen der Gesellschaft: „Gegenüber dem Kind haben Eltern die Pflicht, das Glück des Kindes zu befördern. Der Gemeinschaft gegenüber, in die das Kind hineinwächst, haben sie die Pflicht, aus dem Kind ein moralisches Wesen zu machen, so weit dies in ihrer Macht steht" (S. 192). Moral und Glück sind „interdependente Begriffe" (Seel 1995, S. 53) und keine unversöhnlichen Alternativkonzepte, wie manche Kritiker eudämonistischer Theorien anzunehmen scheinen. Die Moral zieht dem sinnlich-hedonistischen Glücksstreben Grenzen, muss aber ihrerseits am Glücksbedürfnis der Individuen orientiert bleiben. Moralisches Verhalten kann, mit Martin Seel, „als eine Respektierung und Sicherung derjenigen Lebensmöglichkeiten" verstanden werden, die „für alle Menschen gleichermaßen wichtig" (ebd.) sind, damit sie ein glückliches Leben führen können. Insofern ist die Moral – jetzt mit Hans Krämer (1998, S. 103) gesprochen – „eine notwendige Glücksbedingung."

Ob wir überdies Grund zu der Annahme haben, dass moralisches Verhalten glücklicher mache als unmoralisches, ist von jeher umstritten (vgl. Tatarkiewisz, Kap. 25). Legt man den sinnlich-hedonistischen Glücksbegriff zugrunde, dann scheint zunächst vieles für La Mettries (1985, S. 68) Beobachtung zu sprechen, der 1748 bemerkt hat, „daß Gut und Böse an sich in Hinblick auf die Glückseligkeit keine Rolle spielen". Wie sonst ließe sich erklären, dass „in dieser Welt so viele Schurken glücklich sind"? Aber das Glück der Schurken, wäre hier zu bedenken, ist ein fragwürdiges, fragiles, eines, das sich verbergen muss vor der Öffentlichkeit, ein sozial geächtetes. Es ist viel Unglück an einem Glück, das sich im offenen Widerstreit mit der herrschenden Moral befindet. Erziehende, die für das Wohl des Kindes Verantwortung tragen, sind allein deshalb gut beraten, moralische Standards zu vermitteln – immer eingedenk des Umstands, dass moralisches Verhalten nicht zwangsläufig Glück verheißt:[22] „Auch die Pädagogik und das Erziehungswesen soll-

---

22 G.J.M. van der Aardweg (1989, S. 25) behauptet in seiner kleinen Broschüre *Erziehungsziel Glück* das Gegenteil: „glückliche Menschen sind immer auch moralisch integre Menschen, die zu ‚geben' und hochherzig zu lieben verstehen." Glück findet nach dieser Auffassung nur, wer sich der traditionellen Moral und den christlichen Werten und Tugenden (Demut, Gehorsam, Enthaltsamkeit etc.) verschreibt: „Der Mensch [...] kann sich nur zu einer nicht neurotischen, heilen und glücklichen

ten sich selbstkritisch freimachen von der Vermittlung von Fiktionen und Il-
lusionen wie der, daß Moral Glück verbürge oder gar ersetzen könne. Eine
verantwortungsbewußte Erziehung wird stattdessen über die Kontingenz und
Risikosität des Verhältnisses aufklären" (Krämer 1998, S. 106 Fn.).

Nicht die Moral und erst recht nicht das Glück sind lehr- oder lernbar wie
das ABC. Glücksempfindungen lassen sich nicht pädagogisch herstellen.
Aber das ist noch kein überzeugender Einwand, um das Glück aus dem Kreis
der Erziehungsmaßgaben auszuschließen. Wenn es richtig ist, dass „unsere
Handlungsdispositionen durch Erziehung grundgelegt werden, dann ist die
Art der Erziehung für das Gelingen des Lebens nicht gleichgültig", hat Robert Spaemann (1989, S. 24) in diesem Zusammenhang bemerkt. Erzie-
hungsmaßnahmen und Kindheitseinflüsse sind vielmehr außerordentlich relevante Glücksfaktoren.[23] Das bekräftigen unter anderem die Forschungser-
gebnisse von Mihaly Csikszentmihalyi (2004, S. 125): „Kinder, die in Fami-
liensituationen groß werden, die eindeutige Ziele, Feedback, das Gefühl von
Kontrolle, Konzentration auf gegebene Aufgaben, intrinsische Motivationen
und Herausforderungen bieten, werden allgemein eine bessere Chance haben, ihr Leben so zu ordnen, daß *flow* [Glück] möglich wird". Der Familien-
kontext und die Erziehungsatmosphäre können die Herausbildung von
glücksrelevanten Fähigkeiten und Lebenshaltungen begünstigen oder behin-
dern. Das hat auch Günther Bien (1998, S. 42) festgestellt. Er streicht heraus,
dass die Familienverhältnisse hauptverantwortlich dafür sind, welche Einstellungen die Heranwachsenden zu sich und zu ihrer Umwelt entwickeln.
Ein glückliches Leben könne nur führen, wer zugleich ein ausgeprägtes
Selbst- und Weltvertrauen besitzt, „also die Fähigkeit, sich anderen Menschen positiv und in Freude, in Freundschaft und Bejahung zuzuwenden wie
auch, sich zu Dingen und Wirkungsmöglichkeiten außerhalb unserer selbst

Persönlichkeit entwickeln, wenn er objektive Werte anerkennt und sein Leben nach
ihnen ausrichtet." Völlig nebulös bleibt, wie sich dieses wertkonservative Konzept mit
den Bedingungen einer wertpluralistischen Gesellschaft verträgt. Das verloren
gegangene Vertrauen in „objektive Werte" lässt sich mit Verweis auf den traditionellen
Wertekanon nicht wiedergewinnen.

23   Was hier für das pädagogische Handlungsfeld gesagt wird, kann auch auf das politische
Feld übertragen werden. Hans Jonas (1984, S. 190) hat im Anschluss an Aristoteles auf
die Verantwortung der Politik für das Glück der Staatsbürger hingewiesen. Mit Paulus
Engelhardt (1985, S. 130) ist dieser Gedanke zu präzisieren: „Die politische Aufgabe ist
die Wahrung, Gewährleistung und Verbesserung der ‚Chancen des menschlichen
Glücks'. Glück ist also nicht politisch herstellbar. Seine Bedingungen können aber durch
politisch-herstellendes Handeln verbessert, verschlechtert oder zerstört werden."

interessiert und aktiv verhalten zu können [...]. Einen solchen sicheren Stand in der Welt durch Akzeptieren seiner selbst, verbunden mit aktiver Zuwendung zu anderen und zu anderem zu vermitteln, gehört zu dem Wichtigsten, was Eltern ihren Kindern mitgeben müssen, und was vielleicht sie allein ihnen mitgeben können."

Günther Biens Bemerkungen führen über den subjektivistisch-hedonistischen Glücksbegriff hinaus. Die benannte Lebenshaltung mag auch episodische Glückserfahrungen begünstigen, aber das wäre lediglich ein erfreulicher Nebeneffekt. Biens begründete Annahme ist, dass die fragliche Persönlichkeitsverfassung den Menschen ein *insgesamt* gelingendes Leben in Aussicht stellt. Damit sind wir bei einem Glücksbegriff angelangt, der in der modernen pädagogischen Debatte eine erstaunliche Randexistenz fristet.

4. Das übergreifende Glück eines gelingenden Lebens

Wenn ich fortan ohne Zusatz vom Glück spreche, dann ist das euphorisch empfundene Glück eines gelingenden oder guten Lebens gemeint. Auch hier gilt: Ein gutes, glückliches Leben lässt sich nicht diktieren, nicht vermitteln. Auf solche Versuche reagiert das übergreifende Glück nicht anders als das episodische: es bleibt aus. Ferner lässt sich auch dieses Glück den Akteuren nicht von außen zuschreiben, weil die Definitionshoheit für das, was als Glück empfunden wird, bei den Subjekten liegt: „Nichts darf als Glück zählen, das nicht von den Betroffenen als Glück erfahren werden kann. Man darf niemandem etwas als sein Glück *zuschreiben*, das er nicht selbst so bewerten kann" (Seel 1995, S. 60). Das unterscheidet das Glück von der Bildung. Ob jemand über Bildung verfügt, kann aus der Beobachterperspektive beurteilt werden, unabhängig davon, ob der oder die Betroffene sich selbst als gebildet einstuft oder nicht. Worte wie Bildungsstandard, Bildungsniveau, Bildungspatent usw. drücken aus, dass man Bildung für objektiv bestimmbar, messbar, zuschreibbar erachtet. Vergleichbare Wortkonstruktionen mit der Vorsilbe Glück sind ungebräuchlich, weil widersinnig. Auch die pädagogische Leitfrage, wie sie Hartmut von Hentig (1999, S. 74) formuliert hat, „„Was für eine Bildung wollen wir den jungen Menschen geben?"", macht auf das Glück übertragen keinen Sinn. Wir sträuben uns gegen die Vorstellung, ein gutes Leben könne in irgendeiner Form *gegeben* werden. Die Subjekte selbst sind die verantwortlichen ‚Schmiede' ihres Glücks und niemand sonst. Zu fragen wäre aber nach den *objektiven Voraussetzungen* eines gelingenden Lebens, an deren Herstellung und Bereitstellung die Bildungs- und Erziehungsinstitutionen mitwirken. Was kann von pädagogischer Seite getan werden, damit den jungen Menschen das Glück eines gelingenden Lebens ermöglicht wird?

Bevor hierzu Aussagen zu treffen sind, ist es notwendig, das Glück *formal* näher zu definieren. Eine formale Bestimmung des Glücks versucht Eckpunkte zu benennen, die ein gutes Leben ausmachen, aber sie „legt niemanden auf ein bestimmtes Format der Lebensführung fest" (Seel 1995, S. 190). Anfangs habe ich im Sinne einer formalen Definition davon gesprochen, ein gutes Leben müsse als eine *sinn-* und *wertvolle Einheit* erfahrbar sein und als eine solche euphorisch *bejaht* werden. Martin Seel hat in seinen Ausführungen zur *Form des Glücks* überdies überzeugend dafür argumentiert, dass sich Lebensglück nicht anders vollziehen könne, als im Modus von „weltoffener Selbstbestimmung" (S. 178): „Unter einem im ganzen guten Leben können wir ein Dasein verstehen, das sich durch Situationen schwankenden episodischen Glücks hindurch in der Balance einer zwanglos selbstbestimmten Lebensführung hält" (S. 121). Um das Leben als ein geglücktes zu empfinden, ist es unabdingbar, dass es als ein im Wesentlichen *selbst gestaltetes* wahrgenommen wird. Das Subjekt muss sich *verantwortlich* für den Verlauf des eigenen Daseins empfinden und die Erfahrung machen, dass sich die selbst gesteckten Ziele und Lebenspläne *realisieren* lassen. „Jemand ist also glücklich, wenn seine vernünftigen Pläne gute Fortschritte machen, die wichtigeren Ziele erreicht werden und er mit gutem Grund ziemlich sicher ist, daß diese günstigen Umstände anhalten werden" (Rawls 1996, S. 595).

Konturen gewinnt ein gelingendes Leben in der eigenständigen Auseinandersetzung mit der äußeren Wirklichkeit – sei es in Gestalt der Arbeit, des Spiels, der Interaktion, der Kontemplation. Das sind die vier miteinander verzahnten und sich gegenseitig ergänzenden Grundformen menschlicher Praxis, aus denen sich, wie Martin Seel (1995, S. 173) dargelegt hat, das Glück „existentiellen Gelingens" speist. Die praktische, weltoffene Begegnung mit den sozialen und materialen Wirklichkeiten ist „konstitutiv für den *Vollzug* eines gelingenden Lebens" (S. 148). Das hat selbstverständlich auch Konsequenzen für die Erziehungs-Wirklichkeit. Den Heranwachsenden sollte der „*Zugang* zu den Grundformen gelingender Praxis" (S. 173) ermöglicht werden, damit sie lernen, diese selbstbestimmt und konstruktiv auszuüben. Die Kinder müssen Kompetenzen ausbilden (soziale, mentale, motorische), die erforderlich sind, um arbeitend, spielend, kommunizierend und betrachtend der Welt zu begegnen.

Damit sind bereits die ersten objektiven Voraussetzungen benannt, die den Vollzug eines glücklichen Lebens begünstigen. Mit objektiven Voraussetzungen sind Bedingungen gemeint, die unabhängig von den subjektiven Bedürfnissen und Interessen bestehen sollten, weil sie für die Gestaltung einer individuellen Lebensführung notwendig sind. Sie begünstigen den Vollzug eines gelingenden Lebens, aber sie garantieren ihn nicht. Auch wenn alle Grundbedingungen erfüllt wären, kann es vorkommen, dass Einzelne ihr Leben als missglückt empfinden. Eine am Glück orientierte pädagogische Verantwortung hat diesen Umstand zu berücksichtigen. Die ‚Erziehungssphäre' kann günstige, aussichtsreiche Rahmen- und Startbedingungen für das Glück schaffen, ist aber nicht verantwortlich für das Glück als solches. „Der Erziehung obliegt damit die Aufgabe, Heranwachsenden die Grundmöglichkeiten eines guten Lebens zu eröffnen, ohne einen bestimmten Begriff des individuell Guten [zu] fixieren" (Taschner 2003, S. 102). Die Erziehung *eröffnet* die Möglichkeiten eines guten Lebens indem sie – gemeinsam mit anderen gesellschaftlichen und politischen Kräften – für bestimmte äußere und innere *Lebenswirklichkeiten* sorgt und indem sie die Ausbildung von *Fähigkeiten* fördert, die für das Glück konstitutiv sind.

Martin Seel (1995, S. 83ff.) hat drei weitere konstitutive Bedingungen erörtert, die erfüllt sein müssen, damit Glück möglich und erfahrbar wird. Als Erstes nennt er die Kategorie der äußeren *Sicherheit*. Glück kann sich nicht in einer Lebenswelt entfalten, in der Körper und Seele existentiell bedroht sind. Positiv ausgedrückt bedarf das Glück einigermaßen verlässlicher Verhältnisse. „Zu dieser Verläßlichkeit gehört die Bewahrung der leiblichen Integrität (einschließlich der materiellen Grundversorgung), eine gewisse Vertrautheit mit der äußeren Lebensumgebung und ein gewisser Verlaß auf die Menschen, mit denen man lebt" (S. 84).

Als zweiten Punkt führt Seel den Aspekt von „relativer (leiblicher und seelischer) *Gesundheit*" (S. 84; Hervorhebung T.H.) an. Dieses Kriterium ist nicht unproblematisch. Weiter oben wurde schon erwähnt, dass sich Glück und Krankheit keineswegs ausschließen müssen. Zudem fällt es schwer, Gesundheit positiv zu definieren. Die Weltgesundheitsorganisation versteht darunter einen Idealzustand vollkommenen physischen, psychischen und sozialen Wohlseins (*complete well-being*) (Brock 1993, S. 95). Die meisten modernen Glückstheoretiker bevorzugen allerdings negative Bestimmungen. In der Tradition von John Stuart Mill, der die Absenz von Schmerzen (*freedom of pain*) zum Glücksindikator gemacht hatte, wird zumeist die Vermei-

dung oder Minimierung von Schmerz und Leid als eine Richtlinie ausgege-
ben: „Suffering is not to be glorified, not to be installed in ‚a place of honor'.
It is to be eliminated, reduced, relieved" (Noddings 2003, S. 56). Die Ver-
träglichkeit von Krankheit und Glück findet aus dieser Perspektive dort ihre
Grenze, wo das Individuum auf Dauer Qualen zu erleiden hat: „Individuelles
Glück aber ist nur möglich in einem Leben, das nicht von leiblichem
Schmerz und psychischer Qual beherrscht ist" (Seel 1995, S. 84).

Wer von Krankheiten gepeinigt wird, dem steht auch die dritte Glücksbedingung – *Freiheit* – nur in eingeschränktem Maße zur Verfügung. Unter Freiheit ist hier in erster Linie Bewegungs- und Entscheidungsfreiheit zu verstehen. Negativ definiert besteht die Freiheit in der Abwesenheit von innerem
und äußerem Zwang. Gemäß der Formel aus der französischen Menschen-
rechtserklärung von 1789/91 bedeutet Freiheit, „alles tun zu können, was einem anderen nicht schadet" (zit. n. Heidelmeyer 1997, S. 57). Aus glücks-
theoretischer Perspektive lautet die Minimalforderung: Alle mündigen Individuen müssten so frei sein, „ihr Wohlergehen in einem Bezug zu ihrem eigenen Tun und Unterlassen zu sehen" (Seel 1995, S. 85). Das setzt voraus,
dass sie ertüchtigt worden sind, selbstbewusst zu entscheiden und verantwor-
tungsbewusst zu handeln.
    Diese drei konstitutiven Glücksfaktoren zusammenfassend heißt es bei
Seel: „Glück ist nur dort möglich, wo Menschen einigermaßen unbedroht
und unbeengt, ohne (zuviel) physischen Schmerz und ohne psychische Qual
leben können" (S. 86f.). Als eine vierte Grundbedingung erwähnt er noch am
Rande die „relative *Bildung*, verstanden als jenes Wissen, das es braucht, um
sich in einer jeweiligen Lebensumgebung aussichtsreich – und wiederum:
verläßlich – orientieren zu können" (S. 86 Fn.). Dieser Gesichtspunkt verdient mehr Beachtung. Bildung gehört, und sei es nur in dem eingeschränk-
ten Sinn von Wissen, zu jenen ‚Gütern der Seele', ohne die kein existentiel-
les Gelingen denkbar ist. Dass Seel sie nur bedingt den drei anderen Faktoren an die Seite stellt, mag mit dem Umstand zu tun haben, dass der Bil-
dungsgrad und das Glück nicht signifikant korrelieren. Wie Studien des
World Values Survey belegen, beeinflusst der Ausbildungsstand „unser
Glücksempfinden nur in geringem Maße" (Layard 2005, S. 77). Anders als
bedrohte, leidende oder in Unfreiheit lebende Menschen, können sich im
landläufigen Sinne ungebildete Personen oder solche mit geistiger Behinderung durchaus glücklich fühlen, ohne dass ihnen diese Empfindung abzusprechen wäre. Fraglich ist jedoch, ob deren Wohlbefinden aus weltoffener

Selbstbestimmung resultiert. Für das prozessuale Glück eines gelingenden Lebens, welches sich aus der reflektierten Wahl von Zielen, Werten und der Verwirklichung eines selbstbestimmten Lebensentwurfes ergibt, ist Bildung unerlässlich. Man kann Bildung geradezu als jene Qualifikation ansehen, die benötigt wird, um das Leben auf eigenständige und befriedigende Weise gestalten zu können. Darauf hat auch Hartmut von Hentig (1999, S. 77) hingewiesen, dessen Bildungsbegriff eine betont eudämonistische Note aufweist: „Bildung soll Glücksmöglichkeiten eröffnen, Glücksempfänglichkeit, eine Verantwortung für das eigene Glück."[24]

Insbesondere angloamerikanische Autorinnen und Autoren wie Amartya Sen und Martha Nussbaum haben in den letzten Jahren die Diskussion um das Glück und Wohlbefinden auf die Frage zugespitzt, welche *Grundfähigkeiten* es bedürfe, um ein gutes und gelingendes Leben (*flourishing life)* führen und um die je gewünschten Ziele und Lebensformen realisieren zu können. Die von Amartya Sen (1993) ausgearbeiteten Vorschläge überschneiden sich vielfach mit den Angaben Martin Seels; die Fähigkeiten-Liste umfasst äußere wie innere „functionings" (S. 31): „von guter Ernährung und guter Gesundheit über die Fähigkeit zu lesen und zu schreiben bis hin zur sozialen Integration und zur Erhaltung der Selbstachtung" (Hügli 1997, S. 63). Diese Grundbausteine eines guten Lebens sind, so Sen, von politischer und pädagogischer Seite bereitzustellen, zu erhalten, zu fördern. Sen und Nussbaum verstehen das als den zentralen gesellschaftspolitischen Auftrag, den es weltweit zu erfüllen gelte.

Die von Nussbaum (1999a, S. 200) diskutierten „*menschlichen Grundfähigkeiten*" werden von ihr als normative Zielvorgaben betrachtet, „die jede Gesellschaft für ihre Bürger anstreben sollte". Nussbaum tritt in ihren Arbeiten kulturrelativistischen Argumenten entgegen, indem sie auf anthropologische Elemente verweist, „die allen Menschen jenseits der Schranken von Geschlecht und Klasse, von Rasse und Nation gemeinsam sind" (S. 177). An

---

24 Auch der von Hartmut von Hentig begründeten Bielefelder Laborschule ist das Glück, genauer: die Erfahrung von der *Verantwortlichkeit* für das eigene Glück, ein zentrales Anliegen. Eine der wesentlichen Aufgaben der Versuchsschule sei es, „erfahren zu lassen, daß wir für unser Glück verantwortlich sind; schlichter gesagt: daß sich Glück nicht einfach ereignet, ohne daß wir es wollen, erkennen, ergreifen, verteidigen, pflegen, es ebenso geduldig im Kleinen aufsuchen wie anspruchsvoll im Großen erstreben, ja es hartnäckig und u.U. listig verfolgen" (Hentig 1995, S. 17). Hentig unterlässt es allerdings, näher zu erläutern, was er unter Glück versteht. Wie die meisten Erziehungstheoretiker, die sich positiv auf das Glück beziehen, setzt er ein intuitives (Ein-)Verständnis voraus.

Aristoteles anknüpfend fragt sie nach den universell gültigen Merkmalen der menschlichen Natur und legt diese ihrer Ethik des gelingenden Lebens zugrunde. Zum Menschsein gehören ihr zufolge das Bewusstsein von der eigenen Sterblichkeit, der Umgang mit den Bedürfnissen des Körpers, sexuelles Verlangen, Schutz- und Mobilitätsbedürftigkeit, Freude- und Schmerzempfindlichkeit, kognitive Fähigkeiten (Wahrnehmen, Vorstellen, Denken), persönliche und soziale Beziehungen und anderes mehr (S. 190ff.). Von diesen anthropologischen Konstanten leitet sie eine (für Kritik und Ergänzungen offene) Liste von Fähigkeiten ab, von denen sie annimmt, sie seien für ein gutes Leben unverzichtbar: „Ich meine, daß ein Leben, dem eine dieser Fähigkeiten fehlt, kein gutes menschliches Leben ist, unabhängig davon, was es sonst noch aufweisen mag" (S. 202).

Vergleicht man Nussbaums elfpunktige Grundfähigkeiten-Liste (S. 200ff.) mit den Ergebnissen von Sen, Seel und Bien, so verdichten sich die prinzipiellen Gemeinsamkeiten. Auch Nussbaum streicht heraus, dass für das Glück eines guten Lebens körperliches und seelisches Wohlbefinden – die „Fähigkeit, sich guter Gesundheit zu erfreuen, sich angemessen zu ernähren, eine angemessene Unterkunft und Möglichkeiten zu sexueller Befriedigung zu haben" (S. 200) – Grundvoraussetzungen sind. Chronische Schmerzen und psychische Erkrankungen gilt es nach Möglichkeit einzudämmen, die Fähigkeit, „freudvolle Erlebnisse zu haben" (ebd.), ist, wann immer es geht, zu unterstützen. Des Weiteren wird auf die elementare Sicherung der Entscheidungs-, Bewegungs- und „Religionsfreiheit" hingewiesen (S. 201). „Das bedeutet, gewisse Garantien zu haben, daß keine Eingriffe in besonders persönlichkeitsbestimmende Entscheidungen wie Heiraten, Gebären, sexuelle Präferenzen, Sprache und Arbeit stattfinden" (ebd.). Diese Forderungen lassen sich glückstheoretisch untermauern. Es ist nachweislich so, dass die Beschneidung von Mitbestimmungsrechten und die Einschränkung der Entscheidungs- und Meinungsfreiheit die Empfindung von Glück beeinträchtigen (vgl. Layard 2005, S. 84f.). Um die Lebensqualität zu erhöhen, genügt es freilich nicht, wenn den Menschen Freiheitsspielräume zur Verfügung gestellt werden, sie müssen auch lernen, sie kompetent zu nutzen. Die hierfür notwendige personale Eigenschaft wird in der ethischen und pädagogischen Literatur üblicherweise als Mündigkeit bezeichnet (vgl. Hoyer 2005c). Nussbaum (1999a, S. 201) nennt sie die „Fähigkeit, sein eigenes Leben und nicht das eines anderen zu leben". Diese Selbstbestimmungsfähigkeit äußert sich nicht zuletzt in der förderungsfähigen Kompetenz, „eine Vorstellung des Guten zu entwickeln und kritische Überlegungen zur eigenen Lebensplanung anzustellen" (ebd.) – keine schlechte Definition von Bildung, deren Bedeutung für die Gestaltung eines guten Lebens auch von Nussbaum mehrfach hervorgehoben wird. Etwa dort, wo sie die „Fähigkeit, seine Sinne und seine Phantasie zu gebrauchen, zu denken und zu urteilen", als eine zu schützende und zu unterstützende Grundkompetenz anführt. Neben den kognitiven Kompetenzen benötigt das mündige Individuum aber auch emotionale und soziale Kompetenzen, damit das Leben in der Gesellschaft ein gutes wird. Für Nussbaum gehören hierzu die essentiellen Fähigkeiten „Liebe, Kummer, Sehnsucht und Dankbarkeit zu empfinden", „mit anderen und für andere zu leben, andere Menschen zu verstehen und Anteil an ihrem Leben zu nehmen, [...] Mitleid zu empfinden; [...] Gerechtigkeit zu üben" (ebd.; vgl. auch Nussbaum 1999b).

Folgt man den Anregungen der zuletzt diskutierten Autorinnen und Autoren, so erweist sich das Glück als eine überaus integrative pädagogische Kategorie. Eine am prozessualen Glück orientierte Pädagogik umfasst Aspekte der Körper- und Gesundheitserziehung, sie schließt praktische und ästhetische Erziehungselemente ein, sie berücksichtigt die kognitive ebenso wie die emotionale Bildung und verweist nicht zuletzt auf die anliegenden Felder der politischen, sozialen und moralischen Erziehung. Legt man das Kriterium der Verantwortung an, dann kann man mit Hans Jonas (1984, S. 199) das gesamte Erziehungsgeschäft als einen Prozess beschreiben, in dem die *Objekte* der elterlichen Verantwortung allmählich zu *Subjekten* von Verantwortungen werden. Die pädagogische Verantwortung nimmt in jenem Maße ab, wie aufseiten der zu Erziehenden „die Selbständigkeit [...], die wesentlich Verantwortungsfähigkeit einbegreift", zunimmt. Am „Ende" der Erziehung übernehmen die Subjekte die Verantwortung für ihr eigenes Leben und das heißt auch: für ihr eigenes Glück. Die Erziehung ist ihrer Aufgabe gerecht geworden, insofern sie alles in ihrer Macht stehende dazu beigetragen hat, den Heranwachsenden ein glückliches Leben zu ermöglichen.

LITERATUR

Aristoteles: Politik, 4. Aufl. Hamburg 1981.

Aristoteles: Nikomachische Ethik, 4., durchges. Aufl. Hamburg 1985.

Aubenque, Pierre: Die Kohärenz der aristotelischen Eudaimonia-Lehre, in: Günther Bien (Hg.): Die Frage nach dem Glück, Stuttgart-Bad Cannstatt 1978, S. 45–57.

Augustinus, Aurelius: De beata vita / Über das Glück, Stuttgart 1989.

Bahrdt, Karl Friedrich: Ueber den Zwek der Erziehung, in: Reinhard Stach (Hg.): Theorie und Praxis der philanthropistischen Schule, Rheinstetten 1980, S. 47–93.

Basedow, Johann Bernhard: Das Methodenbuch für Väter und Mütter der Familien und Völker, in: ders: Ausgewählte Schriften, hg. v. Hugo Göring, Langensalza 1880, S. 1–225.

Basedow, Johann Bernhard: Vorstellung an Menschenfreunde, in: ders.: Ausgewählte pädagogische Schriften, hg. v. Albert Reble, Paderborn 1965, S. 5–80.

Bien, Günther: Die Philosophie und die Frage nach dem Glück, in: Günther Bien (Hg.): Die Frage nach dem Glück, Stuttgart-Bad Cannstatt 1978, S. IX–XIX.

Bien, Günther: Über das Glück, in: Joachim Schummer (Hg.): Glück und Ethik, Würzburg 1998, S. 23–45.

Blankertz, Herwig: Bildung im Zeitalter der großen Industrie. Pädagogik, Schule und Berufsbildung im 19. Jahrhundert, Hannover 1969.

Böhm, Winfried: Wörterbuch der Pädagogik, 13., überarbeitete Aufl. Stuttgart 1988.

Bollenbeck, Georg: Bildung und Kultur. Glanz und Elend eines deutschen Deutungsmusters, Frankfurt/M. 1996.

Brock, Dan: Quality of Life Measures in Health Care and Medical Ethics, in: Martha Nussbaum / Amartya Sen (Eds.): The Quality of Life, Oxford, p. 30–53.

Buber, Martin: Über das Erzieherische, in: ders.: Reden über Erziehung, 7. Aufl. Heidelberg 1986, S. 11–49.

Campe, Joachim Heinrich: Philosophischer Commentar über die Worte des Plutarchs: die Tugend ist eine lange Gewohnheit; oder über die Entstehungsart der tugendhaften Neigungen, Berlin 1774.

Campe, Joachim Heinrich: Sittenbüchlein für Kinder aus gesitteten Ständen. Dessau 1777.

Campe, Joachim Heinrich: Theophron, oder der erfahrne Rathgeber für die unerfahrne Jugend, Braunschweig 1832.

Campe, Joachim Heinrich: Von der nöthigen Sorge für die Erhaltung des Gleichgewichts unter den menschlichen Kräfte. Besondere Warnung vor dem Modefehler die Empfindsamkeit zu überspannen, hg. v. Reinhard Stach, Heinsberg 1996.

Camus, Albert: Der Mythos des Sisyphos, 5. Aufl. Reinbek bei Hamburg 2003.

Csikszentmihalyi, Mihaly: Flow. Das Geheimnis des Glücks, Stuttgart 2004.

Cicero, Marcus Tullius: Vom höchsten Gut und grössten Übel, Bremen 1957.

Datler, Wilfried: Glück, Moralität und Pädagogik. Schwerpunkte aus der Diskussion des XXIII. Salzburger Symposions, in: Vierteljahrsschrift für wissenschaftliche Pädagogik. 63. Jg. (1987), S. 513–532.

Dilthey, Wilhelm: Über die Gültigkeit einer allgemeingültigen pädagogischen Wissenschaft, in: ders.: Schriften zur Pädagogik, hg. v. Hans-Hermann Groothoff / Ulrich Herrmann, Paderborn 1971, S. 83–107.

Drescher, Johannes: Glück und Lebenssinn. Eine religionsphilosophische Untersuchung, Freiburg, München 1991.

Emden, H.: Glück und Freiheit in der Erziehung. Bemerkungen zur Pädagogik A. S. Neills, in: Vierteljahrsschrift für wissenschaftliche Pädagogik. 53 Jg. (1977), S. 116–137.

Engelhardt, Paulus: Wer ist für das Glück verantwortlich? Eine offen gebliebene Frage der Grundwertediskussion, in: Paulus Engelhardt (Hg.): Glück und geglücktes Leben. Philosophische und theologische Untersuchungen zur Bestimmung des Lebensziels, Mainz 1985, S. 128–164.

Fellsches, Josef: Lebenkönnen. Von Tugendtheorie zur Lebenskunst, Essen 1996.

Flitner, Wilhelm: Allgemeine Pädagogik, 3. Aufl. Stuttgart 1950.

Foot, Philippa: Moralischer Relativismus, in: dies.: Die Wirklichkeit des Guten. Moralphilosophische Aufsätze, hg. v. Ursula Wolf / Anton Leist, Frankfurt/M. 1997a, S. 144–164.

Foot, Philippa: Tugend und Glück, in: dies.: Die Wirklichkeit des Guten. Moralphilosophische Aufsätze, hg. v. Ursula Wolf / Anton Leist, Frankfurt/M. 1997b, S. 214–225.

Forschner, Maximilian: Über das Glück des Menschen. Aristoteles, Epikur, Stoa, Thomas von Aquin, Kant, Darmstadt 1993.

Forschner, Maximilian: Über das Vergnügen naturgemäßen Tuns. John Stuart Mills Konzept eines Lebens in Lust und Würde, in: Joachim Schummer (Hg.): Glück und Ethik, Würzburg 1998, S. 147–167.

Freud, Sigmund: Das Unbehagen in der Kultur (1930 [1929]), in: ders.: Studienausgabe Band IX: Fragen der Gesellschaft / Ursprünge der Religion, hg. v. Alexander Mitscherlich / Angela Richards et al., Frankfurt/M. 1989, S. 191–270.

Die Fragmente der Vorsokratiker, griechisch u. deutsch v. Hermann Diels, Bd. 1–3, 6., verbesserte Aufl. hg. v. Walther Kranz, Berlin 1951/52.

Fuhr, Thomas: Ethik des Erziehens. Pädagogische Handlungsethik und ihre Grundlegung in der elterlichen Erziehung, Weinheim 1998.

Gamm, Hans-Jochen: Kritische Schule. Eine Streitschrift für die Emanzipation von Lehrern und Schülern, 6.–10. Tausend, München 1970.

Geismann, Georg: Sittlichkeit, Religion und Geschichte in der Philosophie Kants, in: Jahrbuch für Recht und Ethik, Bd. 8 (2000), S. 437–532.

Gurlitt, Ludwig: Erziehungslehre, Berlin 1909.

Hart, Harold (Hg.): Summerhill: Pro und Contra. 15 Ansichten zu A. S. Neills Theorie und Praxis, Reinbek bei Hamburg 1971.

Hazard, Paul: Die Krise des europäischen Geistes (1680–1715), Hamburg 1939.

Helvétius, Claude Adrien: Vom Menschen, seinen geistigen Fähigkeiten und seiner Erziehung, Frankfurt/M. 1972.

Heidelmeyer, Wolfgang (Hg.): Die Menschenrechte. Erklärungen, Verfassungsartikel, Internationale Abkommen, 4., erneuerte u. erweiterte Aufl. Paderborn et al. 1997.

Heine, Heinrich: Deutschland. Ein Wintermärchen, in: ders.: Werke und Briefe in zehn Bänden. Band 1, hg. v. Hans Kaufmann, Berlin, Weimar 1980, S. 429–507.

Hentig, Hartmut von: Bildung. Ein Essay, 2. Aufl. München, Wien 1999.

Herder, Johann Gottfried: Briefe zur Beförderung der Humanität, Band 2, Berlin, Weimar 1971.

Heydorn, Heinz-Joachim: Über den Widerspruch von Bildung und Herrschaft. Bildungstheoretische Schriften 2, Frankfurt/M 1979.

Historisches Wörterbuch der Pädagogik, hg. v. Dietrich Benner / Jürgen Oelkers, Weinheim, Basel 2004.

Höffe, Otfried: Zur Theorie des Glücks im klassischen Utilitarismus, in: Günther Bien (Hg.): Die Frage nach dem Glück, Stuttgart-Bad Cannstatt 1978, S. 147–169.

Hoffmann, Dietrich: Kritische Erziehungswissenschaft, Stuttgart et al. 1978.

Holte, Ragnar: Glück (Glückseligkeit), in: Reallexikon für Antike und Christentum, hg. v. Theodor Klauser et al., Band XI: Girlande–Gottesnamen, Stuttgart 1981, Sp. 246–270.

Horn, Christoph: Antike Lebenskunst. Glück und Moral von Sokrates bis zu den Neuplatonikern, München 1998.

Hossenfelder, Malte: Philosophie als Lehre vom glücklichen Leben. Antiker und neuzeitlicher Glücksbegriff, in: Alfred Bellebaum (Hg.): Glück und Zufriedenheit. Ein Symposion, Opladen 1992, S. 13–31.

Hossenfelder, Malte: Antike Glückslehren. Kynismus und Kyreanaismus, Stoa, Epikureismus und Skepsis, Stuttgart 1996.

Hoyer, Timo: Tugend und Erziehung. Die Grundlegung der Moralpädagogik in der Antike, Bad Heilbrunn/Obb. 2005

Hoyer, Timo: Ethik und Moralerziehung. Zur Grundlegung des moralpädagogischen Diskurses in der griechisch-römischen Antike. In: Zeitschrift für Erziehungswissenschaft. 8. Jg. (2005a), S. 75–95.

Hoyer, Timo: „...wenn man Sklaven will..." Ein unhaltbares pädagogisches Argument (und dessen gehaltvoller Bildungsbegriff), in: Wilfried Hansmann / Timo Hoyer (Hg.): Zeitgeschichte und historische Bildung. Festschrift für Dietfrid Krause-Vilmar, Kassel 2005b, S. 278–304.

Hoyer, Timo: Maioridade como objetivo da Educação. Esboço aceca da história de um problema, in: Claudio Dalbasco / Hans-Georg Flickinger (Orgs.): Educação e maioridade. Dimensões da racionalidade pedagógica. Porto Alegre 2005c. (im Erscheinen)

Hügli, Anton: Mutmassungen über den Ort des Glücks in der Ethik der Neuzeit, in: Studia Philosophica 56: Die Philosophie und die Frage nach dem Glück (1997), S. 33–64.

Jean Paul: Levana oder Erziehlehre, Paderborn 1963.

Jonas, Hans: Plotins Tugendlehre: Analyse und Kritik, in: Epimeleia. Die Sorge der Philosophie um den Menschen, hg. v. Franz Wiedemann, München, S. 143–173.

Jonas, Hans: Das Prinzip Verantwortung. Versuch einer Ethik für die technologische Zivilisation, Frankfurt/M. 1984.

Kant, Immanuel: Religion innerhalb der Grenzen der bloßen Vernunft, 6. Aufl. Hamburg 1956.

Kant, Immanuel: Grundlegung zur Metaphysik der Sitten, unveränderter Nachdruck der 3. Aufl. Hamburg 1965.

Kant, Immanuel: Kritik der reinen Vernunft, durchgesehener Nachdruck, Hamburg 1976.

Kant, Immanuel: Über Pädagogik, 5. Aufl. Bochum 1984.

Kant, Immanuel: Kritik der praktischen Vernunft, ergänzter Nachdruck der 9. Aufl. 1929, Hamburg 1985.

Kant, Immanuel: Über den Gemeinspruch: Das mag in der Theorie richtig sein, taugt aber nicht für die Praxis, in: ders.: Über den Gemeinspruch / Zum ewigen Frieden, hg. v. Heiner F. Klemme, Hamburg 1992, S. 1–48.

Key, Ellen: Das Jahrhundert des Kindes, 5. Aufl. Berlin 1904.

Koch, Lutz: Über das Glück in der Pädagogik, in: Pädagogische Rundschau. 29. Jg. (1975), S. 661–671.

Krämer, Hans: Integrative Ethik, in: Joachim Schummer (Hg.): Glück und Ethik, Würzburg 1998, S. 93–107.

Lang, Bernhard: Die christliche Verheißung, in: Alfred Bellebaum (Hg.): Glück und Zufriedenheit. Ein Symposion, Opladen 1992, S. 121–140.

La Mettrie, Julien Offray de: Über das Glück oder Das Höchste Gut („Anti-Seneca"), Nürnberg 1985.

Litt, Theodor: Führen oder Wachsenlassen. Eine Erörterung des pädagogischen Grundproblems, 2., verbesserte Aufl. Leipzig, Berlin 1929

Lassahn, Rudolf: Über Freude in der Erziehung. Überlegungen zu einer anthropologischen Analyse der Freude, in: Pädagogische Rundschau. 29. Jg. (1975), S. 553–575.

Layard, Richard: Die glückliche Gesellschaft. Kurswechsel für Politik und Wirtschaft, Frankfurt, New York 2005.

Lenzen, Dieter: Lösen die Begriffe Selbstorganisation, Autopoiesis und Emergenz den Bildungsbegriff ab?, in Zeitschrift für Pädagogik. 43 Jg. (1997), S. 949–968.

MacIntyre, Alasdair: Geschichte der Ethik im Überblick. Vom Zeitalter Homers bis zum 20. Jahrhundert, Hain 1984.

MacIntyre, Alasdair: Der Verlust der Tugend. Zur moralischen Krise der Gegenwart, Frankfurt/M. 1995.

Marcuse, Herbert: Vorwort, in: ders.: Kultur und Gesellschaft 1, Frankfurt/M. 1965a, S. 7–16.

Marcuse, Herbert: Zur Kritik des Hedonismus, in: ders.: Kultur und Gesellschaft 1, Frankfurt/M. 1965b, S. 128–168.

Mill, John Stuart: Utilitarianism, in: On Liberty and Utilitarianism, New York 1906, p. 111–172.

Neill, Alexander Sutherland: Theorie und Praxis der antiautoritären Erziehung. Das Beispiel Summerhill, Reinbek bei Hamburg 1969.

Neschke, Ada: Gelungenes Leben. Die Glücksproblematik bei Aristoteles und der Einspruch des Phyrrhon, in: Studia Philosophica 56: Die Philosophie und die Frage nach dem Glück (1997), S. 7–31.

Nicklas, Hans W.: Leistung und Glück. Überlegungen zur Schulreform, in: Politik, Wissenschaft, Erziehung. Festschrift für Ernst Schütte, Frankfurt/M. et al. 1969, S. 135–152.

Niethammer, Friedrich Immanuel: Der Streit des Philanthropinismus und Humanismus in der Theorie des Erziehungs-Unterrichts unserer Zeit, in: ders.: Philanthropinismus – Humanismus. Texte zur Schulreform, bearbeitet v. Werner Hillebrecht, Weinheim et al. 1968.

Nietzsche, Friedrich: Also sprach Zarathustra I–IV, in: ders.: Sämtliche Werke. Kritische Studienausgabe in 15 Bänden. Band 4, hg. v. Giorgio Colli / Mazzino Montinari, 2., durchges. Aufl. München et al. 1988a.

Nietzsche, Friedrich: Ecce homo. Wie man wird, was man ist, in: ders.: Sämtliche Werke. Kritische Studienausgabe in 15 Bänden. Band 6, hg. v. Giorgio Colli / Mazzino Montinari, 2., durchges. Aufl. München et al. 1988b, S. 255–374.

Noddings, Nel: Happiness and Education, Cambridge 2003.

Nohl, Herman: Vom Wesen der Erziehung, in: ders.: Pädagogik aus dreißig Jahren, Frankfurt/M. 1949, S. 279–289.

Nussbaum, Martha C.: Menschliche Fähigkeiten, weibliche Menschen, in: dies.: Gerechtigkeit oder Das gute Leben, hg. v. Herlinde Pauer-Studer, Frankfurt/M. 1999a, S. 176–226.

Nussbaum, Martha C.: Nicht-relative Tugenden. Ein aristotelischer Ansatz, in: dies.: Gerechtigkeit oder Das gute Leben, hg. v. Herlinde Pauer-Studer, Frankfurt/M. 1999b, S. 227–264.

Oelkers, Jürgen: Erziehen und Unterrichten. Grundbegriffe der Pädagogik in analytischer Sicht, Darmstadt 1985.

Otte, Klaus: Glück und Schicksal, in: Evangelisches Kirchenlexikon. Internationale theologische Enzyklopädie, hg. v. Erwin Falbusch et al., Band 2: G–K, 3. Aufl. (Neufassung) 1989, Sp. 216–220.

Paul, Gregor: Buddhistische Glücksvorstellungen. Eine historisch-systematische Skizze, in: Joachim Schummer (Hg.): Glück und Ethik, Würzburg 1998, S. 47–68.

Platon: Der Staat, in: ders.: Sämtliche Werke. Band 2, hg. v. Erich Loewenthal, 6. Aufl. Köln 1969a, S. 5–408.

Platon: Theaitetos, in: ders.: Sämtliche Werke. Band 2, hg. v. Erich Loewenthal, 6. Aufl. Köln 1969b, S. 561–661.

Pleines, Jürgen-Eckardt: Eudaimonia zwischen Kant und Aristoteles. Glückseligkeit als höchstes Gut menschlichen Handelns, Würzburg 1984.

Pleines, Jürgen-Eckardt: Handlungs- und Glückseligkeitstheorie, in: Vierteljahrsschrift für wissenschaftliche Pädagogik. 60 Jg. (1984a), S. 127–147.

Rawls, John: Eine Theorie der Gerechtigkeit, 9. Aufl. Frankfurt/M. 1996.

Ritter, Joachim: Glück, Glückseligkeit, in: Historisches Wörterbuch der Philosophie, hg. v. Joachim Ritter, Band 3: G–H, Basel, Stuttgart 1974, Sp. 679–691.

Rochow, Friedrich Eberhard von: Der Kinderfreund. Ein Lesebuch zum Gebrauch in Landschulen, Brandenburg, Leipzig 1776.

Ruberg, Christiane: Wie ist Erziehung möglich? Moralerziehung bei den frühen pädagogischen Kantianern, Bad Heilbrunn/Obb. 2002.

Rülker, Tobias: Der Glücksbegriff als pädagogische Kategorie in historischer und systematischer Sicht, in: Pädagogische Rundschau. 25. Jg. (1971), S. 161–178.

Rürup, Reinhard: Deutschland im 19. Jahrhundert: 1815–1871, Göttingen 1984.

Rousseau, Jean-Jacques: Emil oder Über die Erziehung, 9. Aufl. Paderborn et al. 1989.

Sailer, Johann Michael: Über Erziehung für Erzieher, bearbeitet v. J. Gansen, Paderborn 1913.

Schaaff, Herbert: „Ökonomie und Glück" – Zur Begründung des Tagungsthemas, in: Alfred Bellebaum / Herbert Schaaff / Karl Georg Zinn (Hg.): Ökonomie und Glück. Beiträge zu einer Wirtschaftslehre des guten Lebens, Opladen, Wiesbaden 1999, S. 11–19.

Schiller, Friedrich: Über Anmut und Würde, in: ders.: Werke und Briefe in 12 Bänden, hg. v. Otto Daun et al., Bd. 8: Theoretische Schriften, hg. v. Rolf-Peter Janz, Frankfurt/M. 1992a, S. 330–394.

Schiller, Friedrich: Über die ästhetische Erziehung des Menschen in einer Reihe von Briefen, in: ders.: Werke und Briefe in 12 Bänden, hg. v. Otto Daun et al., Bd. 8: Theoretische Schriften, hg. v. Rolf-Peter Janz, Frankfurt/M. 1992b, S. 556–676.

Schlegel, Friedrich: Kritische Schriften und Fragmente (1798–1801) (= Studienausgabe Band 2), hg. v. Ernst Behler / Hans Eichner, Paderborn et al. 1988.

Schmid, Wilhelm: Lebenskunst und Ästhetik der Existenz, in: Joachim Schummer (Hg.): Glück und Ethik, Würzburg 1998, S. 83–91.

Schoenebeck, Hubertus von: Antipädagogik im Dialog. Eine Einführung in antipädagogisches Denken, Weinheim, Basel 1992.

Schopenhauer, Arthur: Die Welt als Wille und Vorstellung. Band 1, Zürich 1988.

Schwarz, Friedrich Heinrich Christian: Lehrbuch der Erziehungs- und Unterrichtslehre, Paderborn 1968.

Schwienhorst-Schönberger, Ludger: „Nicht im Menschen gründet das Glück". Kohelet im Spannungsfeld jüdischer Weisheit und hellenistischer Philosophie, Freiburg im Breisgau 1994.

Schwendter, Rolf: Glücksklee. Fourier, Marcuse, Freud, Basho, in: Wespennest (1996), S. 47–51.

Seel, Martin: Versuch über die Form des Glücks. Studien zur Ethik, Frankfurt/M. 1995.

Seel, Martin: Wege einer Philosophie des Glücks, in: Joachim Schummer (Hg.): Glück und Ethik, Würzburg 1998, S. 109–123.

Sen, Amartya: Capability and Well-Being, in: Martha Nussbaum / Amartya Sen (Eds.): The Quality of Life, Oxford, p. 30–53.

Seneca, Lucius Annaeus: Briefe an Lucilius, Gesamtausgabe, 2 Bände, Reinbek bei Hamburg 1965.

Spaemann, Robert: Glück, Glückseligkeit, in: Historisches Wörterbuch der Philosophie, hg. v. Joachim Ritter, Band 3: G–H, Basel, Stuttgart 1974, Sp. 691–707.

Spaemann, Robert: Glück und Wohlwollen. Versuch über Ethik, Stuttgart 1989.

Spaemann, Robert: „Die Zweideutigkeit des Glücks", in: ders.: Zweckmäßigkeit und menschliches Glück, Bamberg 1994, S. 15–34.

Spencer, Herbert: Education: intellectual, moral, and physical, fortieth thousand of the cheap edition, London 1898.

Spinoza: Die Ethik. Schriften und Briefe, hg. v. Friedrich Bülow, 7. Aufl. Stuttgart 1976.

Steinmann, Michael: Glück/Glückseligkeit. Philosophisch, in: Religion in Geschichte und Gegenwart. Handwörterbuch für Theologie und Religionswissenschaft, 4., völlig neu bearb. Aufl., hg. v. Hans Dieter Betz et al., Bd. 3: F–H, Tübingen 2000, Sp. 1016–1018.

Stuve, Johann: Allgemeinste Grundsätze der Erziehung, in: Allgemeine Revision des gesamten Schul- und Erziehungswesens von einer Gesellschaft praktischer Erzieher, ausgewählt v. Günter Ulbricht, Berlin 1957, S. 45–93.

Taschner, Frank: Glück als Ziel der Erziehung, Würzburg 2003.

Tatarkiewicz, Wladyslaw: Über das Glück, Stuttgart 1984.

Thomä, Dieter: Vom Glück in der Moderne, Frankfurt/M. 2003.

Thomas von Aquin: Summe der Theologie. 2. Band: Die sittliche Weltordnung, hg. v. Joseph Bernhart, 3., duchgesehene u. verbesserte Aufl. Stuttgart 1985.

Thompson, Dennis F.: John Stuart Mill and Representative Goverment, New Jersey 1976.

Tielsch, Elfriede Walesca: Epikurs Theorie vom privaten und sozialen Glück des Menschen. Herkunft, Systematik und ethischer Gehalt, in: Günther Bien (Hg.): Die Frage nach dem Glück, Stuttgart-Bad Cannstatt 1978, S. 59–76.

Trapp, Ernst Christian: Versuch einer Pädagogik, unveränderter Nachdruck der 1. Ausgabe Berlin 1780, Paderborn 1977.

van den Aardweg, G. J. M.: Erziehungsziel Glück. Moralische Erziehung aus psychologischer Sicht, Köln 1989.

Villaume, Peter: Ob und in wie fern bei der Erziehung die Vollkommenheit des einzelnen Menschen seiner Brauchbarkeit aufzuopfern sey?, in: Allgemeine Revision des gesammten Schul- und Erziehungswesens von einer Gesellschaft praktischer Erzieher, Dritter Teil, hg. v. Joachim Heinrich Campe, Hamburg 1785, S. 435–616.

Die Vorsokratiker, deutsch in Auswahl mit Einleitung v. Wilhelm Nestle, 4. Aufl. Düsseldorf, Köln 1956.

Weber, Max: Die protestantische Ethik und der „Geist" des Kapitalismus, Bodenheim 1993.

Wehler, Hans-Ulrich: Deutsche Gesellschaftsgeschichte, 1. Band: Vom Feudalismus des Alten Reiches bis zur Defensiven Modernisierung der Reformära 1700–1815, München 1987.

Wigger, Lothar: Zum Begriff des Glücks. Philosophisch-pädagogische Überlegungen, in: Vierteljahrsschrift für wissenschaftliche Pädagogik. 63 Jg. (1987), S. 457–473.

Wolff, Christian: Vernünfftige Gedancken von der Menschen Thun und Lassen, zur Beförderung ihrer Glückseeligkeit, in: ders.: Gesammelte Werke, hg. v. J. École / J. E. Hofmann et al., 1. Abteilung, Deutsche Schriften Band 4, Hildesheim, New York 1976.

Wood, Ellen Meiksins / Wood, Neal: Class Ideology and Ancient Political Theory. Socrates, Plato, and Aristotele in Social Context, Oxford 1978.

Ziegler, Theobald: Allgemeine Pädagogik, 3. Aufl. Leipzig 1909.

Ziller, Tuiskon: Allgemeine Pädagogik, 3. Aufl. Leipzig 1892.

AUTORENSPIEGEL

Prof. Dr. Holger Burckhart geb. 1956, ist Professor für Philosophie an der Erziehungswissenschaftlichen Fakultät der Universität zu Köln. Er forscht, lehrt und publiziert in den Bereichen Praktische Philosophie/Ethik, Philosophische Anthropologie, Wissenschaftstheorie und Erziehungsphilosophie. Publikationen in Auswahl: Diskursethik Diskursanthropologie Diskurspädagogik (Würzburg 1999), Philosophie Moral Bildung (Würzburg 1999), Erfahrung des Moralischen (Hamburg 2000), Prinzip Mitverantwortung (Hg. mit Karl-Otto Apel, Würzburg 2001), Philosophieren aus dem Diskurs (Hg. mit Horst Gronke, Würzburg 2002), Praktische Philosophie – Philosophische Praxis (Hg. mit Jürgen Sikora, Darmstadt 2005).

PD Dr. Timo Hoyer, geb. 1964. Studium der Erziehungswissenschaften, Philosophie und der Neueren deutschen Literatur in Frankfurt am Main. Von 1997 bis 2005 Wissenschaftlicher Angestellter an der Universität Kassel (Fachbereich Erziehungswissenschaft/Humanwissenschaften). Seit 2005 Wissenschaftlicher Angestellter am Sigmund-Freud-Institut in Frankfurt am Main. Arbeitsbereiche: Historische Bildungsforschung, Bildungsphilosophie, Moralpädagogik. Arbeitsbereiche: Historische Bildungsforschung, Bildungsphilosophie, Moralpädagogik. Buchpublikationen: Nietzsche und die Pädagogik. Werk, Biografie und Rezeption (Würzburg 2002); Tugend und Erziehung. Die Grundlegung der Moralpädagogik in der Antike (Bad Heilbrunn 2005); als Mitherausgeber: Zeitgeschichte und historische Bildung (Kassel 2005).

Dr. Jürgen Sikora, geb. 1973, Studium der Philosophie, Pädagogik und Psychologie ebenda, Promotion 2002, Wissenschaftlicher Mitarbeiter am Seminar für Geschichte und Philosophie der Universität Köln, Forschungsschwerpunkte: Praktische Philosophie, Philosophische Anthropologie, Zeitgeschichte. Mitbegründer von »Ethik und Pädagogik im Dialog« des Hans Jonas-Zentrums Berlin, Veröffentlichungen in Auswahl: Mit-Verantwortung (1999), Zukunftsverantwortliche Bildung (2003), Praktische Philosophie – Philosophische Praxis (Hg. mit Holger Burckhart, Darmstadt 2005), Habilitationsprojekt: Europäische Verantwortungskultur. Prozesse, Kontroversen und Perspektiven des Integrationsprozesses. Homepage: www.juergensikora.de.

NAMENSREGISTER

Pädagogik:
Forschung und Wissenschaft

Hartmut M. Griese
Kritik der "Interkulturellen Pädagogik"
Essays gegen Kulturalismus, Ethnisierung, Entpolitisierung und einen latenten Rassismus
Der Autor, Pionier der neueren Migrationsforschung, legt hier seine Beiträge aus 20 Jahren (1981 bis 2001) vor. *Kritik der Ausländerpädagogik* (80er Jahre "Pädagogisierung eines gesellschaftlichen Problems", "Aufruf, die Ausländerpädagogik vom Kopf auf die Füße zu stellen" etc.). *Kritik des 'Inter-Multi-Kulti-Konzeptes'* (90er Jahre, z. B. "Multikulturelle Gesellschaft – ideologiekritische Anmerkungen", "Interkulturelle Arbeit als Alternative zu traditioneller Ausländerarbeit?", "Pädagogische Missverständnisse und politische Versäumnisse" oder "Die soziale Konstruktion des Fremden"). *Kritik der Terminologie der 'Interkulturellen Pädagogik'* ("Die Ethnisierung von sozialen Konflikten", "Gefangen im ideologischen Netz der Terminologie", "Wo liegen die Grenzen der Integrationsfähigkeit der deutschen Gesellschaft?", "Was ist eigentlich das Problem am 'Ausländerproblem'?").

Bd. 1, 2. Aufl. 2004, 232 S., 20,90 €, br.,
ISBN 3-8258-5638-0

Harm Paschen
Sinnleere, sinnvolle Pädagogiken
Pädagogik und Erziehungswissenschaft im Sinneswandel
Sinnfragen werden in einer Welt voller ungeahnter technischer Möglichkeiten immer interessanter. Die Herausforderungen des individuellen Menschlichen durch die offene Vielfalt und Unbegründbarkeit der Selbstgestaltungsmöglichkeiten macht die Grundkategorie SINN zur Aufgabe einer kritischen Befragung von Institutionen, Intentionen und Aktivitäten. So wird auch die pädagogische Besinnung auf den Sinn von Pädagogiken und ihrer Zukunft, auf ihre Sinnvermittlungen in einer komplexen, abstrakt verwissenschaftlichten Welt, auf ihre neuen, Sinn stärkenden Aufgaben, auf entsprechende Formen der Erörterung ein notwendiges, aber riskantes und aufregendes Unternehmen.

Bd. 2, 2002, 184 S., 20,90 €, br.,
ISBN 3-8258-6033-7

Karlpeter Elis (Hg.)
bildungsreise – reisebildung
„Bildung" und „Reise", derzeit hoch im Kurs stehende Massenware als Ausdruck einer globalen Konsumgesellschaft? – Alle sollen gebildet sein, alle sollen gereist sein! „Bildung" und „Reise", zwei Bereiche, die schon von Alters her einander bereicherten und ergänzten. Wissenschaftlerinnen und Wissenschaftler der ganzen Welt beschreiben in Beiträ- gen dieses Buches die vielfältigen Beziehungen zwischen „Bildung" und „Reise". Sie erzählen, nehmen Stellung, geben Ratschläge.

Bd. 3, 2004, 200 S., 29,90 €, br.,
ISBN 3-8258-7960-7

Harm Paschen
Zur Entwicklung menschlichen Wissens
Die Aufgabe der Integration heterogener Wissensbestände
Langfristige Investitionen wie in Produktion und Ausbildung bedürfen in der Wissensgesellschaft auch bei revolutionären Veränderungen tragfähiger Entwicklungsvorstellungen. Entsprechende Ideen werden zur Kernressource für eine Ungewisse Zukunft. Die Wissensentwicklung als Ausdifferenzierungs- und Integrationsprozess macht Integration heterogener Wissensbestände aller, auch nicht diskursiver Arten zu einer gegenwärtig schon zentralen Aufgabe bei der informativen Simulation und Steuerung human orientierter Produktionen, Ausbildungen, Begründungen, Entscheidungen und Evaluationen- Diese werden marktfähig bleiben. Dazu werden hier vor allem Formen der Integration heterogener Wissensbestände beschrieben, die Bedingungen der Möglichkeit ihrer Integrierbarkeit und an einigen Bei-

LIT Verlag Münster – Berlin – Hamburg – London – Wien
Grevener Str./Fresnostr. 2 48159 Münster
Tel.: 0251 – 62 032 22 – Fax: 0251 – 23 19 72
e-Mail: vertrieb@lit-verlag.de – http://www.lit-verlag.de

spielen das Phänomen ihrer ursprünglichen Integriertheit gezeigt.

Bd. 4, 2005, 176 S., 16,90 €, br.,
ISBN 3-8258-8408-2

Pädagogische Beiträge zur sozialen und kulturellen Entwicklung

hrsg. von Prof. Dr. Renate Girmes
(Universität Magdeburg),
Prof. Dr. Winfried Baudisch
(Universität Magdeburg) und
Prof. Dr. Arnulf Bojanowski
(Universität Hannover)

W. Baudisch; A. Bojanowski (Hg.)
Berufliche Rehabilitation mit behinderten und benachteiligten Jugendlichen im Berufsbildungswerk
Bd. 5, 2002, 216 S., 20,90 €, br.,
ISBN 3-8258-5504-x

Ruth Enggruber (Hg.)
Berufliche Bildung benachteiligter Jugendlicher
Empirische Einblicke und sozialpädagogische Ausblicke
Bd. 6, 2001, 224 S., 20,90 €, br.,
ISBN 3-8258-5518-x

Thomas Geßner
Berufsvorbereitende Maßnahmen als Sozialisationsinstanz
Zur beruflichen Sozialisation benachteiligter Jugendlicher im Übergang in die Arbeitswelt
Bd. 7, 2003, 344 S., 25,90 €, br.,
ISBN 3-8258-6703-x

Katja Waldeck
Telearbeit in der beruflich-sozialen Rehabilitation von Menschen mit Behinderungen
Mit dem vorliegenden Band werden die Publikationen zur beruflichen Eingliederung von Menschen mit Behinderungen fortgesetzt, die in dieser Schriftenreihe bereits einen festen Platz haben (Band 1, Band 5, Band 6). Im Unterschied zu den genannten Titeln konzentriert sich die Publikation von Katja Waldeck nicht auf die berufliche Befähigung von Jugendlichen mit Handicaps, sondern auf die berufliche Integration von Erwachsenen, die sich im Feld der Langzeitarbeitslosigkeit befinden und aufgrund von Behinderungen eine Teilhabe nur unter besonderen Bedingungen erlangen können. Als eine solche spezielle Potenz thematisiert die Schrift die Telearbeit und stellt sie aus theoretischer Sicht sowie im Ergebnis empirischer Erhebungen dar. Die auf Grundlage einer Dissertation entstandene Veröffentlichung verdeutlicht überzeugend die besonderen Möglichkeiten einer Integration, beschreibt aber auch die notwendigen technologischen und subjektiven Bedingungen wirksamer Eingliederung.
Bd. 8, 2003, 272 S., 24,90 €, br.,
ISBN 3-8258-6913-x

Ingrid Albrecht; Winfried Baudisch;
Jens Stiller (Hg.)
Arbeit und individuelle Lebensgestaltung – Chancen für benachteiligte Menschen
Dieses Buch thematisiert die Integration und Reintegration von Menschen mit sozialen Benachteiligungen oder Handicaps in den Prozess der Arbeit. Es findet seine inhaltliche Bestimmung durch die Gemeinschaftsinitiative EQUAL der Europäischen Union, in der nationale und transnationale Entwicklungspartnerschaften arbeiten und die vor allem zur Überwindung von Erscheinungen der Diskriminierung und Benachteiligung beitragen wollen. Die Entwicklungspartnerschaft „Zukunftswege" leistet ihre rehabilitative und sozialpädagogische Arbeit in der östlichen Harzregion, deren wirtschaftliche Situation die Überwindung von Arbeitslosigkeit besonders erschwert.
Bd. 9, 2004, 200 S., 16,90 €, br.,
ISBN 3-8258-7457-5

LIT Verlag Münster – Berlin – Hamburg – London – Wien
Grevener Str./Fresnostr. 2 48159 Münster
Tel.: 0251 – 62 032 22 – Fax: 0251 – 23 19 72
e-Mail: vertrieb@lit-verlag.de – http://www.lit-verlag.de